예언은사가 열리기 원하는 분들의 필독서

예언은사가 열리는비결

강요셉 지음

예수님은 특별히 예언을 하려고 하라고 말씀한다.
예언은 모든 성도가 열려야 하는 성령의 은사다.

성령으로 하나님의 뜻을 알고 순종해야 성공한다.
하나님은 성령으로 친밀하게 지내기를 원하신다.

관심만 있으면 예언은사는 열리게 되어있다.

성령출판사

예언은사가
열리는 비결

성령

들어가는 말

예언에 대하여 여러 말이 많습니다. 성령이 역사하는 교회 시대인 현 시대는 직접적인 예언이 끝났다고 하기도 합니다. 다른 부류는 지금도 하나님께서는 성령으로 직접적인 계시 (예언)를 들려주신다고 말하기도 합니다. 필자는 지금도 하나님은 성경 말씀 안에서 성령님을 통하여 개별적으로 직접적인 계시를 하신다고 믿습니다. 그래서 저는 하나님의 은혜로 15년이 넘게 성령치유 사역과 예언은사 사역을 하고 있습니다. 또한 예언 사역자 훈련을 하여 사역자를 양성하고 있습니다. 제가 예언에 관심이 많은 이유가 있습니다. 저는 22년간 이라는 긴 세월 동안 공직생활을 했습니다. 여건이 허락하지 못하여 40대 중반에 공직에서 나와야 했습니다. 정말 그 당시를 생각하면 암담했습니다.

그런데 하나님의 계시(예언)가 들렸습니다. 예언(계시)의 음성을 듣고 하나님이 나에게 목회자로 부르셨다고 확신하게 되었습니다. 순종하기 위하여 신학을 공부하고 목회자가 되었습니다. 지금은 하나님의 뜻을 따라 심령을 살리는 말씀 성령치유 목회를 하고 있는 것입니다. 저는 예언(계시)이 없었으면 지금까지 어디서 무엇을 해야 될 것인지를 알지 못하고 방황하는 사람이 되었을 것입니다.

　이와 같이 하나님의 직접적인 예언(계시)은 중요합니다. 이 시대에 바른 하나님의 직접적인 계시를 받는 예언 선지자가 많이 나와야 합니다. 직접적인 계시가 끝났다고 말하는 분들도 계시지만, 이는 성경에 기록되는 직접적인 계시를 말하는 것입니다. 하나님은 지금도 말씀 안에서 성도 각 사람에게 필요한 계시를 직접적으로 알려주십니다. 성도들은 누구나 할 것 없이 자신 안에 계신 성령을 통하여 하나님의 직접적인 계시(예언)을 듣고 순종해야 합니다. 예언에 대한 부정적인 말들이 많지만 우리는 거기에 현혹되면 절대로 안 됩니다. 저는 정말로 예언의 중요성을 누구보다 통감한 사람입니다.

　그래서 예언의 중요성을 알고 예언을 하고 예언 사역자를 양성하고 있습니다. 기도하는 중에 하나님이 감동을 주셔서 그동안 예언 사역자 훈련에 사용하던 교재를 다시 정리하여 책을 쓰게 된 것입니다. 아무쪼록 이 책을 통하여 예언은사를 사모하는 많은 분들이 모두 예언 은사를 받아 예언 사역을 하여 방황하는 영혼들에게 바른 하나님의 뜻(길)을 알려주어서 영혼들이 방황하지 않게 되기를 소원합니다.

주후 2015년 11월 20일

충만한 교회 성전에서

저자 강요셉목사.

세부적인목차

들어가는 말 -3

1장 예언의 은사를 바르게 이해하라. -7

2장 예언은사를 개발하는 영적비밀 -22

3장 예수님은 왜 예언하는 자를 사랑하실까? -38

4장 바르게 예언하기를 원하시는 예수님 -53

5장 예언의 은사가 훈련으로 가능할까? -66

6장 예언에 대하여 바르게 알고 사역하라. -79

7장 예언은 어떻게 구분하는 가? -92

8장 예언의 목적과 시기를 알라. -104

9장 특별히 성령으로 예언을 하려고 하라 -117

10장 성령시대에 예언 사역이 필요한 이유 -131

11장 예언 사역의 기본을 알고 사역하라. -145

12장 예언 선지자의 부과된 책임 -159

13장 예언하는 자의 영을 분별하는 비결 -173

14장 계시를 바르게 해석하여 적용하는 방법 -184

15장 예언이 들리는 통로를 뚫는 비결 -197

16장 예언의 용어를 바르게 숙지하라 -211

17장 영감으로 예언을 하려고 하라 -225

18장 예언을 전달하는 핵심적인 지침 -238

19장 예언을 전할 때 특별히 주의할 점 -253

20장 예언이 자기에게 임하는 여러 형태 -267

21장 예언을 광범위하게 발전시키는 비결 -281

22장 예언을 숙달하는 여러 훈련 방법 -296

23장 예언을 쉽게 숙달하는 훈련 비결 -309

24장 예언을 효과적으로 적용하는 방법 -325

25장 예배나 집회 때 헌금 사역하는 비결 -338

26장 예언 사역자가 되려면 훈련해야 한다 -353

1장 예언의 은사를 바르게 이해하라.

(요16:13)"그러나 진리의 성령이 오시면 그가 너희를 모든
진리 가운데로 인도하시리니 그가 스스로 말하지 않고 오직
들은 것을 말하며 장래 일을 너희에게 알리시리라"

예수님께서 왜 예언하는 성도들을 사랑하실까요? 두말할 것
없이 영이신 주님과 말이 통하기 때문에 사랑하시는 것입니다.
주님과 말이 통한다는 것은 성령으로 주님과 같은 영의 상태가
되어 주님의 계시의 음성을 듣고 순종한다는 것입니다. 한마디
로 예수님과 같은 영성이 되었기 때문에 사랑하시는 것입니다.

하나님의 말씀은 이렇게 말합니다. "사랑을 추구하며 신령한
것들을 사모하되 특별히 예언을 하려고 하라." 하나님은 영이십
니다. 기록된 말씀으로만 성도들을 인도하시는 것이 아닙니다.
하나님의 직접적인 음성인 레마=계시를 통하여 자녀들을 인도
하십니다. 하나님께서 살아계시기 때문입니다. 살아계신 하나
님의 음성을 듣고 순종하는 자녀를 사랑하십니다. 성경 66권은
하나님의 자녀들이 기록된 말씀 안에서 살아가라고 주신 것입
니다. 삶은 말씀(로고스) 안에서 살되 개별적으로 직접적인 계
시(음성=레마)를 통하여 인도하십니다. 성도들은 기록된 말씀
안에서 세상을 살아가되, 성령을 통하여 자신에게 들려주시는
하나님의 음성을 듣고 순종해야 합니다. 하나님께서는 성도들

개개인이 당하는 현실 문제를 통하여 대화하시면서 군사를 만들어 가십니다. 현실 문제를 가지고 고통을 당하다가 하나님께 기도하여 알려주시는 해결방법을 가지고 순종하니 기적같이 문제가 해결이 되는 것입니다. 이런 체험을 통하여 성도들이 하나님을 찾도록 만드시는 것입니다. 예수님은 요한복음 16장 13절에서 "그러나 진리의 성령이 오시면 그가 너희를 모든 진리 가운데로 인도하시리니 그가 스스로 말하지 않고 오직 들은 것을 말하며 장래 일을 너희에게 알리시리라" 말씀하셨습니다. 분명하게 성령으로 장래일도 말씀하여 주십니다. 장래에 일어날 일이나 하나님의 원하시는 뜻을 성령을 통하여 알게 하신다는 것입니다.

그런데 일부 목회자와 교회들이 이 '예언(계시)'을 관심밖에 두는 경향이 적지 않습니다. 심지어는 예언을 무시하는 경향이 있습니다. 성경에 기록된 말씀이면 충분하니 예언은 필요가 없다고 말하기도 합니다. 자기 나름대로 말하는 사람들의 말을 듣고 직접적인 계시가 끝났다고 공공연하게 말하는 분들도 있습니다. 사람의 말에 귀를 기우리면 하나님과의 관계가 단절이 됩니다. 하나님과의 관계가 단절이 되면 살아있으나 죽은 영입니다. 하나님은 말씀을 머리로 이성으로 알고 생활하는 사람과 교통할 수가 없습니다. 하나님은 영이시기 때문입니다. 예수님은 사람의 말에 관심이 없으십니다. 하나님의 직접적인 음성=계시를 듣고 순종하는 성도를 사랑하십니다.

확실하게 알아야 할 것은 성령을 통하여 알려주시는 예언(계시)를 무시하면 성도들은 갈 바를 모르고 방황하게 됩니다. 하나님께서 성령을 통한 계시(예언)로 성도들에게 뜻을 전하고 인도하시기 때문입니다. 일부 보수적인 교회에서는 계시(예언)를 성경에서 확실히 언급하고 있는데도 이를 중요시하지 않고 목사님의 간접적인 예언인 설교만 중요하게 여깁니다. 하나님은 분명하게 "내 양은 내 음성을 들으며 나는 그들을 알며 그들은 나를 따르느니라(요 10:27)" 말씀하셨습니다.

지금도 하나님께서는 말씀안에서 성령으로 개인과 단체들에게 필요한 계시를 성령을 통하여 직접적으로 말씀하십니다. 예언의 은사(고전 12:10, 14:1)는 성령의 초자연적인 역사로 하나님께서 그리스도의 몸인 각 사람들에게 하나님의 직접적인 계시를 알려주는 특별한 능력입니다. 예언에는 하나님의 계시를 받아 성경에 기록되는 직접적인 계시가 있고, 기록된 성경 말씀 안에서 개인이나 단체나 가정을 향해 성령을 통하여 말씀하시는 직접적인 계시가 있습니다. 그리고 예언 은사자가 신앙이 어린 성도들에게 하나님의 뜻(예언)을 전하는 간접적인 예언이 있고, 목회자나 성경 강론하시는 분들이 성경말씀을 풀어서 전하는 간접적인 예언이 있습니다.

예언을 요약하면 성경말씀 안에서 하나님의 계시를 직접 또는 간접적으로 성령의 감동(레마의 말씀으로)받아 자신이나 필요한 사람들과 소그룹, 또는 단체에게 들리는 말을 통하여 전달하는 것입니다. '예언'이란 말의 의미는 '예언하다'로 번역되는 히브리어 중 나바(naba)라는 말을 주목해 보면 재미있습니다.

그것은 "솟아나다, 분출해 나오다, 앞으로 뿜어져 나오다"라는 의미입니다. 다시 말해서 성령의 감동하심 가운데 하나님의 생각과 의도가 자신이나 예언자의 입술과 생각을 통해 거침없이 마음으로부터 솟아나오고, 거품처럼 뿜어져 나오는 것을 예언이라고 합니다.

예언은 참으로 귀한 것입니다. 하나님의 뜻을 아는 직접적인 수단이기 때문입니다. 성경에서 말하고 있는 예언은 어떤이에게, 그 영에 덕을 세워주고 권면해주며 위로해 주는 역할을 합니다. 저는 한 때 예언에 대한 훈련을 체계적으로 받은 적이 있습니다. 영성 훈련을 하는 교회였는데 1년 여간 영성에 대한 지식을 성경을 기초로 해서 훈련하며 배웠습니다. 그 훈련이 바로 '성령치유사역' 과 '예언사역'이었습니다.

성경에서 말하는 예언은 세상에서 사용하는 단어의 의미와 조금은 다른 의미를 가지고 있습니다. 성경 구약에서는 예언자들이 많이 등장하는데, 그들이 하는 예언은 물론 미래에 일어날 것들을 말하기도 하지만, 그 미래를 이야기하는 것이 예언의 본질이 아님을 알 수 있습니다. 우리가 바르게 알아야 할 것은 세상에서 사람들이 일반적으로 말하는 '예언'이란 단어는 '장래 일을 말하는 것' 혹은 '길흉을 점치는 것'으로 이해하지 말아야 합니다. 성경의 '예언'은 히브리어로는 '네부아'이고, 헬라어로는 '프로페테이아'라고 합니다. '네부아'는 '하나님으로부터 어떤 말씀을 듣거나 이상을 통해 본 사실을 말해주는 것'을 말합니다. 이 '네부아'의 의미를 해석할 때 우리말 '예언'이라는 단어보다 '대변인'이라는 단어를 사용하는데, 이것은 바르게 해석한 정확한 표현입니다. 선지자는 '하나님의 대변자'인 것입니다. 그리고 하나님을 대신해서 한 말, 이것이 네부아, 즉 예언입니다.

1) 대언 : 하나님의 말씀을 대신 전하는 것입니다. 하나님은 예언을 통해 자녀에 대한 관심과 사랑을 전달합니다. 대언을 통해 안위, 권면, 책망, 심판 및 인도의 말씀을 주십니다.

2) 예언 : 미래에 일어날 사건을 미리 예고해 주시거나 그 사람을 향한 하나님의 뜻 즉 비전을 주십니다. 하나님이 원하시는 뜻을 대상에게 성령으로 알려주는 것을 예언이라고 합니다. 예언은 자기의 소원하고 관계가 없고 순수하게 하나님이 원하시는 뜻입니다. 예언이란 바로 하나님의 마음과 뜻을 전달해 주는 것입니다. 성경을 보면 예레미야, 이사야, 엘리야 등 많은 선지자들이 예언을 하는 내용이 나옵니다. 그들은 선지자, 예언자입니다. 하나님께서 특별히 지명하여 부르신 예언자들입니다. 그 내용은 예레미야 1장을 읽어보면 알 수 있습니다.

하나님은 그들의 입술을 통해 말씀하셨습니다. "여호와께서 그의 손을 내밀어 내 입에 대시며 여호와께서 이르시되 보라 내가 내 말을 네 입에 두었노라"(렘 1:9). 예언은 바로 이런 것입니다. 하나님의 뜻(계시)을 전하는 것, 그의 말씀을 전하는 것입니다. 그러나 분명한 것은 이 예언은 '은사'라는 것입니다(고전12:10). 그런데 은사를 무시하거나 중요시하지 않는 일부 교회들이 이 예언을 바르게 이해하지 못하고 있는 실정입니다. 그분들이 알고 있는 것은 간접적인 예언인 하나님의 말씀을 청중에게 풀어서 선포하는 것이다. 목사님이 강단 앞에서 설교하는 그것이 예언이다…. 라는 단편적인 것으로 이해하고 있습니다.

이것은 극히 일부분만 아는 것입니다. 분명하게 목사님의 설교는 예언입니다. 강단에서 설교하시는 목사님들은 모두 예언가 이십니다. 설교는 하나님께서 말씀하시고자 하시는 예언의 말씀을 설교라는 수단을 통하여 청중에게 전달하는 것입니다. 여기서 바르게 알아야 할 것은 설교하시는 목사님은 직접적인 예언을 하시는 것입니다. 하나님께 성령으로 받은 말씀을 설교를 통하여 대언하시는 것입니다. 하지만 설교를 듣는 성도들의 입장에서는 간접적인 예언이 되는 것입니다. 자신 안에 계신 성령님이 아니고 목사님을 통하여 듣는 것이기 때문입니다. 성도들의 입장에서는 목사님의 설교를 통하여 감동받은 예언의 말씀을 자신이 하나님께 기도하여 확인 절차를 거치는 것이 옳은 것입니다. 이렇게 함으로 성령의 감동하심을 받은 내용을 되새김하여 자신의 것으로 소화시키라는 말입니다. 성령의 감동을 확실하게 숙지하여 자기의 소유로 만들라는 말입니다.

목사님의 설교를 듣고 성령이 감동하셔도 무시하면 자신 안에 계신 성령님과 관계를 열수가 없기 때문입니다. 지금은 성령이 역사하시는 교회시대로서 자신의 심령에 계시는 성령님의 역사에 따라서 행동하는 것을 습관화 하는 것이 좋습니다. 예를 든다면 성령님! 오늘 목사님의 설교말씀을 듣는 중에 저에게 감동하신 말씀의 깊은 뜻이 무엇입니까? 이렇게 함으로 자신 안에 계신 성령님과 인격적인 관계가 맺어지기 때문입니다. 어디를 가나 자신 안에 성령님과 교통할 수 있어 영적인 자립을 할 수가 있기 때문입니다. 성령님의 감동에 반응하는 성도가 되어야 합니다. 하나님은 이런 크리스천이 되기를 소원하십니다.

예언은 은사 중 하나입니다(고전12:7-11). 그리고 이 은사는 성령님의 세례가 임하실 때 함께 임하는 것들인데, 우리가 이 예언을 하기 위해서는 은사를 개발해야 하듯, 예언 또한 계속적인 영성 훈련을 통해 개발해야 합니다. 은사는 사용하면 사용할 수 록 더 깊어지고 정확해집니다. 많이 해보아야 합니다.

방언기도도 할 수 록 발전하며, 신유 사역도 할 수 록 그 기름부음이 계속적으로 공급되면서 기적을 일으키게 되며, 믿음의 은사, 여러 정보를 알게 하는 지식의 말씀의 은사도 마찬가지입니다. 모든 은사가 사용하면 할 수 록 발전이 되고, 깊어지고, 강해지듯이 예언의 은사 또한 마찬가지 입니다.

그러나 모든 은사는 두 가지 형태로 나타납니다. 기름부음 아래에서 일어나는 은사들 (필요한 순간에 잠깐 일어나거나 경험하게 되는) 또 말 그대로 순간 필요시에 은사로 주어지는 것이 있습니다. 그리고 개인에게 고정되어 은사로 주어지는 것이 있습니다. 바로 이 은사를 발전시키도록 훈련해 나가야 합니다. 또한 개개인에게는 하나님께서 특별히 더 어떤 재능을 뛰어나게 하시는데, 은사도 마찬가지로 어떤이들에게는 예언의 은사를 더 부어주실 수 있으며, 또 신유의 은사의 기름부음을 더 주실 수도 있으며, 믿음의 은사를 특별히 부어주실 수가 있습니다.

물론 어느 단계까지는 훈련으로 이 모든 은사들을 개발해 갈

수는 있기 때문에 성령으로 세례를 받은 심령이라면 모두 다 이 은사들을 나타낼 수 있습니다. 사모하는 마음을 가지고 성령님이 감동하실 때 담대하게 행하려고 해야 나타나고 개발이 됩니다. 그러나 먼저는 성령으로 세례를 받고 심령을 치유하여 성령님과 인격적인 관계가 되어 친밀한 교제를 통해 성령께서 자신에게 어떤 은사를 주로 사용하실 지를 묻고 깨달을 수 있다면 좋을 것입니다.

은사는 처음부터 강력하게 임하지 않습니다. 물론 특별한 경우는 있습니다. 그러나 보편적으로 하나님은 이것들을 영성 훈련을 통해 부어주시기를 원하시며, 이러한 영성 훈련을 통한 은사들이 제대로 나타나고 사용되어 지도록 하는 것입니다. 이렇게 영성 훈련을 하며 받은 은사를 개발하여 사용해야 사용하는 사람에게도 유익합니다. 잘못하면 은사를 마귀가 사용할 수도 있으니 항상 자신의 관리에 힘써야합니다. 자신의 관리란 성령으로 기도하고 성령의 인도에 따라 하나님께서 원하시는 곳에 은사를 사용하는 것입니다.

성령의 역사와 성령의 기름부음이 강력한 곳에서 강력한 은사를 체험했다고 하는 이들 역시 다시 작은 것부터 훈련해 나가야 할 것입니다. 그러니까 바른 성령의 은사를 나타내는 영성훈련이 사실 믿는 성도들에게는 너무나도 중요한 신앙생활 중 하나입니다. 얼마나 은사들이 귀한건지 말로 다 설명할 수 없습니다.

그러나 이 모든 은사를 가진다하더라도 인격의 성숙, 내면의 성장, 사랑의 확장이 없으면 모두 무가치하며 무의미하다는 것을 명심하십시오. 그러니 은사는 이러한 내면의 성숙을 이룬 이들이 사용해야 진짜 하나님의 나라를 세워나갈 수 있는 것입니다. 전인격이 성령의 지배를 받아야 합니다.

바울이 고린도전서 14장에서 이야기하는 것이 바로 이것입니다. 사랑을 추구하며, 신령한 것들을 사모하라. 가장 먼저는 사랑을 추구해야 하며 그 신령한 것들을 사모해야 하는 것입니다.

오늘날 기독교인들이 말하는 신령한 예언들은 무엇일까요? 그것은 예언이라기보다는 대언의 영이신 보혜사 성령님께로부터 성도가 하나님을 향한 신앙생활을 더 잘 해 나가기 위해서 하나님의 말씀을 주시는 것으로써, 때로는 예언적 형태를 취할 수도 있고 말씀을 레마로 주시기도 합니다. 곧 모든 양이 그 목자의 음성을 들을 수 있는 것입니다. 우리가 주의해야 할 것은 하나님의 말씀을 제쳐놓고, 음성만 들으려는 형태를 취하는 태도를 삼가야 합니다. 우리(성도) 모두가 하나님의 음성을 들을 수 있어야 하며, 그 음성을 들려주시는 분은 성령 하나님의 역할이요, 사용되는 말씀은 반드시 하나님의 말씀인 성경 말씀 안에 있어야만 합니다(행 27:22-25). 성도는 말씀을 심령에 새겨야 합니다. 예언은 말씀 안에서 나와야 합니다.

참고로 알아두어야 할 것은, 하나님께서 인간에게 주신 계시 속에는 크게 나누어 몇 가지 형태의 계시가 있는데 특별계시(예수 그리스도), 혹은 기록(문서)계시(성경), 일반(자연)계시로 나뉘어집니다. 간단히 요약해, 특별계시는 예수 그리스도 자신이시고, 문서 계시인 성경 말씀으로 성경말씀 역시 주제는 예수그리스도요, 핵심은 인간 구원입니다. 일반계시는 자연 속에서(롬 1:19-20절 참조) 하나님의 뜻을 밝혀주시는 것입니다. 따라서 우리는 하나님의 뜻을 밝혀주는 레마를 듣는 법을 알아야 합니다. 살아계신 하나님으로 부터 성령으로 레마를 들어야 합니다.

따라서 우리(성도)가 들을 수 있는 하나님의 음성이란, 곧 성령님의 조명하에 특별계시를 통해서, 기록계시 속에서, 혹은 일반계시 속에서 찾아지고 들려질 수가 있습니다. 그러므로 양으로서 목자의 음성을 분별할 수 있는 차원으로 훈련돼야 합니다. 성도는 겸손한 마음으로 우리 손에 이미 들려진 하나님의 말씀인 성경을 많이 읽고, 그 말씀에 순종하며, 겸손하게 무릎을 꿇고, 성령으로 기도하는 길이 하나님의 음성을 들을 수 있는 유일한 길입니다. 바르게 음성을 듣고 따라가려하니 이론 교육과 훈련이 필요한 것입니다.

"보혜사 곧 아버지께서 내 이름으로 보내실 성령 그가 너희에게 말한 모든 것을 생각나게 하시리라"(요 14:26). 따라서 하나님의 음성을 듣는 것도, 대언의 영으로 주시는 말씀도, 반드시 하나님의 말씀으로 검증이 되어져야만 합니다. 하나님의 계시는 말씀 안에서 들려지기 때문입니다.

저는 여러 사람들에게 예언을 들어 보았습니다. 그들은 각기 자신의 성향에 따라 예언 할 때에 말의 방식이 달랐습니다. 그들의 생각이나 언어습관에 따라 표현도 다양합니다. 예언을 듣는 사람들은 그러한 예언자의 말의 습관 등에 따라 의미가 조금씩 달라질 수는 있으나, 하나님이 말씀하시고자 하는 핵심의 내용, 그 주님의 마음을 캐치하는 것이 아주 중요합니다.

또한 저는 필요한 사람들에게 예언을 해 주었습니다. 물론 처음부터 영이 열려서 예언을 한 것은 아닙니다. 내면을 강화시키는 기도를 통해서 영을 강하게 했고, 특별하게 저 자신을 치유하는데 많은 시간을 투자했습니다. 그러면서 여러 가지 권능과 은사들이 개발이 되었고 예언도 계속적으로 발전하기 시작했습니다. 예언이든 어떤 은사이든 실패를 두려워하면 안 됩니다. "하나님은 용기 있고 담대한 자를 쓰십니다." 그렇습니다. 하나님은 진정 용기 있는 자를 쓰십니다. 은사도 용기 있는 자들이 사용할 수 있습니다. 담대해야 하나님께서 사용하십니다.

방언도 믿음으로 말할 때 부어지는 것이지 말하지도 않는 입이 저절로 움직여 방언이 터지는 경우는 극히 드뭅니다. 입을 열어서 소리를 내면서 기도해야 방언기도가 터집니다. 방언 통변도 계속적으로 해야 발전이 됩니다. 예언도 마찬가지입니다. 예언도 자꾸 입을 열어서 말을 해야 예언이 열리는 것입니다. 많이 해보는 것밖에 다른 비결이 있을 수가 없습니다. 실수할까봐 걱정하지 말고 막하는 것입니다. 예언의 실습대상을 만들어서 막하는 것입니다. 그래서 우리 충만한 교회는 예언사역자 집중훈련을 하는 것입니다. 집중훈련 기간 동안 처지가 같은 사람들이니 막 붙잡고 예언을 하는 것입니다. 막하다가 보니 자신감이 생기는 것입니다. 그렇게 하다가 보니 예언이 점점 정확해지는 것입니다.

저도 처음, 예언훈련을 할 때 많이 떨었습니다. 틀리면 어떻게 할까하는 생각으로 말을 제대로 하지 못했습니다. 처음 예언을 한다고 하면 틀릴 수도 있습니다. 두려워하지 말고 계속하십시오. 자꾸 하다가 보면 담대해지고 예언이 정확해집니다. 처음부터 잘하는 사람은 없습니다. 저는 지속적으로 목회자와 성도들을 성령의 음성을 들어가며 치유하고, 필요한 분들에게 하나님의 계시를 듣고 바른 길로 안내할 것입니다. 담대하게 하나님의 계시를 받아 성도들을 살리는 목회를 할 것입니다. 이렇게 마음을 가지다가 보니 주님의 마음을 받는 일, 그리고 그 주님의 말을 전해주는 일, 주님의 치유를 전하는 일이 이제는 정말 행복하고 즐겁습니다.

그간 우리 충만한 교회 예언사역자 집중 훈련 간 서로 교대하면서 예언훈련을 할 때, 사람들이 우는 것을 자주 보곤 했습니다. 그것은 예언을 하는 사람의 마음에 그 사람을 향한 하나님의 마음이 임해서 마음에 감동을 받아 우는 것입니다. 그런데 우리가 알아야할 것은 예언을 듣고 울었다고 하나님께서 원하시는 심령으로 변한 것이 아닙니다. 반드시 심령을 치유하여 하나님이 원하시는 수준에 도달하려고 인내하며 경주를 해야 합니다.

많은 목회자나 성도들이 자신이 영적으로 변하여 하나님과 관계를 열어서 영의 만족이나 문제해결이나 전인적인 축복을 받으려고 하지 않고 예언을 들어서 순간 위로 받으려고 하는 목회자와 성도들이 많습니다. 이는 잘못된 생각입니다. 말씀과 성령으로 자신의 심령에 있는 땅의 것들을 다 몰아내야 합니다. 자신의 전인격이 성령의 지배를 받으려고 해야 합니다.

그래야 하나님께서 주시는 것들을 받아 누릴 수가 있는 것입니다. 하나님은 예언을 통하여 자신이 나갈 방향을 알려주십니다. 또 하나님께서 원하시는 방향으로 가는데 걸림돌이 되는 것을 알려주시는 것입니다. 반드시 이 걸림돌을 자신이 치워야 합니다. 그래서 말씀과 성령으로 치유하라는 것입니다. 예언을 들었다고 다된 것이 아니라, 들은 예언을 이루기 위해서 본인 노력해야 한다는 것입니다.

예언은 우리를 책망하고 훈계하기도 한다는 것을 알아야합니다. 언젠가 상담 중에 어떤 사람을 위해 기도하는데 습관적으로 어떤 죄를 짓고 있는 모습이 보였습니다. 그는 숨기고 있었는데 하나님이 알게 해주신 것입니다. 그래서 "저에게 이런 모습이 보인다. 이것이 당신하고 무슨 상관이 있느냐?"고 물었더니. 그는 깜짝 놀라면서 자백했습니다. "사실은 제가 그 때문에 고민하고 있었는데 하나님이 지적해 주셨군요. 당장 고치겠습니다" 라고 말했습니다.

성경은 고린도전서 14장 24-25절에서 "그러나 다 예언을 하면 믿지 아니하는 자들이나 무식한 자들이 들어와서 모든 사람에게 책망을 들으며 모든 사람에게 판단을 받고 그 마음의 숨은 일이 드러나게 되므로 엎드리어 하나님께 경배하며 하나님이 참으로 너희 가운데 계시다 전파하리라" 말씀하십니다. 그러나 남을 책망할 때는 조심해야 합니다. 영적 권위도 없고 훈련도 받지 않은 사람이 책망, 훈계하는 말을 함부로 하면 많은 문제를 일으키므로 지혜를 구해야 합니다. 상담이나 예언을 듣는 중에 책망하는 말씀을 들었다고 의기소침하거나 상처를 받으면 안 됩니다. 하나님께서 사랑하시기 때문에 책망하여 고치기를 원하시는 것입니다. 고쳐야 하나님의 복을 받아 누릴 수가 있습니다.

그것은 저 또한 마찬가지였습니다. 저는 처음 예언을 하시는 목사님에게 예언을 받았을 때 그 때를 잊지 못합니다. 저에게 성령님의 감동에 순종하지 않는다는 것입니다. 다시 한 번 성령님의 감동에 순종하지 않으면 역사하시지 않는 다는 것입니다. 그 계시를 듣고 저는 성령께서 감동하시면 무조건 순종하는 것이 습관이 되었습니다. 감사할 일입니다. 그때 저는 주님이 살아 계시고 바로 내 곁에 계시는 것을 피부로 느끼게 되었습니다. 나는 그 예언을 들으며 마음의 위로를 받고서 아, 하나님이 나를 정말 사랑하시는 구나 '내가 이 주님을 위해 더 헌신해야 겠다' '하나님께서 원하시는 심령이 되어야 하겠다.' '성령님의 감동에 즉각즉각 순종하는 목사가 되어야 하겠다.' 라고 다짐을 했습니다. 부족한 것들을 말씀과 성령으로 치유해야 되겠다고 마음을 먹고 내 자신을 준비하는 것에 많은 시간을 투자했습니다.

예언은 이런 것입니다. 하나님의 마음을 전해주는 것, 하나님의 뜻을 일러주는 것. 하나님이 자신에게 고쳐야할 것을 알려주시는 것, 나의 자녀야, 내가 너를 사랑한다. 너는 너무나도 귀한 존재이다. 그리고 나는 너를 이렇게 사용하기를 원한다. 네가 이렇게 하면 나도 그것을 이룰 것이다. 나와 함께 손을 잡고 이 여행을 가보지 않을래? 내가 너를 사용할 것이다. 그러니 이런 것을 고쳐라. 하나님은 이렇게 부드럽고 따뜻하게 말씀하십니다. 이것이 바로 예언입니다.

예언의 잘못된 예들이 너무나 많습니다. 당신 이렇게 안하면 망할 거야. 하나님이 지금 백만 원 헌금하래. 이딴 거짓 예언들을 우리는 분별해야 합니다. 예언을 받았을 때 마음이 더 불편해지거나 찝찝하다면 그 예언은 주님으로부터 온 예언이 아닙니다. 하나님으로부터 온 예언은 덕을 세우고 권면하며 위로 하는 것입니다. 이 외의 것들…. 불쾌한 예언들은…. 모두 그 자리에서 예수의 이름으로 생각과 머리에서 지워버리십시오.

모든 예언에는 하나님의 성품이 흘러나와야 합니다. 하나님의 성품은 따뜻함, 포근함, 깨끗함, 평안함 입니다. 그리고 사랑입니다. 예언을 통해 하나님의 사랑을 느끼시기 바랍니다. 또한 이 사랑을 흘러 보내시기 바랍니다.

그리고 이 귀한 예언을 멸시하지 마시기 바랍니다. 저는 계속적으로 예언하며 치유할 것입니다. 하나님께서 저에게 은사들을 주셨을 때 그분은 말씀하셨습니다. 내가 너를 목회자와 성도들을 치유하는 자로 세웠노라. 너는 나의 마음을 전하는 자다. 너는 나를 대신하여 상처 입은 영혼들을 치유하는 자다. 너는 나를 대신하여 병든 영혼들을 치유하는 자다. 너는 나를 대신하여 귀신에게 고통 받는 자를 예수 이름으로 해방시키는 자다. 나의 영혼들에게 나의 마음을 전하고 나의 사랑을 전하라. 그렇습니다. 나는 성령의 음성을 들으며 치유하며 필요시에 예언할 것입니다. 앞으로도 더 깊은 영성을 개발하며 주신 권능과 은사를 통해 하나님께서 원하시는 일을 해 나갈 것입니다.

2장 예언은사를 개발하는 영적비밀

> (고전 14:5)"나는 너희가 다 방언 말하기를 원하나 특별히
> 예언하기를 원하노라 만일 방언을 말하는 자가 통역하여 교회
> 의 덕을 세우지 아니하면 예언하는 자만 못하니라"

하나님은 예수를 믿어 성령으로 거듭난 성도들과 대화하기를 원하십니다. 예언을 하려면 사람소리와 관계를 끊어야 합니다. 2014년 12월에 전쟁이 일어난다고 홍○○의 잘못된 거짓 예언이 일파만파로 퍼져서 문자 메시지를 보내고 한동안 난리가 아닌 난리가 났던 것을 아실 것입니다. 그 때 필자는 주일 예배 시에 우리 성도들이게 이렇게 말했습니다. 필자도 하나님의 음성을 듣는데 저에게는 전쟁이 일어난다는 말씀을 하시지 않았습니다. 여러분 동요되지 마시기를 바랍니다. 절대로 전쟁은 일어나지 않습니다. 그 사람에게만 말씀(예언)하시고 전쟁을 일어나게 하시는 하나님이 아닙니다. 분명하게 하나님은 저에게도 말씀을 하십니다. 하나님은 "주 여호와께서는 자기의 비밀을 그 종 선지자들에게 보이지 아니하시고는 결코 행하심이 없으시리라"(암 3:7). 분명하게 말씀하셨습니다. 특별한 사람에게만 말씀하시는 하나님이 아니시고, 성령으로 세례 받고 성령의 인도받는 모두에게 예언의 말씀을 들려주십니다. 우리가 하나님의 계시를

받아 예언을 하려면 이렇게 사람의 말에 동요되면 안 됩니다. 하나님은 사람의 말을 듣고 동요되는 사람과 상관하지 않습니다. 이것이 예언의 숨은 비밀입니다.

예언에 대한 계념을 바르게 이해해야 합니다. 예언은 세상 점술과 같이 에언가를 찾아가 길흉을 알아내는 것이 아닙니다. 하나님의 뜻과 길을 성령으로 통하여 직접 아는 것입니다. 예언은 개인이 자신 안에 계신 성령으로부터 직접 들어야 합니다. 설령 남을 통하여 예언을 들었다고 할지라도 자신 안에 계신 성령님께 하문하여 확증을 하고 행동해야 합니다. 그래야 자신과 하나님과 관계가 열리는 것입니다. 자신 안에 임재하신 성령님으로부터 예언(계시)을 듣는 습관을 들여야 합니다. 일부 목사님들이 이사람저사람 예언가들에게 예언을 듣고 돌아다니는 분들이 계시는데 이는 좋은 습관이 되지 못합니다. 빠른 시일 내에 자신 안에 임재하신 성령님으로부터 예언(계시)을 듣는 통로를 열어야 합니다. 왜 모세에게 말 잘하는 아론을 붙여주셨습니까? 모세는 하나님의 음성을 직접 듣지만, 아론은 직접 듣지 못합니다. 왜 입니까? 아론은 육신에 속한자이기 때문입니다. 그래서 하나님께서 아론에게 직접 말하지 못하고, 모세를 통해서 말씀하시는 것입니다. 아론은 모세의 시종이나 마찬가지입니다. 하나님의 음성을 직접 듣지 못하면 사람의 시종밖에 할 수 없습니다. 목사님들은 하나님께 직접 듣고 직접 쓰임을 받아야 합니다.

예수를 믿는 우리가 왜 예언의 은사를 개발해야 하는가를 바르게 알려면 하나님께서 인간을 창조하신 목적을 분명하게 이해하면 의문이 풀리게 됩니다. 하나님께서는 인간을 왜 창조하셨을까요? 구원 받고 천국에 가도록 하기 위해서일까요? 아니면 천국에서 영원토록 하나님과 동행하며 찬송하도록 하기 위해서일까요? 어떤 전도를 열심히 하시는 분에게 물었습니다. "하나님은 왜 사람을 창조하셨을까요?" "구원 받고 천국 가라고요. 하나님과 함께 천국에서 영원히 살면서 찬양하라고요." "그게 전부일까요?" "그럼 또 뭐가 있을까요?" 하나님은 왜 사람을 만드셨을까요? 친척이나 친구 등에게 전도를 하다보면 곤란한 질문들을 받을 때도 있지만, 좀 더 근본적인 문제에 대한 진지한 질문을 받기도 합니다. 그 중 하나가 하나님께서 인간을 창조하신 목적은 무엇일까 하는 질문이 아닐까 싶습니다.

필자 또한 동일한 질문을 받고 정확하게 대답을 못했던 때가 있었습니다. 이내 성경을 꺼내 읽고 묵상하며 그 답을 찾아 나섰습니다. 그리고 몇 가지 이유를 발견하고 정리할 수 있었습니다. 개인적으로 발견한 인간 창조의 목적은 다섯 가지로 요약됩니다. 개인적으로 정리한 것이기 때문에 더 있을 수 있겠습니다.

첫째, 하나님께서 인간을 창조하신 목적은 피조물을 정복하고 다스리게 하시기 위함(창1장 26절, 28절)입니다. 권세자의 신분으로 사람이 창조된 것입니다. 청지기의 삶을 살게 하려고 창조하셨습니다. 그래서 마지막 날 사람을 창조하신 것입니다. 청지기의 삶을 살아가기 위해서는 하나님과 끊임없이 대화를 해야 합니다. 하나님과 대화하기 위해서는 하나님과 같은 영성이 필요합니다. 그리고 하나님의 말씀을 들었으면 순종해야 합니다. 그래야 하나님과 같이 동행하며 살아갈 수가 있는 것입니다.

하지만 인간이 사단의 유혹으로 죄를 짓게 되고, 그 결과 권세를 잃게 됩니다. 하나님께서는 인간에게 부여된 권세를 회복하시기 위해 예수 그리스도를 보내시고 피 흘림을 통한 죄 사함이라는 대속의 법으로 권세를 회복할 수 있도록 하셨습니다. 그리고 회복된 권세는 현세에서도 사용하며 이 땅에 하나님의 나라를 건설하는 일꾼으로 살다가 천국까지 영원히 유지되고 누리게 될 것을 약속하셨습니다. 성경 전체에 나열된 주제 중 하나가 인간의 천부적인 권세와 죄로 인한 권세의 실종, 예수 그리스도를 통한 권세의 회복과 영원한 천국에서의 권세의 행사입니다. 한없는 은혜입니다.

둘째는 주의 뜻대로 쓰시기 위해서(잠16장 4절)입니다. 하나님께서는 온갖 것을 그 쓰임에 적당하게 지으셨습니다. 악인마저도 악한 날에 적당하게 하셨다고 말씀하십니다. 하나님의 선한 뜻을 위해 쓰임을 받는다는 것은, 그래서 피조물인 인간으로서 가질 수 있는 가장 큰 영광이고, 은혜입니다. 하나님께서 인간을 통하여 이 땅에 하나님의 나라를 건설하기 위하여 하나님의 음성을 듣고 순종하는 것입니다. 하나님의 뜻(예언)을 알기 위하여 음성을 들려주십니다. 하나님의 음성(뜻)을 듣고 순종하기 위하여 예언의 말씀을 주신 것입니다.

세 번째는 하나님의 영광을 위해서(사43장 21절)입니다. 하나님께서는 이스라엘에 대하여 말씀하시면서 이스라엘을 비롯해 하나님의 이름으로 불리는 모든 자는 하나님의 영광을 위해 창조한 것이며, 하나님 자신을 위하여 지었고, 또 찬송하도록 하기 위한 목적이었다고 말씀하십니다.

넷째는 하나님으로 인간들을 즐거워하게 하려고(합3장 18절) 창조하셨다는 것입니다. 하나님으로 즐거워하고 하나님으로 말미암아 기뻐할 수 있도록 하신 것입니다. 특히 만물을 다스리는 권세자로 인간을 창조하셨다는 것을 알 때 인간은 스스로 존귀한 존재임을 알 수 있을 것이며, 다른 사람도 귀한 존재로 인정하게 될 것입니다.

다섯째, 증인된 삶(행1:8)을 살게 하려고 세상에서 구원하셨습니다. 예수님의 증인된 삶을 살아가려면 성령의 인도를 받으며 예수님의 대행권 역할을 하기 위하여 전인축복을 받아야 합니다. 하나님께서 인간을 창조하시고 예수님을 통하여 세상에서 구원하신 목적은 잘되게 하여 세상을 하나님의 나라를 건설하기 위해서입니다. 하나님이 인간을 창조하신 이유와 목적에 대한 명확한 성경적 지식을 갖는 것은 다른 어떤 지식에 못지않게 중요하다고 여겨집니다. 우리는 하나님께서 인간을 창조하신 목적을 바르게 알아야 합니다. 그래야 하나님의 복을 받아 누리면서 세상을 살아갈 수가 있는 것입니다.

하나님은 예수를 믿고 성령으로 거듭난 성도들에게 지금 이 땅에서 마음의 천국을 누리라고 하십니다. 그리고 삶에서 아브라함의 복을 받아 누리며 살라고 하십니다. 마음에 천국을 누리면서 하나님께서 주신 아브라함의 복을 가지고 하나님의 나라를 건설하는 군사로 쓰임을 받다가 천국에 입성하기를 원하시는 것입니다. 하나님의 뜻을 바르게 알고, 성령의 인도를 받으며, 하나님의 음성에 순종하며 살아가기 위하여 예언의 은사와 하나님의 음성을 듣는 마음의 귀를 개발해야 하는 것입니다.

하나님은 홍해 가에서 모세와 하나님을 원망하는 것과 같은 크리스천을 원하시지 않습니다. 어떠한 어려움 문제에 봉착해도 두려워하지 않고 하나님께 물어(기도)보는 모세와 같은 크리스천을 원하시는 것입니다. 문제가 있을 때마다 원망하기 급급하는 이스라엘 사람들은 하나님의 손을 구하는 사람입니다. 이 사람들은 절대로 하나님과 친밀해질 수가 없습니다. 모세와 같이 하나님의 얼굴을 구하는 사람이 되어야 하나님과 친밀할 수가 있는 것입니다. 하나님은 모든 크리스천들이 하나님의 얼굴을 구하는 자가 되기를 원하십니다. 하나님의 뜻인 예언의 음성을 듣기 위하여 이렇게 해야 합니다.

첫째, 성령으로 세례를 받아야 합니다. 성령으로 세례를 받아야 성령으로 하나님의 계시(예언)를 받을 수가 있습니다. 하나님은 고린도전서 2장 10절에서 "오직 하나님이 성령으로 이것을 우리에게 보이셨으니 성령은 모든 것 곧 하나님의 깊은 것까지도 통달하시느니라" 성령으로 하나님의 뜻을 알 수가 있기 때문에 예언의 은사를 개발하려면 성령으로 세례를 받아야 합니다. 성령의 세례란 우리가 예수님을 믿고 나서 특별한 경험을 하는 경우입니다. 성령의 특별한 역사로 말미암아 깊은 곳에서 회개하는 경험도 하게 됩니다.

바울 사도가 한 번은 에베소 교회를 방문했습니다. 교인들에게 바울이 "너희가 믿을 때에 성령을 받았느냐 가로되 아니라 우리는 성령이 있음도 듣지 못하였노라 그러면 너희가 무슨 세례를 받았느냐 대답하되 요한의 세례로라"(행 19:2-3)고 했습니다. 이때에 "바울이 그들을 안수하매 성령이 그들에게 임하시므로 방언을 하고 예언도 하니 모두 열 두 사람쯤 되니라"(행 19:6)라고 해서 성령 세례의 필요성을 알게 된 것입니다.

에베소 교회 교인들이 성령으로 세례를 받으니 방언을 하고 예언도 했다고 기록되어 있습니다. 성령으로 세례를 받아야 성령으로 하나님의 계시를 받을 수가 있습니다. 하나님은 성령의 세례를 체험하게 하고 단련하여 하나님 마음에 합한 자를 하나님의 일에 사용하십니다. 성령의 세례를 체험하고 성령의 인도하에 하나님의 훈련을 순종하므로 받으면 우리에게도 바울과 같은 역사가 나타날 수 있다고 확신합니다. 영적으로 무지하던 필자도 불같은 성령의 세례를 체험하고 변하여 성품이 유순하게 변하고 인내할 줄 아는 사람이 되었습니다. 기도가 깊어지고 성령의 인도에 순종하며 영안이 열려서 말씀을 볼 때 말씀 속에 있는 영적인 비밀이 보입니다. 말씀 속에서 영적인 원리를 깨달으며 말씀을 적용할 때 하나님의 기적이 일어나는 것을 체험하고 있습니다. 성령으로 하나님의 뜻(계시=예언)을 알고 순종하면서 살아가고 있습니다.

성령의 세례를 받으시기를 바랍니다. 그리고 성령의 불세례도 체험하시기를 바랍니다. 먼저 성령의 세례를 체험하려면 이렇게 하시기를 바랍니다. 성령으로 세례를 받음은 하나님의 영으로 사로잡히는 것입니다. 성령의 세례는 성도의 마음을 그리스도에 대한 이해와 사랑과 신뢰로 가득 차게 하며, 성령이 삶의 주관자가 되게 하며, 하나님의 자녀로서 하나님의 부름에 적합하도록 능력을 부여합니다. 거듭나는 것과 성령으로 세례 받은 것과는 다른 별개의 사건입니다. 그리스도인이란 그 안에 성령이 내주 하는 사람을 지칭하며 성령세례 받은 자를 의미하는 것은 아닙니다. 거듭남으로 구원을 받게 됩니다. 즉 성령으로 거듭나서 하나님의 자녀가 되는 것입니다. 그러나 사람이 성령에 의해 거듭났지만, 성령으로 세례를 받지 못한 경우도 있습니다. 그러므로 중생과 성령세례는 동의어가 아니라는 뜻입니다.

그러므로 성령으로 세례를 체험하시기를 바랍니다. 체험이라는 것은 내가 하나님의 역사하심을 눈으로 보게 된다는 뜻입니다. 성령의 세례를 받음으로 비로소 성령으로 하나님의 계시를 들을 수 있으며, 성령의 인도를 받을 수가 있습니다. 그리하여 성령으로 깊은 영의 기도를 할 수 있게 되는 것입니다. 성령으로 깊은 영의기도를 하므로 성령의 감동을 받을 수가 있습니다. 하나님의 직접적인 계시(예언)를 들을 수가 있는 것입니다. 성령으로 세례를 받는 것은 예언은사를 받으려는 크리스천에게 필수입니다.

둘째, 진리의 말씀과 성령으로 깨어난 영으로 살아야 합니다. 영은 성령이 주인 된 영입니다. 하나님이 영이시기 때문입니다. 영이신 하나님과 교통하려면 자신이 영적인 상태가 되어야 가능한 것입니다. 크리스천이라면 누구나 하나님의 뜻을 행하기 원할 것입니다. 그럴수록 자신 안에 계신 성령님께 집중해야합니다. 성령으로 영의 소리를 듣고 순종해야 하기 때문입니다. "그러나 진리의 성령이 오시면 그가 너희를 모든 진리 가운데로 인도하시리니 그가 스스로 말하지 않고 오직 들은 것을 말하며 장래 일을 너희에게 알리시리라"(요 16:13). 그래야 성령으로 직접적인 계시(예언)를 들을 수가 있기 때문입니다.

크리스천이 성령으로 충만한 영의 상태를 유지하는 것은 하나님께서 자녀들에게 알려주시는 직접적인 계시를 들어야 하기 때문입니다. "그가 내 영광을 나타내리니 내 것을 가지고 너희에게 알리시겠음이라. 무릇 아버지께 있는 것은 다 내 것이라. 그러므로 내가 말하기를 그가 내 것을 가지고 너희에게 알리시리라 하였노라"(요 16:14-15).

간절하고도 애절한 심령으로 성령으로 기도하며 성령의 음성에 귀를 기울이십시오. 성령님은 가장 안전하고 은혜로운 인도를 하실 것입니다. 성령님의 소리를 들으시려면 늘 말씀을 사랑해야합니다. 늘 말씀을 가까이 두고 연구하고 묵상하는 습관이 되어야 합니다. 성령의 임재가운데 말씀을 암송하는 것도 좋습니다. 영으로 기도하십시오. 영으로 기도하라는 것은 성령으로 기도하라는 것입니다. 성령의 음성을 듣기 위하여 마음으로 기도하여 자신의 영을 민감하게 하는 것이 좋습니다.

말씀과 성령으로 내적인 상처를 치유하여 육신에서 굳은 마음을 제거해야 영이 민감하고 강해집니다. 마음이 성령으로 치유되어 부드러워 질수록 더 주님의 말씀을 떠오르게 하시거나 말씀으로 당신의 영에 다시 들려주실 것입니다.

항상 그분의 음성에 귀를 기울이고, 그분의 음성을 듣고 불순종하지 않기 위하여 성령으로 기도하여 영을 민감하게 한다면 성령님은 주님의 뜻을 당신의 영에 알리실 것입니다. 성령의 인도 속에는 성경에 기록된 말씀을 깨닫는 직접적인 계시도 포함이 됩니다. 성령님은 자의로 말하지 않습니다. 주님으로 부터 들은 것을 영을 통하여 자신에게 알리실 것입니다. 자신이 영의 깊은 기도로 나아간다면 주님은 음성으로도 들려주시는 분이십니다.

신선한 영의 사람이 되기를 원하신다면 그분의 음성에 민감하시고 빠르게 순종하십시오. 영으로 기도하는 가운데 듣게 하시는 레마의 말씀은 분명히 삶속에서 반듯이 이루십니다. 성령님이 자신의 영에 주님의 말씀을 주신다면 그 말씀을 쉽게 묵살

하지 말아야 합니다. 성령님의 음성에 순종 하시고 이루기를 기도해야 합니다. 하나님의 음성을 소중히 여길 때 주님은 더 자주 말씀을 주실 것입니다. 성령님의 음성은 우리 마음이 부드러울 때 더 확실하고 더 가까이 들려옵니다. 마음이 부드러워지려면 성령으로 기도하여 심령을 정화하여 세상의 것이 마음에 집을 만들지 못하게 해야 합니다. 우리 양심이 성령으로 기도하여 청결함을 유지할 때 선명하게 더 명료하게 잘 들립니다.

내적인 양심의 소리에 민감하지 못하다면 성령님이 가르쳐 주시는 신령한 세계로 깊이 들어가기가 쉽지 않을 것입니다. 성령님의 소리에 마음이 완고하다면 그래서 순종하지 않으려 한다면 하나님과 관계가 막히게 됩니다. 하나님과 관계가 막히면 전인적인 분야에 어려움이 찾아오게 됩니다. 자신의 생각을 가지고 하나님의 일을 열심을 내서 한다고 하더라도 양심의 소리에 귀를 기울이지 않는다면 성령님의 사역을 방해할 수 있습니다. 성령은 우리에게 순종을 요구할 뿐 그분은 대단한 것을 원하시지 않습니다.

무슨 일을 하든지 성령보다 앞서는 것을 그분은 기뻐하지 않을 것 같습니다. 신앙의 양심을 자꾸 거스른다면 결코 우리는 주님 앞에, 사람 앞에 강할 수 없고 담대할 수가 없는 것입니다. 영을 좇아 행하려면 우리는 양심의 소리와 말씀의 책망을 자주 들어야합니다. 만일 우리가 항상 영을 좇아 행하려면 언제나 겸손히 엎드려서 기도하지 않을 수 없습니다. 그러므로 날마다 성령으로 기도하여 영을 깨끗이 하십시오. 적당히 희미하게 죄를 자백하는 것은 주님으로 부터 멀어지게 합니다. 만일 자신에게 담력이 없고 원함도 없고 오히려 자신의 마음속에 뒷걸음질과 두려움이 있다면 혹시 성령님의 인도를 받고 있는지 깊이 생각해 보아야 합니다. 성령님의 임재가운데 자신을 성찰하는 시간을 가지면서 자신과 하나님과의 관계에 막힌 것들을 회개로 풀어야 합니다.

그리고 주님으로 부터 멀어지게 하는 일들을 과감하게 삶속에서 잘라내야 합니다. 거룩하고 순결함을 소중히 하고 유지할 때에 신선한 기름부음이 당신의 안을 채우고 흐를 것입니다. 성령의 기름부음이 임하면 마음이 부드러워집니다. 성령의 기름부음이 임하면 영혼에 능력이 나타납니다. 성령의 기름부음이 임하면 꼬인 일이 풀어집니다. 성령의 기름부음이 임하면 말은 성령의 검이 됩니다. 성령의 기름부음이 임하면 삶속의 근심들이 물러갈 것입니다. 오늘도 자신에게 만나는 사람들에게 성령이 부어지도록 간구해보십시오. 더욱 행복하고 아름다운 일들이 생길 것입니다.

셋째, 성령으로 기도하여 영을 강하게 해야 합니다. 영이 강해야 하나님께서 주시는 계시(예언)를 들을 수가 있습니다. 예언의 은사를 개발할 크리스천은 영을 강하게 하는 것은 필수입니다. 영을 강하게 하기 위해서 ① 말씀을 배우고, 묵상하고 ② 마음으로 기도하며, 말씀을 삶에 적용하고 ③ 말씀의 적용을 통해서 전인격으로 체험하여 믿음을 강하게 하는 것이 영을 강하게 하는 단계이며 절차입니다. 이 세 가지가 어느 한쪽으로 일방적으로 치우치지 않고 균형을 유지해야 하며, 어느 한 가지라도 결여 되었다면 그 것은 온전하지 못한 것입니다. 우리는 하나님이 완전한 것처럼 완전해야 합니다. 완전하다는 말의 헬라어는 '텔레이오스'인데 '전체로 가득 하다'라는 뜻을 지닙니다. 이 세 가지 구성 요소 중 어느 것도 빠짐없이 다 들어있는 상태를 말하는 것입니다. 우리의 영이 강해지는 것은 이 세 요소를 다 갖추고 있다는 것을 말합니다. 하나님은 우리가 이런 상태로 살아가기를 원하시는 것입니다.

영을 강화시키는 훈련은 첫째, 말씀을 묵상하는 훈련입니다. 성령의 임재가운데 마음으로 말씀의 묵상을 지속적으로 하면 영이 강화됩니다. 예를 든다면 하나님은 영이십니다. 하나님은 반석이십니다. 그렇지 않으면 시편1편을 묵상하는 것입니다. 둘째, 마음으로 기도하는 것입니다. 호흡을 들이쉬고 내쉬면서 하나님을 찾는 것입니다. 저는 마음으로 하나님! 사랑합니다. 하나님! 도와주세요. 하나님! 어떻게 해야 합니까? 하면서 하나님을 찾으며 집중하는 것입니다. 길을 걸어가면서도 쉬지 않고 하나님께 집중하는 것입니다. 셋째, 마음으로 찬양을 부르는 것입니다. 호흡을 들이쉬고 내쉬면서 마음으로 찬양을 하는 것입니다. 찬양은 자신이 제일 잘 부를 수 있는 찬양을 1절만 지속적으로 하는 것입니다. 이렇게 영을 강화시키는 훈련을 지속적으로 하면 자신의 혼과 육이 영의 지배를 받아 육체가 강건하여 집니다.

영이 강한사람은 바울입니다. 바울은 고질적인 질병이 있었습니다. 기도하여 영을 강화시킴으로 질병을 이겼다는 것입니다. 바울이 하나님께 병을 제하여 달라고 3번 기도하자, '내 은혜가 네게 족하도다' 하신 이유가 여기에 있는 것입니다. 쉽게 설명하면 성령으로 기도하여 영을 강화시켜서 영이 혼과 육을 장악하여 병을 이겼다는 것입니다. 사도행전 16장 25절로 26절에 "한밤중에 바울과 실라가 기도하고 하나님을 찬송하매 죄수들이 듣더라. 이에 갑자기 큰 지진이 나서 옥터가 움직이고 문이 곧 다 열리며 모든 사람의 매인 것이 다 벗어진지라"고 했습니다. 바울이 마음으로 기도하니 영이 강화되어 마음에 천국이 임하니까, 찬양을 한 것입니다. 감옥에 갇혀 있어도 바울은 천국이었다는 것입니다.

바울과 실라가 천국이 되니까, 한밤중에 원망하고 불평하지 않고 감사 찬양하니까, 성령의 역사가 일어나 빌립보 감옥전체가 천국이 된 것입니다. 천국이 되니 성령의 역사가 옥터를 뒤흔들어 버리고, 문을 다 열어버리고, 쇠고랑을 다 풀리게 만들어버리고, 감옥이 천국이 되는 역사가 일어난 것입니다.

바울의 영이 강하니 하나님의 직접적인 계시를 받았습니다. 사도행전 21장 10-11절에 보면 "여러 날 머물러 있더니 아가보라 하는 한 선지자가 유대로부터 내려와 우리에게 와서 바울의 띠를 가져다가 자기 수족을 잡아매고 말하기를 성령이 말씀하시되 예루살렘에서 유대인들이 이같이 이 띠 임자를 결박하여 이방인의 손에 넘겨주리라 하거늘" 그 말을 들은 사람들이 바울에게 "우리가 그 말을 듣고 그 곳 사람들과 더불어 바울에게 예루살렘으로 올라가지 말라 권하니"(행21:12).

바울이 이렇게 말합니다. "여러분이 어찌하여 울어 내 마음을 상하게 하느냐 나는 주 예수의 이름을 위하여 결박당할 뿐 아니라 예루살렘에서 죽을 것도 각오하였노라 하니"(행21:13). 바울이 사람들의 권면을 받지 않으니 "우리가 주의 뜻대로 이루어지이다 하고 그쳤노라"(행21:13). 바울이 이렇게 사람들의 권면을 물리칠 수 있었던 것은 자신이 직접 하나님의 계시를 받았기 때문입니다.

넷째, 하나님께 집중해야 합니다. 하나님께 집중하는 것은 성령으로 기도하는 것입니다. 기도는 기도의 대상인 하나님께 집중하는 것입니다. 하나님은 쉬지 말고 기도하라고 하십니다. 쉬지 말고 기도하라는 것은 쉬지 말고 하나님에게 집중하라는 것입니다. 기도는 하나님에게 집중하는 것입니다. 하나님에게 집중하려니 항상 하나님을 찾는 습관이 되어야 합니다.

기도는 마음으로 하는 것입니다. 마음을 열고 성령의 인도를 받으며 마음으로 하는 것이 기도입니다. 마음 안에 영이 있습니다. 영 안에 성령이 계십니다. 그러므로 기도는 머리로 하는 것이 아닙니다. 마음을 열고 마음 안에 계신 성령의 인도를 받으며 하는 것입니다. 마음으로 기도를 하니 영이 강해집니다. 영이 강해지니 하나님의 계시를 잘 들을 수가 있습니다.

하나님께 집중하는 기도는 진실, 단순해야 합니다. 순수하게 하나님을 찾는 것이 기도입니다. 목마른 사슴이 물을 찾는 것과 같이 단순하게 하나님을 찾는 것입니다. 하나님 사랑합니다. 하나님 감사합니다. 하나님 도와주세요. 하나님 용서하여 주세요. 이렇게 진실하고 단순하게 하세요.

하나님께 집중하는 기도는 말하기보다는 듣는 것입니다. 말하고 듣고, 묻고 듣는 것입니다. 내 안에서 음성이 들리게 될 때까지 귀를 기울이는 것입니다. 마음에서 들리는 소리를 들으세요. 실패하면 또 다시 해보세요. 위로하고 격려하는 음성을 들으세요. 주님은 위로하고 격려하시는 분, 편하신 분, 나를 편하게 해주시는 분입니다. 이 분을 편하게 찾아 나서세요. 하나님은 참으로 부드러운 분이십니다. 꿀보다도 더 달콤하고, 솜털보다 더 부드럽고, 더 따뜻한 분입니다. 이 분을 더 자주 찾으세요. 친절하신 분이며 겸손하신 분, 좋으신 분, 이분을 찾아나세요. 기능보다 인격적인 하나님을 찾아나서세요. 만나고, 교제하고, 느끼세요. 그럴 때, 그 성품이 나에게 배어 들어옵니다. 쑥쑥 나에게 밀려들어옵니다. 하나님은 바로 이것을 원하십니다. 나도 남을 편안하게, 부드럽게 대해주게 됩니다. 나는 변할 수 있습니다. 주님을 통해서, 주님의 마음을 옮겨 받음으로 변할 수 있습니다. 내가 변해야 하나님의 계시를 들을 수 있습니다.

3장 예수님은 왜 예언하는 자를 사랑하실까?

(요10:27)"내 양은 내 음성을 들으며 나는 그들을 알며 그
들은 나를 따르느니라"

예수님께서는 왜 예언하는 성도들을 사랑하실까요? 두말할
것 없이 서로 말이 통하기 때문에 사랑하시는 것입니다. 말이 통
한다는 것은 하나님의 계시의 음성을 듣고 순종한다는 것입니
다. 한마디로 예수님과 같은 영성이 되었기 때문에 사랑하시는
것입니다. 예수님께서는 "그러나 진리의 성령이 오시면 그가 너
희를 모든 진리 가운데로 인도하시리니 그가 스스로 말하지 않
고 오직 들은 것을 말하며 장래 일을 너희에게 알리시리라"(요
16:13). 분명하게 성령께서 장래 일을 알려준다고 말씀을 하셨
습니다. 예수를 믿고 성령으로 거듭난 성도는 살아계신 하나님
의 계시(음성)을 듣고 순종하며 살아야 합니다. 하나님의 자녀
가 하나님의 음성을 듣지 못한다는 것은 참으로 위험천만한 일
입니다. 예수님은 이렇게 말씀하십니다. "문지기는 그를 위하
여 문을 열고 양은 그의 음성을 듣나니 그가 자기 양의 이름을 각
각 불러 인도하여 내느니라. 자기 양을 다 내놓은 후에 앞서 가
면 양들이 그의 음성을 아는 고로 따라오되, 타인의 음성은 알지
못하는 고로 타인을 따르지 아니하고 도리어 도망하느니라"(요
10:3-5). 분명하게 기록된 말씀이 아니고 음성으로 불러내어

인도하신다고 말씀을 하셨습니다.

필자의 견해는 예수를 믿고 성령으로 거듭난 성도는 말씀(로고스) 안에서 살아야 합니다. 때로는 하나님의 음성(계시=레마)를 듣고 움직여야 합니다. 그래서 하나님의 자녀로서의 사명을 감당할 수가 있습니다. 예수님은 예언의 음성을 듣고 순종하는 성도를 사랑하시는 이유도 여기에 있는 것입니다.

그런데 일부 교계 지도자들은 말하기를 현시대는 하나님의 직접적인 계시는 끝이 났다는 것입니다. 그래서 성도들은 목회자들이 간접적으로 전하는 말씀해석을 듣고 살아야 한다고 합니다. 여기서 알아야 될 것은 직접적인 계시라고 하는 것은 성경에 기록되는 계시를 말하는 것입니다. 지금도 하나님은 말씀 안에서 성령을 통하여 직접적인 계시로 인도하고 계십니다. 만약에 예수를 믿고 성령으로 거듭난 성도가 직접적인 계시가 종결되었으니 기록된 말씀을 풀어서 설교하는 말씀을 듣고 살아야 한다면 하나님의 택한 백성이지만 아직 죄인이기 때문에 율법으로 살아가는 유대인과 다를 바가 없습니다. 유대인들은 죄인이기 때문에 율법으로 살아갑니다. 답답하니까, 선지자를 통하여 하나님의 뜻을 알고 살아갑니다. 이는 영적으로 보면 지극히 위험한 발상입니다. 성도들을 스스로 아무것도 하지 못하는 무능한 사람으로 만드는 전략입니다. 바르게 분별할 줄을 알아야 합니다. 유대인들은 하나님과 육신으로 언약을 맺은 백성이지만, 우리들은 예수 그리스도 하나님의 아들이 친히 십자가에 못 박혀서 몸을 찢고서 피를 흘려서 언약을 맺은 하나님의 자녀들인 것입니다. 구약의 성도들은 하나님의 백성입니다. 그러나 우리들은 육신으로나 혈통으로나 사람의 뜻으로 나지 않고 하나님께로 태어난 친자식들인 것입니다. 우리가 친 하나님의 자녀들인데 자녀들이 아버지와 직접적으로 대화하는 것은 당연한 것입니다.

간접적인 계시를 듣고 살아야 한다는 말은 예수님께서 요단강에서 성령으로 세례를 받기 전의 시대를 살고 있는 분들에게 해당되는 것입니다. 구약시대나 예수님께서 성령으로 세례를 받으시기 전에는 선지자들을 통하여 간접적인 계시를 받았습니다. 그래서 이스라엘 사람들은 선지자들을 통하여 들려주시는 하나님의 계시(뜻)을 알고 순종하며 살았습니다. 왜냐하면 하나님의 계시를 직접 받을 수 있는 통로가 없었기 때문입니다. 그래서 이스라엘 백성들은 스스로 하나님과 관계를 맺을 수 있는 통로가 없어 아무것도 할 수 없는 종의 신분이었습니다. 이는 애굽에서 종살이 하다가 하나님의 음성을 모세를 통하여 듣고 나온 이스라엘 백성을 생각하면 쉽게 이해가 될 것입니다.

이들은 모세가 없으면 아무것도 할 수 없는 죽은 몸이나 다름이 없는 자들입니다. 그래서 홍해 가에 앉아서 원망하는 소리만 지르는 것입니다. "애굽 사람들과 바로의 말들, 병거들과 마병과 그 군대가 그들의 뒤를 따라 바알스본 맞은편 비하히롯 곁 해변 그들이 장막 친 데에 미치니라. 바로가 가까이 올 때에 이스라엘 자손이 눈을 들어 본즉 애굽 사람들이 자기들 뒤에 이른지라. 이스라엘 자손이 심히 두려워하여 여호와께 부르짖고, 그들이 또 모세에게 이르되 애굽에 매장지가 없어서 당신이 우리를 이끌어 내어 이 광야에서 죽게 하느냐 어찌하여 당신이 우리를 애굽에서 이끌어 내어 우리에게 이같이 하느냐! 우리가 애굽에서 당신에게 이른 말이 이것이 아니냐! 이르기를 우리를 내버려 두라. 우리가 애굽 사람을 섬길 것이라 하지 아니하더냐! 애굽 사람을 섬기는 것이 광야에서 죽는 것보다 낫겠노라(출14:9-12)" 하나님께서는 이렇게 원망하는 이스라엘 사람들을 보셨을 때 참으로 한심하셨을 것입니다. 이렇게 하나님과 관계가 열리지 않으면 문제에 봉착했을 때 스스로 아무것도 할 수가 없는 것입니다.

이때 하나님께서 함께 하심을 믿는 믿음이 있는 모세가 이렇게 말합니다. "모세가 백성에게 이르되 너희는 두려워하지 말고 가만히 서서 여호와께서 오늘 너희를 위하여 행하시는 구원을 보라 너희가 오늘 본 애굽 사람을 영원히 다시 보지 아니하리라. 여호와께서 너희를 위하여 싸우시리니 너희는 가만히 있을지니라(출14:13-14)" 담대하고 안정한 심령을 유지하는 모세에게 하나님의 계시가 들립니다. "여호와께서 모세에게 이르시되 너는 어찌하여 내게 부르짖느냐 이스라엘 자손에게 명령하여 앞으로 나아가게 하고, 지팡이를 들고 손을 바다 위로 내밀어 그것이 갈라지게 하라 이스라엘 자손이 바다 가운데서 마른 땅으로 행하리라(출14:15-16)" 모세가 하나님의 말씀대로 지팡이를 바다에 내미니까, 홍해가 갈라지는 것입니다. "모세가 바다 위로 손을 내밀매 여호와께서 큰 동풍이 밤새도록 바닷물을 물러가게 하시니 물이 갈라져 바다가 마른 땅이 된지라. 이스라엘 자손이 바다 가운데를 육지로 걸어가고 물은 그들의 좌우에 벽이 되니 (출14:21-22)" 하나님의 음성을 듣고 순종하는 모세가 필요합니다. 지금 이스라엘 사람들은 모세를 통하여 간접적인 계시를 듣고 따라가는 것입니다.

우리 한번 생각해 보시기를 바랍니다. 지금은 성령이 역사하시는 교회시대입니다. 성령께서 예수를 믿는 성도 개인의 마음 안에 임재 하여 계십니다. 개인의 마음 안에 임재하신 성령하나님과 개별적으로 교통하면서 직접적인 계시를 들어야 합니다. 직접적으로 하시는 음성을 듣고 순종하는 성도를 주님은 사랑하시는 것입니다. 마치 베드로가 "주는 그리스도시요 살아 계신 하나님의 아들이시니이다." 라고 대답할 때 "바요나 시몬아 네가 복이 있도다. 이를 네게 알게 한 이는 혈육이 아니요 하늘에 계신 내 아버지시니라." 라며 베드로를 칭찬한 것과 같습니다.

흔히들 인류의 역사를 3시대로 구분합니다. 즉 성부시대, 성자시대, 성령시대로 구분합니다. 그런데 우리가 살고 있는 이 시대를 정확하게 표현한다면 성령이 역사하는 교회시대입니다. 교회는 성경의 완성이 아니라 성령의 강림과 함께 시작되었습니다 (행 2:1-4). 그리고 구약시대와 신약시대의 가장 큰 차이점 중 하나는, 구약시대에는 왕과 선지자와 제사장들에게만 성령이 임했으나, 신약시대에는 요엘의 예언대로 믿는 모든 자들에게 성령이 임하신다는 것입니다(욜 2:28-29). 그리고 중요한 사실은, 사도 바울이 신약시대의 모든 신자들에게 임하는 성령님을 "지혜와 계시의 영"이라고 불렀다는 것입니다. "우리 주 예수 그리스도의 하나님, 영광의 아버지께서 지혜와 계시의 영을 너희에게 주사 하나님을 알게 하시고"(에베소서 1:17).

여기서 "영"은 성령님을 가리킵니다. 성령님은 계시의 중개자 즉 하나님의 계시를 알려 주시는 분입니다. 이것이 바울이 성령님을 "지혜와 계시의 영"이라고 부른 이유입니다. 그러면 성령님은 누구에게 계시를 주실까요? 바울의 증언에 의하면 성경저자인 바울과 같은 사도들에게만이 아닙니다. 이 편지의 수신자인 에베소 교회 신자들을 포함한 모든 평범한 예수 믿은 신자들에게입니다. 이 구절에서 바울은 신약의 신자들에게 성령님을 지혜와 계시의 영으로 소개했습니다.

그들에게 지혜와 계시의 영이신 성령님을 주십사고 간구했습니다. 왜냐하면 성령님이 그들에게 지혜와 계시를 주는 분이기 때문입니다. 이 구절의 의미가 그것이라는 것은 그 뒤에 나오는 "하나님을 알게 하시고"라는 문구를 통해서 확인됩니다. 지혜와 계시의 영이 임하면 그 결과 아버지를 알게 됩니다. 그런데 예수님은 다음과 같이 말씀하셨습니다.

"내 아버지께서 모든 것을 내게 주셨으니 아버지 외에는 아들을 아는 자가 없고 아들과 또 아들의 소원대로 계시를 받는 자 외에는 아버지를 아는 자가 없느니라."(마태11:27). 이처럼 계시를 통해서만 아버지를 알 수 있습니다. 그러므로 "지혜와 계시의 영을 너희에게 주사 하나님을 알게 하시고" 라는 표현은 성령님이 지혜와 계시의 영으로 불릴 뿐 아니라, 실제로 신자들에게 직접적인 지혜와 계시를 주시는 분이라는 것에 대한 부인할 수 없는 명백한 증거입니다.

우리는 영생을 얻기 위해 예수님을 믿습니다. 그런데 영생은 '성경을' 아는 것이 아니라 '살아계신 영이신 하나님과 예수님을' 아는 것입니다. 즉 영생은 '하나님과 예수님에 관해서' 아는 것이 아니라 '영이신 하나님과 예수님을' 아는 것입니다. 그런데 하나님과 예수님에 관해서 아는 것과 달리, 지금도 살아서 역사하시는 영이신 하나님과 예수님을 아는 것에는 직접적인 계시가 필요합니다. 이것은 예수님의 말씀에 분명하게 나타나 있습니다. "내 아버지께서 모든 것을 내게 주셨으니 아버지 외에는 아들을 아는 자가 없고 아들과 또 아들의 소원대로 계시를 받는 자 외에는 아버지를 아는 자가 없느니라."(마태11:27). "내 양은 내 음성을 들으며 나는 그들을 알며 그들은 나를 따르느니라"(요10:27). 예수님은 계시를 받는 자 외에는 아버지를 아는 자가 없다고 하셨습니다. "내 양은 내 음성을 들으며" 예수님을 따른 다는 것입니다. 기록된 말씀으로 인도하시는 것이 아니고 음성으로 인도하신다는 말씀입니다.

그 증거가 바로 마태복음 11장 25-27절입니다. "그 때에 예수께서 대답하여 이르시되 천지의 주재이신 아버지여 이것을 지혜롭고 슬기 있는 자들에게는 숨기시고 어린아이들에게 나타내심을 감사하나이다. 옳소이다. 이렇게 된 것이 아버지의 뜻이니이다. 내 아버지께서 모든 것을 내게 주셨으니 아버지 외에는 아들을 아는 자가 없고 아들과 또 아들의 소원대로 계시를 받는 자 외에는 아버지를 아는 자가 없느니라."(마태11: 25-27).

또, 누가복음 10장 17-22절입니다. "칠십 인이 기뻐하며 돌아와 이르되 주여 주의 이름이면 귀신들도 우리에게 항복하더이다. 예수께서 이르시되 사탄이 하늘로부터 번개 같이 떨어지는 것을 내가 보았노라. 내가 너희에게 뱀과 전갈을 밟으며 원수의 모든 능력을 제어할 권능을 주었으니 너희를 해칠 자가 결코 없으리라. 그러나 귀신들이 너희에게 항복하는 것으로 기뻐하지 말고 너희 이름이 하늘에 기록된 것으로 기뻐하라 하시니라. 그 때에 예수께서 성령으로 기뻐하시며 이르시되 천지의 주재이신 아버지여 이것을 지혜롭고 슬기 있는 자들에게는 숨기시고 어린 아이들에게는 나타내심을 감사하나이다. 옳소이다. 이렇게 된 것이 아버지의 뜻이니이다. 내 아버지께서 모든 것을 내게 주셨으니 아버지 외에는 아들이 누구인지 아는 자가 없고 아들과 또 아들의 소원대로 계시를 받는 자 외에는 아버지가 누구인지 아는 자가 없나이다 하시고"(누가10:17-22).

두 곳 다 "천지의 주재이신 아버지여 이것을 지혜롭고 슬기 있는 자들에게는 숨기시고 어린아이들에게는 나타내심을 감사하나이다."라는 말씀이 먼저 나옵니다. 그 직후에 "내 아버지께서 모든 것을 내게 주셨으니 아버지 외에는 아들이 누구인지 아는 자가 없고 아들과 또 아들의 소원대로 계시를 받는 자 외에는 아버지가 누구인지 아는 자가 없나이다."라는 말씀이 나옵니다. 그러므로 문맥상 25절의 '나타내심'과 27절의 '계시'는 같은 의미입니다. 실제로 "나타내심"과 "계시"는 같은 단어입니다. 그래서 27절에서 '계시'로 번역한 것입니다. 그러므로 27절뿐 아니라

25절에 나오는 "나타내심"도 계시를 의미함이 분명합니다.

마태복음 16장 13절 이하에 보면 예수님은 제자들에게 질문합니다. "예수께서 빌립보 가이사랴 지방에 이르러 제자들에게 물어 이르시되 사람들이 인자를 누구라 하느냐(마16:13)" 제자들이 이렇게 대답을 합니다. "이르되 더러는 세례 요한, 더러는 엘리야, 어떤 이는 예레미야나 선지자 중의 하나라 하나이다(마16:14)" 예수님은 들은 척도 하지 않으시고 다시 질문합니다. "이르시되 너희는 나를 누구라 하느냐(마16:15)" 베드로가 성령의 감동을 받고 이렇게 대답을 합니다. "시몬 베드로가 대답하여 이르되 주는 그리스도시요 살아 계신 하나님의 아들이시니이다(마16:16)" 예수님이 칭찬을 하십니다. "예수께서 대답하여 이르시되 바요나 시몬아 네가 복이 있도다. 이를 네게 알게 한 이는 혈육이 아니요, 하늘에 계신 내 아버지시니라(마16:17)" 그리고 이름을 개명하여 주십니다.

"또 내가 네게 이르노니 너는 베드로라 내가 이 반석 위에 내 교회를 세우리니 음부의 권세가 이기지 못하리라(마16:18)" 하늘의 축복을 허락하여 주십니다. "내가 천국 열쇠를 네게 주리니 네가 땅에서 무엇이든지 매면 하늘에서도 매일 것이요 네가 땅에서 무엇이든지 풀면 하늘에서도 풀리리라 하시고(마16:19)"

여기서 우리가 알고 지나가야 할 것이 있습니다. 예수님은 사람들의 소리를 듣고 말하는 것에 관심이 없으십니다. 하나님의 음성을 직접 듣고 말한 베드로를 칭찬하시고 축복하십니다. 예수님은 우리가 성령님을 통하여 하나님과 직접적인 관계를 맺으면서 계시(예언)를 받아가며 살아가기를 소원하십니다.

그렇더라도 제 말을 오해하지 마십시오! 저는 각 사람이 구원받기 위해 성경 이외 계시를 개인적으로 직접 받아야 한다고 말하고 있는 것이 아닙니다. 필자가 말하는 것은 기록된 성경 말씀 안에서 성령을 통하여 개별적으로 직접적인 계시를 받아서 하나님의 뜻을 알고 순종해야 한다는 말입니다. 왜냐하면 문맥을 보면 마태나 누가가 말하고 있는 것이 그것이 아니기 때문입니다. 잘 보시면 70인의 제자가 나가서 복음을 전파했습니다. 그런데 듣는 자들 중 자기가 지혜롭고 슬기 있다고 생각하는 교만한 자들에게는 복음의 비밀이 감추어졌습니다. 즉 그들은 복음을 들을 때 내적인 계시를 받지 못했습니다. 반면에 어린아이 같이 겸손하고 열린 마음을 가진 자들에게는 성령님이 복음의 비밀을 나타내셨습니다.

즉 그 마음에 계시하셨습니다. 바로 이것을 두고 예수님이 아들의 소원대로 계시를 받는 자 외에는 하나님을 아는 자가 없다고 말씀한 것입니다. 그러므로 여기서 말하는 '계시'는 성경 이외에 계시가 아니라, 성경의 복음과 진리를 읽고 전할 때 성령님이 듣는 자들에게 역사하셔서 그들의 눈과 귀를 여시고 마음을 여셔서 깨닫게 하시는 내적인 계시를 뜻하는 것입니다. 우리 모두에게는 이런 계시가 필요합니다. 그러므로 계시가 끝났다는 주장은 어리석은 것이며 성경적인 것이 아닙니다.

오늘날 계시가 끝났다고 믿고 그렇게 가르치는 신학자와 목회자들이 있습니다. 그런데 저는 그분들에게 계시가 끝났다는 것을 증명해보라! 고 도전하고 싶습니다. 대답은 안 들어보아도 뻔합니다. 대부분 고린도전서 13장 8-10절을 근거로 들이댈 것입니다. "사랑은 언제까지나 떨어지지 아니하되 예언도 폐하고 방언도 그치고 지식도 폐하리라. 우리는 부분적으로 알고 부분적으로 예언하니 온전한 것이 올 때에는 부분적으로 하던 것이 폐하리라."

하지만 이것은 그들이 은사중지론에 미혹되었으며 성경 자체에 무지하다는 것을 드러낼 뿐입니다. 성경은 성령으로 해석을 해야 되고 삶에 적용함으로 체험하여 정확한 비밀을 알아낼 수가 있기 때문입니다. 성경을 조금 아는 분들은 에베소서 3장 2-5절을 근거로 제시할 것입니다. "너희를 위하여 내게 주신 하나님의 그 은혜의 경륜을 너희가 들었을 터이라. 곧 계시로 내게 비밀을 알게 하신 것은 내가 먼저 간단히 기록함과 같으니 그것을 읽으면 내가 그리스도의 비밀을 깨달은 것을 너희가 알 수 있으리라. 이제 그의 거룩한 사도들과 선지자들에게 성령으로 나타내신 것 같이 다른 세대에서는 사람의 아들들에게 알리지 아니하셨으니"

그러나 이 말씀은 성령의 은사들 중 계시의 은사들이 끝났다는 의미가 아니라, 바울이 받은 성경 기록을 위한 계시를 다른 세대에게는 주지 않으신다는 의미입니다. 성경에 기록되는 직접적인 계시는 주어지지 않습니다. 예수님과 바울을 포함하여 성경저자들만 이런 계시를 받았습니다(롬 16:26, 갈 1:12, 3:23, 벧전 1:12). 이런 계시는 오늘날 누구에게도 주어지지 않습니다. 이것은 '토대적인 사도들'에게만 주어졌던 계시입니다.

그런데 '계시'가 이런 계시만 있는 것이 아닙니다. 성경을 자세히 읽어보면 성경기록과 무관한 계시들이 나옵니다. 예를 들어, 고린도후서 12장 1절에 나오는 "무익하나마 내가 부득불 자랑하노니 주의 환상과 계시를 말하리라."가 그것입니다. 이 구절에 나오는 바울이 셋째 하늘에 올라가서 받은 계시는 성경 기록을 위한 것이 아니었습니다. 그는 셋째 하늘의 경험에 대해 일절 함구했기 때문입니다. 다음 구절도 마찬가지입니다. "계시를 따라 올라가 내가 이방 가운데서 전파하는 복음을 그들에게 제시하되 유력한 자들에게 사사로이 한 것은 내가 달음질하는 것이나 달음질한 것이 헛되지 않게 하려 함이라."(갈2:2). 이것은 바울이 성경에 기록한 복음과 진리를 계시 받았다는 것이 아니라 그가 계시로 인도함을 받았다는 뜻입니다.

성경기록과 무관한 이런 계시는 바울 같은 사도들에게만 주어진 것이 아닙니다. 일반성도들에게도 주어졌습니다. 그 증거가 바로 고린도전서 14장입니다. "그런즉 형제들아 내가 너희에게 나아가서 방언으로 말하고 계시나 지식이나 예언이나 가르치는 것으로 말하지 아니하면 너희에게 무엇이 유익하리요."(고전14:6). "그런즉 형제들아 어찌할까? 너희가 모일 때에 각각 찬송시도 있으며 가르치는 말씀도 있으며 계시도 있으며 방언도 있으며 통역함도 있나니 모든 것을 덕을 세우기 위하여 하라."(고전14:26). "만일 곁에 앉아 있는 다른 이에게 계시가 있으면 먼저 하던 자는 잠잠할지니라."(고전14:30).

이처럼 바울뿐 아니라(6절), 고린도교회 성도들도 계시를 받았습니다(26,30절). 이것은 은사장인 고린도전서 14장에 나오는 구절들입니다. 그들은 성령의 은사로 계시를 받았습니다. 그들이 받은 계시는 성경 기록이 아니라, 단순히 개인 신앙생활과 은사사역을 위한 것이었습니다. 그리고 성령의 은사는 중지되지 않았습니다. 그러므로 오늘날 바울과 같은 계시를 받는 사람들은 없지만 그 당시 성도들이 받은 것과 같은 계시를 받는 것은 가능하다고 말해야 성경적입니다. 흔히 고린도전서 12장에 나오는 성령의 아홉 가지 은사 중 '지혜의 말씀', '지식의 말씀', '영분별'을 계시의 은사로 분류합니다. 왜냐하면 그 은사들은 우리에게 계시를 주기 때문입니다.

하나님은 사람의 말을 듣고 움직이는 성도와 상관하시지 않습니다. 영으로 하나님의 계시를 듣고 순종하는 성도를 기뻐하십니다. 하나님은 아담에게 이렇게 말씀하십니다. "아담에게 이르시되 네가 네 아내의 말을 듣고 내가 네게 먹지 말라 한 나무의 열매를 먹었은즉 땅은 너로 말미암아 저주를 받고 너는 네 평생에 수고하여야 그 소산을 먹으리라(창3:17)" 하나님께서 말씀하셨으면 사람이 어떤 감언이설로 속일 지라도 속지 말고 하나님의 계시에 순종해야 합니다. 우리는 영으로 하나님의 계시를 직접 듣고 순종해야 영혼이 삽니다. 지금은 성령이 역사하시는 교회시대입니다.

하나님의 음성을 들으려고 노력을 해야 합니다. 사람이 아무리 현혹을 하더라도 속지 말고 성령의 음성을 직접 듣고 순종하는 습관을 들여야 합니다. 그래야 하나님께서 예비하신 복을 누리며 살아갈 수가 있는 것입니다. 하나님은 분명하게 말씀하십니다. "내 양은 내 음성을 들으며 나는 그들을 알며 그들은 나를 따르느니라(요10:27)" 무서운 말씀입니다. 하나님의 음성을 듣고 순종해야 하나님의 자녀라는 것입니다. 하나님은 영이십니다. 영이신 하나님의 음성을 들으려면 하나님과 같은 영적인 상태가 되어야합니다. 하나님과 같은 영적인 상태는 성령으로 충만해야 가능합니다. "사람의 일을 사람의 속에 있는 영외에 누가 알리요 이와 같이 하나님의 일도 하나님의 영외에는 아무도 알지 못하느니라. 우리가 세상의 영을 받지 아니하고 오직 하나님으로부터 온 영을 받았으니 이는 우리로 하여금 하나님께서 우리에게 은혜로 주신 것들을 알게 하려 하심이라(고전2:11-12)"

성령이 충만하려면 먼저 성령으로 세례를 받아야 합니다. 성령으로 세례를 받는 것은 이론으로 받는 것이 아닙니다. 반드시 성령으로 세례를 받을 때 자신이 몸으로 느끼고 눈으로 보이는 현상이 나타납니다. 물론 다른 사람도 자신이 성령으로 세례를 받는 것을 눈으로 보고 알 수가 있습니다. 성령으로 세례를 받는 것은 살아계신 하나님의 권능을 자신의 전인격이 장악을 당하기 때문입니다. 성령으로 세례를 받고 영을 강하게 하기 위하여 성령으로 기도해야 합니다. 기도를 성령으로 해야 영적인 상태가 되어 하나님의 계시를 받을 수 있는 영적인 조건이 되기 때문입니다. 예언의 은사를 발전시켜서 하나님께 직접적인 계시를 받으실 분들은 기도를 바르게 해야 합니다. 기도해야 성령으로 충만하게 되어 영적인 상태에 들어갈 수가 있기 때문입니다. 예수를 믿고 성령의 인도를 받는 크리스천은 사람의 소리에 관심을 끊고 성령의 음성을 듣고 순종해야 합니다. 한마디로 예언의 은사를 통하여 자신에게 말씀하시는 계시를 듣고 순종해야 한다는 것입니다.

충만한 교회에서는 매주 토요일 10:00-12:30까지 각각 2시간 30분씩 개별 특별집중 기적치유 시간을 갖고 있습니다. 한번에 4-6명밖에 할 수 없으므로 1주일 전에 지정된 선교헌금을 입금하시고 예약을 합니다.

*대상은 이렇습니다. 충만한 교회 화-수-목 정기 집회에 참석해도 상처가 깊어서 효과가 나지 않는 분들이 최우선입니다. 여기서도 저기서도 치유와 능력을 받지 못한 분/ 불치병, 귀신 역사를 빨리 치유 받을 분/ 목과 허리디스크, 허리어깨통증, 근육통, 온몸이 아프고 무거움에서 치유해방 받고 싶은 분/ 자녀나 본인의 우울증, 공황장애, 조울증, 불면증을 빨리 치유 받을 분/ 가슴이 답답하고 기도하기가 힘이 드는 분/ 축복과 영의 통로를 뚫고 싶은 분/ 성령의 불세례를 체험하고 싶은 분/ 최단기간에 성령치유 능력 받고 싶은 분입니다.

믿음을 가지고 오시기만 하면 무슨 문제라도 치유되고 해결이 됩니다. 염려하시지 말고 성령께서 감동하시면 오셔서 빠른 시간에 치유 받고 권능을 받아 쓰임을 받으시기를 바랍니다.

반드시 일주일 전에 선교헌금을 전화로 확인하시고 입금 후 예약해야 합니다(전화 02-3474-0675)

4장 바르게 예언하기를 원하시는 예수님

(벧후 1:20-21)"먼저 알 것은 성경의 모든 예언은 사사로이 풀 것이 아니니, 예언은 언제든지 사람의 뜻으로 낸 것이 아니요 오직 성령의 감동하심을 받은 사람들이 하나님께 받아 말한 것임이라"

예수님께서는 예언을 통하여 하나님의 계시(말씀)를 바르고 정확하고 가감 없이 전달하기를 원하십니다. 예수님은 모든 예언사역자들이 바르게 예언하면서 하나님의 뜻을 전달할 일꾼이 되기를 원하십니다. 우리가 바르게 알아야 할 것은 세상에서 사람들이 일반적으로 말하는 '예언'이란 단어는 '장래 일을 말하는 것' 혹은 '길흉을 점치는 것'이란 암묵적인 합의가 있습니다. 그러므로 성경에서 말하는 '예언'이 무엇인가에 대해 세상의 말 '예언'이란 단어로 설명하면 절대로 이해할 수 없습니다.

성경의 '예언'은 히브리어로는 '네부아'이고, 헬라어로는 '프로페테이아'라고 합니다. '네부아'는 '하나님으로부터 어떤 말씀을 듣거나 이상을 통해 본 사실을 말해주는 것'을 의미하는 단어입니다. 그래서 이 '네부아'의 의미를 해석할 때 우리말 '예언'이라는 단어보다 '대변인'이라는 단어를 사용하는데, 이것은 바르게 해석한 정확한 용어인 것입니다. 선지자는 '하나님의 대변자'인 것입니다. 그리고 하나님을 대신해서 한 말, 이것이 네부아, 즉 예언입니다.

예언에 대한 히브리어 어원은 '네부아'가 시간의 개념을 전혀 고려치 않고 있습니다. 그런데 이 단어가 우리말 '예언'으로 번역되면, 꼭 시간의 개념이 달라붙습니다. 그래서 '장래사를 말해주는 것'이나 '길흉을 점치는 행위'가 예언이라고 오해를 하는 것입니다. 문제는 성령께서는 우리가 사용하는 의미(세상에서 사용하는 의미)의 '예언'의 은사를 주시는 것이 아니라, 성경에 사용된 '네부아'의 의미를 가진 예언의 은사를 준다는 것입니다. 바른 이해가 있어야 예언에 대하여 오해를 하지 않습니다.

그래서 성경은 "먼저 알 것은 성경의 모든 예언은 사사로이 풀 것이 아니니, 예언은 언제든지 사람의 뜻으로 낸 것이 아니요 오직 성령의 감동하심을 받은 사람들이 하나님께 받아 말한 것임이라"(벧후 1:20-21). 고 말씀하시는 것입니다.

그래서 일부 유형교회에서 교회 생활 안에서 종종 접할 수 있는 사람들의 미래를 내다본다는 것을 예언이라고 알고 있는 경우가 많습니다. 솔직히 그런 능력으로 교회를 키웠다고 하는 이야기도 상당히 많습니다. 이는 전적으로 복음이 아니고, 샤머니즘 신앙의 잔재라고 말할 수 있습니다. 그래서 일부 교회에서는 이런 것으로 이단시비가 있기도 합니다. 그 이유가 뭡니까? 그것은 예언이라고 하는 단어의 뜻을 오해한 때문입니다. 예언서 성경의 뜻을 오해한 것입니다. 한마디로 무지한 것입니다.

왜입니까? 성경은 사람 개인이 맞이할 이 땅에서의 미래에 대해서 전혀 이야기하고 있지 않기 때문입니다. 아니 더 정확하게는 성경에서의 예언은 모두 사람의 죄에 빠진 현실과, 미래에 일어날 하나님의 계획을 성령의 계시로 사람의 말을 통하여 전하는 것입니다.

그래서 목사님들이 강단에서 전하는 설교는 모두 예언입니다. 목사님들은 모두 예언사역자란 말입니다. 꼭 개인이나 단체에 미래에 일어날 일을 맞추고 맞추지 못하고와 문제의 해답을 알고 모르고가 예언의 전부가 아니라는 것입니다. 이것은 전적으로 샤머니즘 신앙의 잔재입니다. 예언은 성경에 계시된 미래에 대한 하나님의 계획을 성령의 계시로 예언하는 사람의 입을 이용하여 전해지는 것입니다. 거기다가 하나님께서 크리스천의 개인을 향한 하나님의 계획(뜻)을 성령의 계시로 자신이 직접 또는 다른 사람을 말을 통하여 깨닫게 하는 것도 포함이 될 수 있습니다.

예수님은 이 시대에 바르게 예언하는 사람들이 바르게 하나님의 뜻을 대언하기를 원하십니다. 하나님의 계시를 전달하면서 예수님의 일꾼으로 쓰임을 받으려면 첫째, 예수님의 심정을 가져야 합니다. 예수님의 가슴은 영혼을 사랑하는 마음으로 가득 채워 있습니다. 특별한 것 때문에 사랑하는 것이 아닙니다. 그럼에도 불구하고 사랑하는 것입니다. 조건적 사랑이 아니라 무조건적으로 우리를 사랑하신 것입니다. 우리가 죄인 되었을 때 십자가에서 못박혀 죽으신 것입니다. 이런 주님의 사랑이 우리 속에 충만해야 주님의 사명을 온전히 감당할 수 있습니다. 예수의 심정은 영혼을 사랑하는 마음입니다.

둘째, 성령의 감동을 감지하고 순종해야 합니다. 우리는 예수의 이름을 가진 자입니다. 예수이름을 가진 자는 성령의 인도를 받아 하나님의 계획이나 뜻을 알고 순종해야 합니다. 사도행전 16장 6-10절에 나오는 바울이 성령의 인도를 받는 실상입니다. "성령이 아시아에서 말씀을 전하지 못하게 하시거늘…" 이 말씀은 바울은 아시아에서 말씀을 전하고 싶어 했는데 성령께서 막으셨다는 말씀입니다. 행 16: 6절에 나오는 부루기아와 갈라디아 땅은, 루스드라에서 소아시아 반도 서북쪽 끝에 있는 무시아에 이르는 도중에 있는 지역입니다. 무시아에 가기전에, 소아시아 반도 북쪽에 동서로 길게 뻗은 지역인 비두니아로 가려했지만, 예수의 영이 역시 허락하지 않으셨습니다.

그래서 무시아를 지나 드로아로 갔습니다. 드로아에서 밤을 지내는 중 바울에게 환상이 나타났는데, 마게도냐 사람이 바울 앞에 서서 간청하는 환상이었습니다. "마게도냐로 건너와서 우리를 도와주십시오" 바울은 그 환상을 본 후에 곧 마게도냐로 건너가려고 했습니다. 왜냐하면 환상의 의미가 마게도냐 사람에게 복음을 전하게 하시려고 하나님께서 부르신 것이라고 확신했기 때문입니다. 여기서 몇 가지 짚고 넘어가야 할 것이 있습니다. 바울은 아시아에서 말씀을 전하려고 했지만 성령께서 막으셨습니다.

사도행전 16장 7절에 보면 "비두니아로 가고자 애쓰되" 예수의 영이 허락하지 않으셨습니다. 바울은 애썼지만 성령께서 허락지를 않으셨습니다. 무슨 말씀입니까? 말씀은 바울이 전하지만, 예수의 복음을 전하는 것은 바울일지라도 그 주체는, 전도의 주체는 바울이 아니라 성령이시라는 말씀입니다. 위대하다고하는 바울도 하나님께서 쓰시는 도구일 뿐 역사하시는 분은 하나님이심을 아셔야 합니다. 거듭 말씀드립니다만 바울은 아시아에서 복음을 전하려 했습니다.

그러나 하나님께서 막으셨습니다. 바울의 생각과 하나님의 생각이 달랐습니다. 사람이 보기에 좋은 것과 하나님이 보기에 좋은 것이 다릅니다. "이는 하늘이 땅보다 높음 같이 내 길은 너희의 길보다 높으며 내 생각은 너희의 생각보다 높음이니라"(이사야55:9). 바울 일행은 부루기아와 갈라디아 땅을 지나 무시아 앞에 이르렀습니다. 그들은 비두니아 쪽으로 가려고 애썼습니다. 그런데 성령께서 그 길을 막으셨습니다. 그러므로 신앙생활을 하면서 하나님의 뜻과 마귀의 역사를 분별해 내는 지혜야 말로 매우 중요한 일입니다. 이 둘을 신중하게 잘 분별해야 합니다. 바울과 같이 성령의 인도를 받으시기를 바랍니다.

셋째, 예언사역자는 단체나 개인을 향한 하나님의 계획이나 뜻을 성령으로 깨닫게 되면 담대하게 선포하거나 대언해야 합니다. 예언하는 크리스천은 예수님의 마음을 가지고 성령의 감동하심을 가감 없이 말할 수 있어야 합니다. 담대함이 있어야 합니다. 자신은 지금 하나님의 계시를 전달한다는 사명감이 있어야 합니다. 하나님께서 성령으로 자신의 입을 사용하여 말씀하신다는 믿음과 담대함이 있어야 합니다. 자신은 하나님의 계시를 전달하는 입술이라는 자긍심으로 충만해야 합니다. 자신의 입술을 하나님께서 사용하신다니 자다가도 감탄할 일입니다.

강단에서 설교를 하시는 목사님들은 모두 예언하는 분들입니다. 하나님께서 목회자의 입술을 사용하여 예배에 나온 성도들에게 하나님의 계시를 전달하는 예언가들입니다. 성령의 감동하심을 받아 하나님의 계시를 전달하는 성스러운 업무를 수행하는 분들입니다. 그래서 목회자들은 항상 성령으로 충만한 가운데 설교(예언)를 준비해야 합니다. 강단에서 설교말씀을 대언하기 전에 충분한 기도를 하여 성령의 임재가 충만한 상태로 강단에 서서 설교(예언)를 대언해야 합니다. 강단에서 말씀을 설교(대언)할 때도 순간순간 성령의 감동하심을 감지하여 담대하게 대언해야 합니다. 순간순간 성령께서 감동하심이 하나님께서 설교를 듣는 분들에게 말씀하시고자 하시는 하나님의 계시(예언)이기 때문입니다. 목회자가 강단에서 전하는 설교 말씀은 엄연하게 예언입니다. 예언(설교)하는 목회자는 마땅히 하나님의 계시만을 전해야 합니다. 예언(설교)하는 목회자는 마땅히 예수님에 관한 이론이 아니라, 예수님의 마음(생명)을 전해야 합니다. 이는 예수님에 대한 지식을 전하라는 것이 아니고, 살아계시는 예수님을 체험하도록 설교를 전하라는 말입니다. 그렇기 위해서는 목회자 본인이 먼저 예수님을 삶에서 체험해야 할 것입니다. 그래서 강단에서 설교하시는 목사(예언자)들은 설교가 무엇인지 바르게 알고 설교(예언)를 대언해야 합니다.

설교(예언)란 무엇일까요? 설교는 단순히 성경을 해석하고 가르치고 생활에 적용시키는 것이 아닙니다. 설교(예언)는 예수님의 마음을 전하는 것입니다. 여기서 예수님을 전한다는 것은 단순히 전도나, 예수님에 대해 가르치는 것을 의미하는 것이 아닙니다. 실제로 예수님의 마음을 전하고, 살아계신 초자연적인 권능을 가지신 예수님을 전해야 합니다. 설교자는 예수님의 살아계심을 증거하고 사람들을 예수님께로 인도하는 것입니다. 설교를 통하여 살아서 역사하시는 예수님의 생명을 전하는 것입니다. 메뉴판이 음식을 대신할 수 없는 것처럼, 성경이 예수님을 대신할 수 없습니다. 즉 예수님에 대해서 아는 것이, 예수님을 체험하여 닮아가는 것을 대신할 수는 없습니다. 따라서 모든 설교(예언)자는 살아계신 예수님을 증거 해야 합니다. 하늘 나라의 생명을 전해야 합니다.

지금도 초자연적으로 역사하시고 계시는 예수님을 전해야 합니다. 지금도 성령으로 살아서 역사하시면서 현실 문제를 해결하고, 병을 고치며, 상한 마음을 치유하시며, 귀신을 축귀하시는 예수님을 전해야 합니다. 예수님 앞에 나오면 모든 문제를 해결 받는 다는 소망과 믿음을 대언해야 합니다. 설교는 하나님께서 목회자를 통하여 생명을 살리려는 하나님의 계시(예언)을 전하는 성스러운 업무입니다.

어떤 목사님이 필자에게 "목사님은 예언이 뭐라고 생각하십니까?" 하고 물으신 적이 있습니다. 그래서 제가 예언에 대해서 이렇게 설명했습니다. 많은 사람들이 예언을 앞으로 될 일을 미리 말하는 것으로 알고 있는데, 그것은 예언의 기능 중 일부일 뿐입니다. 베드로후서 1장 21절에 "예언은 언제든지 사람의 뜻으로 낸 것이 아니요 오직 성령의 감동하심을 입은 사람들이 하나님께 받아 말한 것임이니라." 예언은 사람이 성령의 감동을 통해 하나님께 받은 말을 하는 것입니다. 즉 예언은 단지 미래의 일을 예고하는 것이 아니라, 성령께서 깨닫게 하시고 알려주시는 하나님의 계시(말씀)를 전달하는 것입니다. 그 성령이 감동하시어 전하게 하시는 말씀 안에는 칭찬, 책망, 위로, 교훈, 권면….등 여러 가지 내용이 있을 수 있습니다. "그러나 예언하는 자는 사람에게 말하여 덕을 세우며 권면하며 안위하는 것이요." (고전14:3). 그래서 구약의 예언서들을 보면 미래에 대한 예언뿐 아니라, 이 모든 것이 포함되어 있는 것입니다.

그리고 진정한 예언은 성령의 감동하심을 따라 예수님의 말씀(계시)을 전하는 것입니다. 구약의 선지자들의 예언 중, 가장 진수가 되는 것이 무엇입니까? 메시아인 예수님에 대한 예언입니다. "예수의 증거는 대언의 영이라 하더라."(계 19:10). 이 구절에 나오는 "예수의 증거는 대언의 영이라"라는 부분을 다른 번역본으로 보면 현대인의 성경은 이렇게 번역했습니다. "예수님을 증거 하는 것은 다 예언의 영을 받아서 하는 것뿐이니, 너는 하나님에게만 경배하여라." 더구나 쉬운 성경은 이 부분을 다음과 같이 이해하기 쉽게 잘 번역했습니다. "이 모든 예언을 하게 하신 것은 예수님을 더 증언하기 위해서일 뿐이다." 이처럼 예언은 예수님을 증거 하기 위한 것입니다.

실제로 예수님을 증거 하는 것이 예언의 궁극적인 목적입니다. 따라서 선지자 사역은 예언이 얼마나 적중(맞추었느냐)했느냐가 아닙니다. 요즈음 많은 크리스천들이 예언에 대하여 바르게 인식하고 있지를 못합니다. 예언사역자들 역시 바르게 알고 예언 사역을 하지 않고 있습니다. 앞으로 일어날 일에 대하여 족집게 예언을 좋아한다는 것입니다. 예언을 사람의 앞으로 일어날 일을 맞추는 것에 중점을 둔다는 말입니다. 물론 이것도 포함은 됩니다. 그러나 예언은 인류를 향한 예수님의 마음을 전하는 것입니다. 예언 사역을 도구로 성령의 감동하심 가운데 얼마나 예수님을 잘 전하고, 사람들을 예수님께로 인도 했느냐 로 평가받게 됩니다. 그렇기 때문에 설교를 하시는 목회자(예언사역자)는 예수님께서 어떤 분인가를 바르게 전해야 합니다. 그래야 대상자가 예언의 말씀을 듣고 예수를 영접하게 되는 것입니다. 현실 문제를 가지고 고통당하면서 어찌할 바를 모르는 사람에게 예수님께 나오면 모든 문제가 해결이 된다는 희망을 전달할 수가 있어야합니다.

그런 의미에서 가장 위대한 선지자는 세례요한입니다. 그는 여자가 낳은 자 중에 가장 큰 자요, 선지자들의 대표인 엘리야의 심령과 능력으로 온 선지자였습니다. 그런데도 개인 예언을 거의 하지 않았습니다. 그는 오로지 예수님을 증거 했습니다. 심지어는 자신의 제자들마저 예수님께로 떠나보냈습니다. 이것이 바로 최고의 사역입니다. 주님은 모든 사역자들이 세례요한처럼 되기를 원하십니다.

우리가 알아야 할 것은 비단 예언(설교)선지자뿐 아니라, 사도와 복음전하는 자, 그리고 목사와 교사도 같은 기준으로 사역을 평가받게 됩니다. 그러므로 설교(예언)를 할 때 얼마나 해석을 정확하게 하고 전달을 잘 했느냐가 중요한 것이 아니라, 얼마나 예수님을 잘 증거하고 사람들을 실제로 예수님께로 인도했느냐가 중요합니다.

성령치유 사역의 경우도 얼마나 많은 병자들을 고치고 얼마나 극적인 치유가 일어났느냐가 아니라, 그 치유 사역을 통해 얼마나 예수님을 잘 증거하고 사람들을 실제로 예수님께로 인도했느냐가 중요합니다. 그리고 치유 받은 한 사람 한 사람을 예수님의 성품을 닮은 성도로 바꾸었는가가 중요합니다. 거기다가 치유를 통하여 성도들을 영적으로 사고하게 하고, 영적인 눈이 열리게 했느냐 입니다. 이것이 진정한 평가의 잣대입니다. 필자는 이것에 목적을 두고 치유사역을 합니다. 그러므로 예언(설교)사역자를 포함한 모든 사역자는 이것을 마음 판에 새

겨야 할 것입니다. 그래야 예수님의 마음에 합한 일꾼들이 될 수가 있기 때문입니다.

성경에 보면 오중 직임이 나옵니다. 그런데 오중 직임의 기름부음을 모두 포함하는 말씀이 있습니다. 바로 사도행전 1장 8절 말씀입니다. "오직 성령이 너희에게 임하시면 너희가 권능을 받고 예루살렘과 온 유대와 사마리아와 땅 끝까지 이르러 내 증인이 되리라 하시니라." 여기서 "성령"과 "권능"은 오중 직임의 모든 은사와 능력을 포함합니다. 성령의 세례를 받고 성령의 충만함과 성령의 인도하심을 받으면서 소명을 감당해야 한다는 것입니다. 예수님의 일은 성령께서 우리를 통하여 하시기 때문입니다. 그런데 이것이 주어지는 목적이 무엇입니까? 예수님의 증인이 되는 것입니다.

이것은 모든 사역이 예수님을 증거 하는 것이 되어야 한다는 것을 보여 줍니다. 예수님의 증인이 되는 것은 단지 전도나, 영혼 구원과만 관계된 것이 아닙니다. 예수님을 영접한 사람들에게도 예수님을 증거 해서 체험하게 해야 합니다. 예수님과 같은 인격으로 변화된 것을 보여주어야 합니다. 영육의 문제에서 해방을 받는 것을 보여줘야 합니다. 왜냐하면 성경 전체가 예수님을 증거하고 있고 예수님은 진리 자체이시기 때문입니다.

비유를 들자면, 시편 23편 푸른 초장과 맑은 시냇물가가 나오는데, 예수님이 곧 푸른 초장이요, 쉴만한 물가입니다. 목자가 양들을 푸른 초장과 맑은 시냇물가로 인도하듯이 목회자들은 마땅히 성도들을 예수님께로 인도해야 합니다. "내가 아버지께로서 너희에게 보낼 보혜사 곧 아버지께로서 나오시는 진리의 성령이 오실 때에 그가 나를 증거하실 것이요."(요 15:26).

이처럼 성령님은 예수님을 증거 하기 위해 이 땅에 오셨습니다. 지금 우리 안에서 역사하시고 계십니다. 그러므로 사도에서 목사에 이르기까지 자기의 부르심과 은사와 직분이 무엇이든지 우리는 예수님을 전해야합니다. 부름 받아 나온 자들을 예수님의 인격을 닮아가도록 설교(예언)와 성령의 역사로 바꾸는 사역을 해야 합니다. 그것이 우리 모두의 사명입니다.

사람들을 예수님께로 인도하는 것이 얼마나 중요한 일인지 아십니까? 목회자가 실제로 예수님을 증거 하면 사람들이 예수님을 추구하고 만나고, 교제하게 됩니다. 그러면 예수님이 그들을 말씀과 성령으로 변화시킵니다. 그 결과 놀랄 정도로 변화됩니다. "그런즉 누구든지 그리스도 안에 있으면 새로운 피조물이라. 이전 것은 지나갔으니 보라 새것이 되었도다."(고후 5:17).

이 말씀에 의하면 누구든지 "그리스도 안에 있으면" 새로운 피조물이라고 했습니다. 사람은 누구나 그리스도 안에서 변화됩니다. 바른 복음을 듣고 성령의 인도를 받으면 변화되게 되었습니다. 즉 우리를 예수님의 인격으로 변화시키는 분은 바로 성령님입니다.

그래서 바울이 예수님은 우리에게 지혜와 의로움과 거룩함과 구속함이 되신다고 말한 것입니다. 따라서 목회자들이 설교를 통해 실제로 예수님을 증거하고 사람들을 예수님께로 이끌면, 사람들이 변화되고 지속적으로 성장합니다. 성도들을 변화되게 하려면 설교(예언)를 통해 단순히 성경이 아니라, 지금도 살아서 역사하시는 예수님을 전합니다. 이런 성령이 역사하시는 설교만이 성도들을 변화시킬 수 있습니다.

예수님에 관해서가 아니라, 체험한 예수님을 증거 해야 사람들을 진실로 구원할 수 있고(요 17:3), 가장 효과적으로 변화시키고 성장시킬 수 있습니다. 살아계시는 예수님을 전하느냐 않느냐가 이런 엄청난 차이를 만들어 냅니다. 그러므로 목회자는 반드시 지금도 살아서 역사하시는 예수님을 전하는 자가 되어야 합니다. 모든 목회자는, 바른 설교(예언)를 하기 위해서 자신이 예수님과 교제하고 말씀을 삶에 적용하여 예수님을 체험함으로 예수님을 영으로 알아가야 합니다. 그것이 설교(예언)사역을 위한 최고의 준비입니다. 그리고 설교(예언)할 때 예수님을 전하고 사람들을 예수님께로 인도해야 합니다. 그것이 최고 예언사역입니다.

정리합니다. '예언'이란 단어는 '장래 일을 말하는 것' 혹은 '길흉을 점치는 것'이 절대로 아닙니다. 예언은사자가'하나님으로부터 어떤 말씀을 듣거나 이상을 통해 본 사실을 말해주는 것'을 의미하는 것입니다. 예언의 용어사용에 오해가 없기를 바랍니다. 강단에서 설교하는 목사는 모두 예언가입니다.

5장 예언의 은사가 훈련으로 가능할까?

(고전 14:29)"예언하는 자는 둘이나 셋이나 말하고 다른 이
들은 분별할 것이요"

하나님은 말씀하십니다. "나는 너희가 다 방언 말하기를 원하
나 특별히 예언하기를 원하노라 만일 방언을 말하는 자가 통역
하여 교회의 덕을 세우지 아니하면 예언하는 자만 못하니라(고
전 14:5)" 하나님은 특별히 예언하기를 원하신다고 말씀하십니
다. 필자는 말씀과 성령으로 영적인 사역을 하고 있습니다. 그
래서 개별적으로 상담도 하고 치유도하고 영육으로 병든 성도나
목회자들을 개별치유하여 정상적인 사람으로 생활하도록 합니
다. 그런데 문제는 영적인 모든 일에는 관심이 중요하다는 것입
니다. 관심이 없으면 영적인 분야가 열리지를 않습니다.

필자는 예언도 마찬가지라고 생각을 합니다. 예언을 하려고
해야 예언이 열린다는 것입니다. 관심을 갖게 했다는 것은 성령
께서 예언을 하기를 원하신다는 것입니다. 관심을 가지고 예언
을 하려고 하다가 보니까, 예언이 열리는 것입니다. 필자는 예언
을 하려면 관심을 가지고 예언을 하려고 해야 예언이 열린다는
것입니다. 예언을 하고 싶으십니까? 예언을 하려고 노력을 하십
시오. 그러면 예언이 열릴 것입니다.

사람은 육적이면서 영적인 존재입니다. 영적인 크리스천이라면 누구나 하나님의 음성을 듣고 싶어 합니다. 하나님의 음성을 듣고 살 수 있다면 천하를 얻은 기분일 것입니다. 필자는 모든 성도들은 개별적으로 하나님의 음성을 들으면서 살아야 된다고 생각을 합니다. 그래서 성령의 인도를 받으면서 성령과 동행하면서 살아가야 한다고 항상 강조를 합니다. 우리 크리스천들이 성령과 동행하며 살 수 있다면 최고의 인생을 보장받은 것이나 다름없을 것입니다. 모든 크리스천들이 성령님과 동행하며 살아가기를 소원합니다.

그래서 그런 크리스천들의 욕구를 충족시키기 위하여 기독서점에 가면 하나님의 음성을 듣는 법이라는 다종의 책이 진열되어 팔리기도 하고, 그런 교육을 시키는 훈련센터를 열어 훈련을 하기도 합니다. 우리 충만한 교회에서도 주기적으로 하나님의 음성을 듣는 훈련을 합니다. 일 년에 두 번씩 예언사역자 집중훈련을 합니다. 필자가 이런 훈련을 하는 것은 이유가 있습니다. 하나님의 음성듣기와 예언사역자 집중훈련에 참석한 성도나 목회자가 자신의 영적인 상태를 알게 하기 위해서 주기적으로 훈련을 합니다.

필자는 꼭 음성듣기 훈련이나 예언사역자 훈련을 할 때 매일 30분 이상씩 영성훈련을 합니다. 이때 성령세례를 받지 못한 분들은 성령세례를 받고, 상처나 영육의 문제가 있는 분들은 성령의 역사로 자신을 진단하게 하기 위해서 합니다. 자신의 상태를 보고 치유하여 성령의 지배를 받는 영적인 크리스천이 되어 하나님의 축복 속에서 살아가게 하기 위해서입니다.

어떤 교회에서는 예언을 훈련시키는 예언학교를 매주 열어 예언자를 배출시키고, 그들에게 많은 사람들이 예언을 들으려고 인산인해를 이루고 있다는 이야기도 들었습니다. 그래서 우리네 교회 주변에는 이런 부류의 사람들이 들끓고 있습니다. 모든 크리스천들이 영적인 존재들이기 때문에 일어나는 현상입니다. 조금이라도 이상하게 생각할 필요는 없습니다. 사람은 원래 영원을 사모하는 존재이기 때문에 장래 일을 알려고 하는 것은 당연한 것입니다. 여기서 필자가 하고 싶은 말은 남을 통해서 하나님의 뜻을 구하려고 하지 말고 자신이 직접 하나님의 뜻을 알아낼 수 있는 영성을 기르라는 것입니다.

필자의 경험에 의하면 성령의 음성을 드는 스타일은 두 가지입니다. 하나는 사람의 입술을 열어 듣는 것이고(간접적인 계시), 다른 하나는 생각으로 들어와 말씀(직접적인 계시)하시는 방식입니다. 사람의 입술을 통해 듣는 것은 음성으로 듣는 것이므로, 이 말씀이 성령이 주시는 말씀인지, 자의적으로 지어낸 말인지, 아니면 귀신들이 성대를 장악하고 넣어주는 말인지 분별해야 합니다. 반드시 분별해야 합니다.

또한 생각을 통해 들려주는 감동이나 환상도 마찬가지입니다. 자신의 생각인지 귀신이 생각을 틈타고 넣어주는 말인지 성령이 주시는 말씀인지 분별해야 합니다. 그러나 음성을 듣는다는 대다수의 사람들이 분별력이 없어, 자의적인 생각과 귀신이 넣어주는 소리를 성령이 주시는 음성으로 속고 있다는 것입니다. 그래서 필자는 예언이나 음성이나 감동이나 환상을 먼저 보고 들으려고 하지 말고 자신의 영성을 깊게 하라고 권면합니다. 자신이 말씀과 성령으로 장악이 되어 자신 안에서 역사하던 세상신이 떠나가고 성령의 지배를 받은 다음에 예언도 듣고, 하고, 하나님의 음성도 들으라는 것입니다. 반드시 성도는 예언이나 하나님의 음성을 듣는 훈련을 받아야 합니다. 왜냐하면 하나님은 살아계시기 때문입니다. 살아계신 하나님과 교통하려면 반드시 예언을 듣고, 말하고 음성을 듣고 순종하며 따라가야 하기 때문입니다.

그런데 성령이 주시는 음성과 귀신이 들려주는 음성을 분별하는 것은 무척이나 어렵습니다. 가장 간단한 방법은 성경적인지 살펴보는 것입니다. 그러나 성경으로 확인하지 못하는 상황에 대해서는 분별이 만만치 않습니다. 그럴 때는 열매를 보는 것입니다. 음성을 듣고 순종했더니 환경에 증표가 나타나는지 살펴보는 것입니다. 하나님께서 예언을 주시고 음성을 들려주셨다면 반드시 환경에 증표와 보증의 역사가 나타나게 되어있는 것입니다. 그래서 미래에 일어날 일을 예언했다면, 그 예언대로 일어나는지 지켜보시면 됩니다. 반드시 하나님께서 말씀하셨다면 말씀대로 보이는 역사가 일어나기 때문입니다.

그런데 귀신이 음성을 조작했어도 처음에는 환경에 나타나는 증거가 있을 수 있습니다. 이를 하나님께서 들려주셨다고 믿고 따라가다가 보면 완전하게 하나님과 원수가 됩니다. 아담의 경우를 보면 알 수가 있습니다. "뱀이 여자에게 이르되 너희가 결코 죽지 아니하리라. 너희가 그것을 먹는 날에는 너희 눈이 밝아져 하나님과 같이 되어 선악을 알 줄 하나님이 아심이니라(창 3:4-5)" 뱀이 말한 대로 되었습니다. "이에 그들의 눈이 밝아져 자기들이 벗은 줄을 알고 무화과나무 잎을 엮어 치마로 삼았더라(창 3:7)" 뱀이 말한 대로 되었으나 하나님께서 명령하신 말씀에 순종하지 않으니 하나님과 원수가 된 것입니다. 그래서 귀신의 음성을 들으면 이루어지지 않는 것이 아닙니다. 하나님과 원수가 되는 것입니다.

그래서 예언을 듣고 그대로 맞아간다고 좋아할 것이 못 된다는 것입니다. 한마디로 귀신들은 자신들이 말한 대로 사람의 마음을 부추겨서 조작하기 때문에, 예언한 대로 맞았다고 기뻐하기에는 아직 이르다는 것입니다. 그러나 귀신의 능력은 하나님처럼 초자연적이지 않기 때문에 100% 성도들의 마음을 충동질하기가 쉽지 않습니다. 성령의 지배를 받는 성도는 성령께서 마음 안에서 거부가 생기도록 인도하기 때문입니다.

그런데 혼탁한 사람들은 귀신이 들려주는 예언을 듣고 따라가다가 패가망신하는 경우가 너무나 많습니다. 마치 아담과 하와와 같이…. 이런 경우는 전부다 귀신이 넣어주는 소리입니다. 우리가 바르게 알아야할 것은 귀신은 과거의 일을 100% 맞춘다는 사실입니다. 지나간 일을 맞춘다고 혹하고 따라갔다가는 영혼을 팔아먹을 수도 있습니다. 귀신의 영향을 받는 이들은 혼탁한 사람들의 생각을 읽고 말하기 때문입니다. 즉 상대편의 귀신이 알려주기 때문입니다. 그러므로 과거의 사건을 족집게처럼 맞춘다고 하더라도 절대로 현혹되거나 놀라지 말아야 합니다. 귀신의 장난이기 때문입니다. 귀신은 미래를 알 수가 없습니다. 다만 사람의 마음을 부추겨서, 자신들이 말한 예언대로 맞추는 것처럼 속인다는 것도 잊지 말아야 합니다. 미래는 반드시 하나님만이 아십니다. 하나님은 미래를 전부다 알려주시지 않는 다는 것도 잊어서는 안 됩니다. 하나님은 성도의 신앙이 자라는 만큼씩 미래에 대하여 알려주십니다. 그러므로 세상 끝날 까지 성령의 인도를 따라가야 합니다.

그렇다면 하나님의 음성을 듣는 훈련이 가능한가? 훈련은 가능할지는 몰라도 실제 하나님의 음성은 하나님의 필요에 따라 들려주십니다. 그렇기 때문에 음성을 듣는 훈련은 필요하지만, 음성을 듣는 훈련을 통해서 하나님의 음성은 듣지 못한다고 말하고 싶습니다. 하나님의 음성은 하나님의 필요에 따라서 성도 개인에게 말씀하시기 때문에 음성을 들을 수 있는 영성(성령으로 충만한 상태)이 중요한 것입니다. 하나님의 음성을 들을 수 있는 영성을 구비하면 음성을 들을 수가 있는 것입니다. 음성을 들을 수 있는 자기를 만드는 것이 중요합니다. 음성을 들을 수 있는 자신을 만들기 위해서는 말씀을 많이 묵상해야 합니다. 말씀 안에서 음성이 들리기 때문입니다. 성령으로 기도해야 합니다. 전인격이 성령으로 지배당한 영적인 상태에서 하나님의 음성이 들리기 때문입니다.

그렇기 때문에 음성 듣는 훈련이나 예언사역자 훈련을 통하여 하나님과 교통하는 여러 방법을 배우고 자신의 영성을 준비하는 것과 음성이나 예언의 음성을 듣는 비결을 터득하는 것입니다. 터득하여 자신을 준비하도록 알려주는 것입니다.

그래서 예언은 성령의 은사(선물)이므로 교육시키거나 훈련시켜 되는 일은 아닙니다. 방법을 알려서 할 수 있도록 자신 감을 주는 것입니다. 그렇다고 예언훈련이 필요 없다고 말할 수도 없습니다. 예언의 기본을 알고 예언해야 하기 때문에 훈련은 반드시 필요한 것입니다. 필자가 성령치유 사역을 하다가 터득한 체험은 방언이나 예언, 귀신 축사는 은사를 훈련해서 되는 것이 아니고, 방언이나 예언, 귀신 축사는 은사가 나타날 수 있는 영성을 개발하면 자동으로 나타난다고 말할 수 있습니다. 영성을 준비하는 것이 무엇보다도 중요합니다.

필자는 항상 이렇게 말합니다. 방언이나 예언, 귀신 축사는 은사가 나타난다고 다된 것이 아니라는 것입니다. 또 자신의 영성이 준비되지 않았는데 방언이나 예언, 귀신 축사의 은사가 나타나지 않는다는 것입니다. 그러므로 하나님의 은사를 연습하고 훈련시켜 얻는다는 발상이나 생각은 바꾸는 것이 좋습니다. 내가 방언이나 예언, 귀신 축사는 은사가 나타나도록 영성을 개발하고 방법을 배우는 것이라고 알고 행해야 합니다.

우리가 바르게 알아야할 것은 영적으로 민감한 사람들에게 정신을 집중하는 훈련을 시키고, 생각에 떠오르는 것들을 성령이 말씀해주시는 예언이라고 가르치고 있다는 것입니다. 영적으로 민감한 사람들이 하나님께서 예언의 은사를 주셨다고 생각하고 훈련하는 것입니다. 그러나 필자가 그동안 성령치유 사역을 하면서 체험한 바로는 영적으로 민감한 대다수의 사람들은 성령이 아니라, 귀신들의 조종을 받는 사람들이었다는 것입니다. 그래서 필자는 음성 듣는 훈련이나 예언사역자 집중 훈련 간 영성훈련을 하여 성령의 지배를 받는 사람으로 바꾸는 훈련을 중점으로 하는 것입니다.

귀신의 조종을 받는 이유는 여러 가지입니다. 성령은 쉽게 오시는 분이 아닙니다. 일시적으로 은혜를 주실 수 있지만, 은사를 받으려면 성령이 오랫동안 내주하시는 기도습관이 된 사람에게 주시는 능력입니다. 열매가 좋은 사람들입니다. 그러나 성령의 지배를 받거나 성령이 내주하는 기도의 습관이 없는 사람들에게 이러한 은사가 주어지는 것은 아주 드문 일입니다. 그러나 귀신들은 주인의 허락도 없이 은밀하게 들어오는 놈들입니다. 귀신들은 아주 은밀하게 들어와서 성령인 것처럼 속이는 것입니다. 방언을 소원하는 사람들에게 방언을 넣어주고, 영음을 듣기 원하는 사람들에게 영음으로 넣어주며 속이는 것입니다. 정신분열환자는 환청과 환각 증세가 보이는 사람들입니다.

환청이 바로 귀신들의 소리를 듣는 것입니다. 하나님의 음성을 듣고 싶어 하는 수많은 크리스천들에게, 귀신들이 그 욕구를 읽고 몰래 들어와 성령인 것처럼 속여서 말하는 것입니다. 그래서 필자가 "영들을 보는 눈을 개발하라"는 책에서 점치는 영을 주의하라고 한 것입니다.

음성이 하나님으로부터 온 것을 분별하는 것은 쉬운 일이 아닙니다. 처음에는 성령으로부터 영음을 들어왔던 사람들도 나중에 변질된 사람들이 적지 않고, 처음부터 귀신의 소리를 듣지만 자신이 전혀 눈치 채지 못하게 속는 이들도 허다합니다. 그들 대부분이 기도를 많이 하는 사람들이고, 목사 등 교회지도자의 신분을 내세우기 때문에 대다수의 사람들은 이들의 말을 믿기 십상입니다. 성도들은 단순하여 잘 받아들입니다.

그래서 필자는 성령으로 기도하라고 하는 것입니다. 기도가 바르지 못하면 아무리 기도를 많이 해도 귀신이 역사하는 것입니다. 기도는 영의 활동이기 때문입니다. 귀신을 부리는 무당들이 기도를 얼마나 많이 하는지 아십니까? 밤을 세워가며 기도합니다. 이때 귀신이 무당들을 장악하는 것입니다. 실제로 제가 치유집회에서 안수하면 기도를 많이 했던 목회자들에게서 수많은 귀신들이 떠나갑니다. 말로 표현할 수 없을 정도로 많은 귀신들이 떠나갑니다.

또 이렇게 예언을 해주고 돌아다니다가 귀신에게 지배당하여 사역을 제대로 하지 못하다가 필자의 교회에서 하는 토요일 집중치유에 참석하여 영-혼-육을 치유 받아 정상이 된 목회자, 사역자가 많다는 것입니다.

그러므로 그들이 그간 해온 행적이나 신분을 가지고 판단하여 전부다 성령이 주시는 말씀으로 믿지 말라는 것입니다. 성령으로 시작하였다가 육체로 마치는 이들이 부지기수이고, 능력 있는 하나님의 종이 나중에 변질이 되어 험악한 모습으로 변질되는 것도 허다한 일입니다. 왜 그런지 아십니까? 성령의 지배를 받지 않고 자신의 욕심으로 사역을 하기 때문입니다. 그러므로 이들의 말이나 보여주는 현상이 아니라, 이들의 성품이나 성령의 열매를 가지고 판단하여야 합니다. 무엇보다도 열매를 보아야 합니다.

성령이 안에 계시면 세속적인 성품에서 거룩한 성품으로 변화됩니다. 그러므로 예언의 은사를 받은 사람들이 여전히 교만하고 자기의 의를 드러내는 성품을 드러내거나, 갖가지 구실을 대며 헌금을 요구하면서 예언을 해준다면 전부다 귀신의 좀비라고 보면 틀림이 없습니다. 그러나 이런 잣대로 구별할 수 없다면 그들의 예언하는 내용이 어떤 주제인지 살펴보아야 합니다. 귀신들은 자신의 의를 드러내는 교만함을 드러내기 좋아합니다.

그래서 이들의 예언의 내용은 주변 상황이나 사람들의 생각을 들추어내어 사람들을 놀라게 하거나, 호기심을 만족시키거나 탐욕을 충족시켜주는 내용을 통해, 사람들로 하여금 칭찬과 대접을 받으며 자신의 의를 드러내고 싶어 합니다. 물론 성경말씀을 교묘하게 섞고, 입만 열면 하나님의 영광이나 은혜를 앞세우거나 아예 도배하기도 합니다. 그러므로 예언하는 사람에게 겸손과 사랑의 성품을 찾기 어렵다면, 필시 귀신의 소리를 듣는 사람이라고 여겨 도망쳐야 할 것입니다.

하나님은 이렇게 말씀하십니다. "많은 사람이 내 이름으로 와서 이르되 나는 그리스도라 하여 많은 사람을 미혹하리라… 거짓 선지자가 많이 일어나 많은 사람을 미혹하겠으며… 거짓 그리스도들과 거짓 선지자들이 일어나 큰 표적과 기사를 보여 할 수만 있으면 택하신 자들도 미혹하리라(마24:5,11,24)."

하나님이 예언의 은사를 주시는 목적은 하나님의 뜻을 알아 순종하며, 먼저 자신의 심령을 고치고, 가정을 하나님의 나라를 만들고, 방황하는 영혼을 구원하고, 하나님의 나라를 확장하는 것입니다. 그러므로 이런 주제를 벗어난 예언이라면 전부다 귀신이 넣어주는 소리라고 보면 틀림없습니다. 그러나 자신의 믿음을 자랑하거나 하나님과 친한 것을 드러내는 근거로 예언을 은근히 자랑하는 사람이라면, 이는 성령의 사람이 아닐 것입니다. 예언은 하나님께서 사람의 입을 이용하여 하나님의 뜻을 알게 하는 것입니다. 전적으로 하나님의 사역입니다. 모든 영광을 하나님께 돌려야 합니다.

어쨌든 우리네 교회 주변에는 수많은 불량 예언자들이 나타나 사람들을 교묘하게 미혹시키고 있다는 것을 알고 대처해야 합니다. 이런 일은 말세에 일어나는 일반적인 현상입니다. 그러므로 정신을 바짝 차려서 이들에게 속아 넘어가지 마시길 바랍니다.

자칫 잘못하다가는, 당신도 이들의 덫에 걸려 생명과 영혼을 사냥당하고 지옥에 던져지는 끔찍한 운명의 주인공이 될지 아무도 모르기 때문입니다.

하나님은 모든 크리스천들과 교통하기를 원하십니다. 그래서 성령께서 사람의 마음 안에 있는 영 안으로 임재하신 것입니다. 지금은 성령이 역사하는 교회시대입니다. 우리 크리스천들은 자신 안에 임재하신 성령을 통하여 직접 하나님의 음성을 들어야 합니다. 지금은 하나님께서 성도들과 개별적으로 교통하시기 때문입니다. 성도들과 개별적으로 교통하시는 하나님은 살아계십니다. 고로 살아계신 하나님의 음성을 들어야 삽니다. 모든 성도들은 기록된 하나님의 말씀 안에서 살아야 합니다. 기록된 말씀은 성도들을 보호하시는 울타리가 되기 때문입니다. 크리스천이 하나님의 말씀을 벗어나면 죽습니다. 그래서 이스라엘 백성이 애굽에서 나와 광야를 걸어갈 때에 낮에는 구름기둥이요, 밤에는 불기둥으로 인도하신 것입니다.

기록된 말씀이 낮에는 구름기둥이요, 밤에는 불기둥인 것입니다. 말씀 안에서 살아야 하나님의 보호가 있는 것입니다. 그러나 필요할 때에는 들리는 음성을 들어야합니다. 그것을 레마라고 합니다. 이것은 마치 이스라엘 백성들이 애굽에서 나와 광야를 걸어갈 때에 문제를 만나면 모세가 하나님께 기도하여 하나님께서 알려주신 대로 행할 때 문제가 해결된 말씀이 바로 레마인 것입니다. 그래서 성도는 기록된 말씀(로고스)안에서 살아야 하며, 필요할 때는 하나님께 기도하여 레마를 듣고 순종해야 합니다.

　레마를 듣고 순종하며 따라가야 하나님의 은혜가운데 거할 수가 있습니다. 그래서 성도들에게 하나님의 음성을 듣는 훈련과 예언사역자 훈련이 필요한 것입니다. 훈련을 통하여 음성을 듣거나 예언을 하는 것이 아닙니다. 훈련을 통하여 음성을 듣는 방법과 예언을 듣고 예언하는 방법을 바르게 알고 믿음 생활을 하기 위해서입니다. 그리고 영성을 준비할 수 있기 때문입니다. 필자는 반드시 성도들은 기회가 된다면 하나님의 음성을 듣는 훈련과 예언사역자 훈련을 받을 필요가 있습니다. 살아계신 하나님과 교통하는 중요한 요소이기 때문입니다. 또한 전인격이 성령의 지배를 받아야 합니다.

　충만한 교회는 말씀과 성령으로 성도들을 치유하여 성령의 인도를 받는 영적인 성도가 되도록 하는 목회를 합니다. 충만한 교회 목회 방향은 성도들을 목회자 그늘에서 믿음 생활을 하는 나약한 성도가 되지 않도록 하는 것입니다. 영적인 자립을 하는 것을 목표로 훈련합니다. 하나님께서 부여하신 권능을 사용하여 세상을 장악하게 합니다.

　그래서 주일날도 강한 성령의 역사가 일어나는 예배를 드립니다. 예배 시간은 1부 11:00-/ 2부 13:30-입니다. 영적인 눈이 열리고 사고가 영적으로 변하는 말씀을 준비하여 교재로 제공하고 설교를 합니다. 기도를 40분 이상 하면서 담임 목사가 일일이 안수하여 성령으로 충만 받도록 합니다.

6장 예언에 대하여 바르게 알고 사역하라.

(벧후 1:19-21)"또 우리에게 더 확실한 예언이 있어 어두운데 비취는 등불과 같으니 날이 새어 샛별이 너희 마음에 떠오르기까지 너희가 이것을 주의하는 것이 가하니라. 먼저 알 것은 경의 모든 예언은 사사로이 풀 것이 아니니, 예언은 언제든지 사람의 뜻으로 낸 것이 아니요 오직 성령의 감동하심을 입은 사람들이 하나님께 받아 말한 것임이니라"

하나님은 예언에 대하여 바르게 알기를 소원하십니다. 요즈음에 와서는 교회 이름으로 발행되는 간행물 등에서 세상 종말이나 예수 재림에 대한 예언 내용을 쉽게 접할 수 있습니다. 뿐만 아니라, 교회 부흥회나 기도원 집회 등에서 예언의 은사를 받았다고 하여 성도 개개인의 장래 일이나 사업의 실패, 또는 성공은 물론 자녀들의 대학 합격 아니면 불합격 등을 미리 기도해서 알려주는 예언가들이 상당수에 달하고 있습니다. 성경은 구약이나 신약에서 예언에 대하여 수 백 회 언급을 하고 있습니다. 신약에는 사도들이나 초대교회 성도들에게 예언의 은사를 주어 예언하게 하신 일들이 있습니다.

대표적인 말씀이 사도행전 21장 8-14절입니다. "이튿날 떠나 가이사랴에 이르러 일곱 집사 중 하나인 전도자 빌립의 집에 들어가서 유하니라. 그에게 딸 넷이 있으니 처녀로 예언하는 자라. 여러 날 있더니 한 선지자 아가보라 하는 이가 유대로 부터 내려와 우리에게 와서 바울의 띠를 가져다가 자기 수족을 잡아매고 말하기를 성령이 말씀하시되, 예루살렘에서 유대인들이 이같이 이 띠 임자를 결박하여 이방인의 손에 넘겨주리라 하거늘 우리가 그 말을 듣고 그 곳 사람들로 더불어 바울에게 예루살렘으로 올라가지 말라 권하니 바울이 대답하되 너희가 어찌하여 울어 내 마음을 상하게 하느냐 나는 주 예수의 이름을 위하여 결박 받을 뿐 아니라 예수살렘에서 죽을 것도 각오하였노라 하니 저가 권함을 받지 아니하므로 우리가 주의 뜻대로 이루어지이다 하고 그쳤노라"

이와 같은 예언에 대한 기사들이 성경에 기록되어 있다고 해서 많은 교사(목사 특히 부흥사)들에 의하여 예언의 은사가 강조되고, 이에 따라서 예언의 은사를 받았다는 예언가들이 교회 내에 속출(續出)하고 있는 실정입니다. 사회가 혼란하고 무질서해지면 자칭 예언가들의 활동이 분주해 지듯이, 교회가 혼란하고 타락하면 사이비 예언가들의 활동이 두드러지게 나타납니다. 한국 교회는 전례 없는 혼란기를 맞고 있습니다.

교단의 분열은 물론, 신학의 혼란, 지도자들의 타락, 교회들의 사치 등은 성도들로 하여금 가치관의 상실과 함께 방향 감각을 잃어버리게 하고 있습니다. 이와 같은 혼란기를 맞은 교회의 현실은 사이비 예언가들의 활동무대로 최적격(最適格)인 것입니다.

많은 성도들은 결혼을 하거나 사업을 시작하거나 집을 사거나 심지어는 이사를 하는 일, 또는 자녀들의 대학 입학에 관한 것에 이르기까지 모든 일들을 예언의 은사를 받았다는 목사나 부흥사 또는 권사 등에게 물어본다든가 자기 스스로가 기도를 해서 하나님께 응답을 듣고 처리하는 경우가 허다합니다.

성경이 말하는 예언이란 과연 어떠한 것인가? 현대 교회 안에서 행해지고 있는 예언의 행위들은 참으로 성경적인 것들인가? 성경이 말하는 예언의 은사는 지금도 주어지고 있는가? 라는 문제 등에 대한 해답을 얻기 위하여 근본적으로 "예언이란 무엇인가?"라는 주제에 대한 해답을 하나님의 말씀인 성경에서 찾아보고자 합니다.

첫째, 예언이란 말의 뜻. 예언에 대한 올바른 이해를 하기 위해서는 용어에 대한 정확한 뜻을 알아보는 것이 필요합니다. 성경에는 예언이라는 용어가 자주 사용되고 있는데, 특히 구약에는 신약에서보다 더 많이 사용될 뿐만 아니라, 그 내용 자체가 예언적 성격을 가지고 있는 부분이 많이 있습니다.

구약에서는 예언이라는 말이 히브리어로 '네부아'라고 하는데, 그 의미는 하나님께로부터 부르심을 받은 선지자들이 하나님께서 미리 알게 해 주신 장래 일에 관하여 하나님의 명령을 따라 백성들에게 선포하는 행위를 뜻합니다. 이 말에서 유래된 동사는 '나바'라는 말인데 '예언하다'라는 뜻으로서 선지자의 행위를 표현하는 말입니다.

신약에서는 예언이라는 말이 '프롭헤테이아'라고 하는데, 이 용어 역시 히브리어 '네부아'와 같은 의미로서 '장차에 이루어질 일들을 말하는 행위'를 뜻하는 말입니다. 이 용어는 '프롭헤튜오'라는 동사에서 유래된 명사인데 신약성경에서 여러 가지 경우에 사용되고 있습니다.

그것은 신약성경 기자들이 구약의 선지자들의 글을 인용할 때, 또는 예수께서 무리들에게 장차 이루어질 일을 선포(宣布)하는 경우나 예수의 제자들이 하나님께로부터 영감을 받아 장래 있을 일을 알려주는 경우와 하나님께서 성령으로 말미암아 교회에게 주시는 은사들을 언급할 때 등입니다.

결국 구약에서나 신약에서 예언이라는 용어가 같은 뜻으로 사용되고 있는데, 이 용어에 관련된 내용들이 성경 전체에 허다하게 사용되고 있음을 보아서 이 용어의 중요성을 엿볼 수가 있습니다. 다시 말하면 예언이라는 용어 개념을 바르게 이해하는 것은 성경을 바르게 인식하는 데 커다란 역할을 한다는 말입니다.

성경이 하나님의 말씀이라는 측면에서 보더라도 하나님께서 선지자들이나 사도들의 입을 통하여 하나님 자신의 뜻을 말하게 하신 예언의 말씀이라고 이해될 수 있습니다. 그러므로 예언과 성경과의 사이는 매우 밀접한 관계를 이루고 있음을 충분히 짐작할 수 있습니다. 실제로 구약에도 보면 하나님께서 선지자들을 불러서 예언하도록 하신 선지서의 기록이 있습니다.

예레미야 선지자에게 말씀하신 기록입니다. "여호와의 말씀이 내게 임하니라 이르시되 내가 너를 복 중에 짓기 전에 너를 알았고 네가 태에서 나오기 전에 너를 구별하였고 너를 열방의 선지자로 세웠노라 하시기로 내가 가로되 슬프도소이다. 주! 여호와여 보소서 나는 아이라 말할 줄을 알지 못하나이다. 여호와께서 내게 이르시도 너는 아이라 하지 말고 내가 너를 누구에게 보내든지 너는 가며 내가 네게 무엇을 명하든지 너는 말할지니라. 너는 그들을 인하여 두려워 말라. 내가 너와 함께 하여 너를 구원하리라. 나 여호와의 말이니라 하시고 여호와께서 그 손을 내밀어 내 입에 대시며 내게 이르시되 보라 내가 내 말을 네 입에 두었노라 보라 내가 오늘날 너를 열방 만국 위에 세우고 너로 뽑으며 파괴하며 파멸하며 넘어뜨리며 건설하며 심게 하였느리라"(렘1:4-10).

에스겔 선지자에게 이렇게 말씀하십니다. "그가 내게 이르시되 인자야 일어서라 내가 네게 말하리라 하시며 말씀하실 때에 그 신이 내게 임하사 나를 일으켜 세우시기로 내가 그 말씀하시는 자의 소리를 들으니 내게 이르시되 인자야 내가 너를 이스라엘 자손 곧 패역한 백성 나를 배반하는 자에게 보내노라. 그들과 그 열조가 내게 범죄하여 오늘날까지 이르렀나니 이 자손은 얼굴이 뻔뻔하고 마음이 강팍한자니라. 내가 너를 그들에게 보내노니 너는 그들에게 이르기를 주 여호와의 말씀이 이러하시다 하라. 그들은 패역한 족속이라 듣든지 아니 듣든지 그들 가운데 선지자가 있음을 알지니라. 인자야 너는 비록 가시와 찔레와 함께 처하며 전갈 가운데 거할지라도 그들을 두려워 말고 그들의 말을 두려워 말지어다. 그들은 패역한 족속이라도 그 말을 두려워 말며 그 얼굴을 무서워 말지어다. 그들은 심히 패역한 자라 그들이 듣든지 아니 듣든지 너는 내 말로 고할지어다"(겔2:1-7).

즉, 구약에는 예언서들이 많이 있고, 신약에도 요한계시록과 같은 예언서가 있습니다. "예수 그리스도의 계시라. 이는 하나님이 그에게 주사 반드시 속히 될 일을 그 종들에게 보이시려고 그 천사를 그 종 요한에게 보내어 지시하신 것이라. 요한은 하나님의 말씀과 예수 그리스도의 증거 곧 자기의 본 것을 다 증거하였느니라. 이 예언의 말씀을 읽는 자와 듣는 자들과 그 가운데 기록한 것을 지키는 자들이 복이 있나니 때가 가까움이라"(계1:1-3).

비록 예언이라는 용어의 뜻을 '장차 되어질 일을 미리 선포하는 행위'라고 단순하게 설명이 될 수 있으나 이 용어가 가지고 있는 신학적 또는 신앙적 비중이 아주 크다는 것을 알게 됩니다.

둘째, 예언의 조건. 앞에서 살펴본 바와 같이 장차 되어질 일을 미리 선포하는 행위로서의 예언이 가능해지려면 앞서 갖추어져야 할 근본 조건들이 있습니다. 그 조건이 무엇인가를 아는 것이 예언이라는 것을 올바르게 인식하는 데 많은 도움을 줍니다. 예언의 선행조건(先行條件)을 여러 가지로 말할 수 있겠으나, 그 근본적인 조건은 하나님의 작정과 계시입니다. 즉 하나님께서 모든 일을 미리 작정하셔서 그 내용을 계시해 주셔야 예언이 가능해 진다는 말입니다. 하나님께서 작정하신 계시를 성령으로 알려주셔야 한다는 것입니다.

하나님의 작정은 창세전에 하나님께서 만사와 만물을 기쁘신 뜻대로 계획하신 섭리를 말합니다. 하나님께로부터 창조된 모든 우주만물은 물론, 피조세계에서 일어나는 크고 작은 사건은 모두가 하나님의 창세전 작정(계획)섭리에 따라서 이루어져 간다는 것이 성경의 증언입니다.

이사야서에 이렇게 예언되어 있습니다. "이것이 온 세계를 향하여 정한 경영이며 이것이 열방을 향하여 편 손이라 하셨나니 만군의 여호와께서 경영하셨은즉 누가 능히 그것을 폐하며 그 손을 펴셨은즉 누가 능히 그것을 돌이키랴"(사14:26-27).

성경에서 말하는 예언은 하나님의 창세 전 작정섭리를 기초로 할 뿐만 아니라, 선행조건으로 하고 있는 것입니다. 즉 하나님의 작정섭리가 없으면 예언은 불가능한 것이 될 수밖에 없다는 말입니다.

왜냐하면 어떠한 일이든지 그 일이 이루어지기 전에 미리 정해져 있어야 예언이 가능하기 때문입니다. 미리 정해지지도 않은 것을 예언, 즉 미리 말한다는 것은 불가능합니다. 그러므로 예언은 반드시 작정(계획)을 기초로 하고 그 선행 조건으로 삼는 것입니다. 모든 만사가 우연(偶然)히 이루어져 간다면 예언은 불가능합니다. 우연히 되어져 가는 것을 어떻게 이루어져 갈 줄을 알아서 예언을 하겠습니까? 우연을 기초로 하는 예언은 실효성(實效性)이 없는 거짓에 불과할 수밖에 없습니다.

하나님께서 창세전에 작정하신 내용을 아무에게도 알려주지 아니하면 예언을 할 수가 없는 것입니다. 하나님께서 누구에게든지 미리 계시해 주셔야 먼저 알게 되고, 먼저 알아야 예언을 할 수가 있게 됩니다. 그러므로 하나님께서 모든 만사 만물을 창세전에 작정하셨어도 하나님께서 아무에게도 계시해 주지 아니하시면 예언은 할 수 없는 것입니다. 신·구약성경에는 하나님께서 특별히 사람을 선택해 부르셔서 하나님의 작정하신 뜻을 미리 알게 해 주셨습니다.

성경에 분명하게 말씀하셨습니다. "주 여호와께서는 자기의 비밀을 그 종 선지자들에게 보이지 아니하시고는 결코 행하심이 없으시리라. 사자가 부르짖은즉 누가 두려워하지 아니하겠느냐, 주 여호와께서 말씀하신즉 누가 예언하지 아니하겠느냐"(암3:7-8). "여호와의 말씀이 또 내게 임하니라 이르시되 예레미야야 네가 무엇을 보느냐 대답하되 내가 살구나무 가지를 보나이다 여호와께서 내게 이르시되 네가 잘 보았도다 이는 내가 내 말을 지켜 그대로 이루려 함이니라"(렘1:11-12).

구약시대에는 족장들이나 사사들, 그리고 왕들과 선지자 또는 제사장들이 하나님의 계시를 받은 자들이었습니다. 신약시대에는 세례요한, 예수, 사도들 또는 초대교회시대에 더러 예언의 은사를 받은 자들, 이들 모두가 하나님께로부터 계시를 받아 예언을 한 것입니다.

결국, 예언의 선행조건은 하나님의 창세전의 작정하심과 하나님의 작정내용의 계시하심입니다. 이와 같은 선행조건에 기초를 둔 예언이 곧 성경적인 올바른 예언인 것입니다.

오늘날 기독교인들이 말하는 신령한 예언은 그것은 예언이라기보다는 대언의 영이신 예수 그리스도의 영, 곧 보혜사 성령님께로부터 성도가 하나님께서 원하시는 영적인 수준에 도달해 나가기 위해서 하나님의 말씀을 주시는 것으로써, 때로는 예언적 형태를 취할 수도 있고 말씀을 레마로 주시기도 합니다. 곧 모든 양이 그 목자의 음성을 들을 수 있는 것입니다. 아니 반드시 성도는 하나님의 음성을 들어야 합니다.

음성을 듣고 순종해야 합니다. 하나님의 음성을 듣는 것은 순종하기 위하여 듣는 것입니다. 하나님의 음성을 듣고 순종해가면서 하나님께서 원하시는 영적인 수준에 도달하게 되는 것입니다. 그렇기 위해서는 하나님의 음성을 듣고 순종하여 하나님께서 원하시는 성품으로 변해야 합니다.

우리가 주의해야 할 것은 하나님의 말씀을 뒤로하고 다른 형태를 취하는 태도를 삼가야 합니다. 하나님의 계시(음성)는 이미 우리에게 주어진 기록된 말씀 안에서 들리기 때문입니다. 우리(성도)는 모두가 하나님의 음성을 들을 수 있어야 하며, 그 음성을 들려주시는 분은 성령 하나님의 역할이시요, 사용되는 말씀은 반드시 하나님의 말씀인 성경 말씀 안에 있어야만 합니다 (행27:22-25).

참고로 알아두어야 할 것은, 하나님께서 인간에게 주신 계시 속에는 크게 나누어 몇 가지 형태의 계시가 있는데 특별계시(예수 그리스도), 혹은 기록(문서)계시(성경), 일반(자연)계시로 나뉘어집니다. 간단히 요약해, 특별계시는, 예수 그리스도 자신이시고, 문서 계시인 성경 말씀 역시 주제는 예수그리스도요, 핵심은 인간 구원입니다. 일반계시는 자연 속에서 하나님의 뜻을 밝혀주시는 것입니다.

따라서 현 세대에서 우리(성도)는 성경을 다시 쓸 수 있는 특별 계시, 혹은 문서계시는 받을 수도 없고(계 22:18-19절 참조), 또 받을 필요가 없습니다. 일반 계시도 자연 속에서 찾으면 되기에 우리가 다시 재창조를 할 필요가 없습니다. 다만 영적인 사고를 하면서 영안을 열어 자연 속에서 역사하시는 하나님을 볼 수 있어야 합니다. 따라서 우리(성도)가 들을 수 있는 하나님의 음성이란, 곧 성령님의 조명하에 특별계시를 통해서, 기록계시 속에서, 혹은 일반계시 속에서 찾아지고 들려질 수가 있으며, 양으로서 목자의 음성을 분별할 수 있는 차원으로 해석돼야 합니다.

성도는 겸손한 마음으로 우리 손에 이미 들려진 하나님의 말씀인 성경을 많이 읽고 그 말씀에 순종하며 겸손하게 무릎 꿇고 성령으로 기도하는 길이 하나님의 음성을 들을 수 있는 유일한 길입니다. "보혜사 곧 아버지께서 내 이름으로 보내실 성령 그가 너희에게 말한 모든 것을 생각나게 하시리라(요한복음 14:26)." 따라서 하나님의 음성을 듣는 것도, 대언의 영으로 주시는 말씀도, 반드시 곧 하나님의 말씀으로 검증이 되어져야만 합니다. 또한 반드시 선한 열매로 나타나야 합니다.

첫째, 권면 하며 안위하며 덕을 세우기 위해서 대언의 영으로 증거(예언)할 수 있으나, 반드시 교회와 사람(개인)에게 덕을 세우며 권면하며 안위하는 말씀이 되어야 합니다(고전14:3). 사업이 잘 되려는지, 자녀가 학교에 입학이 가능한지, 내가 무엇을 해야 하는지, 결혼은 어떤지…등등, 이런 유의 점치는 형식이 되어서는 결코 안 될 것입니다.

둘째, 정확성이 있어야 합니다. "내가 그들의 형제 중에 너와 같은 선지자 하나를 그들을 위하여 일으키고 내 말을 그 입에 두리니 내가 그에게 명하는 것을 그가 무리에게 다 고하리라 무릇 그가 내 이름으로 고하는 내 말을 듣지 아니하는 자는 내게 벌을 받을 것이요 내가 고하라고 말하지 아니한 말을 어떤 선지자가 만일 방자히 내 이름으로 고하든지 다른 신들의 이름으로 말하면 그 선지자는 죽임을 당하리라 하셨느니라. 네가 혹시 심중에 이르기를 그 말이 여호와(예수 그리스도)의 이르신 말씀인지 우리가 어떻게 알리요 하리라. 만일 선지자가 있어서 여호와(예수 그리스도)의 이름으로 말 한 일에 증험도 없고 성취함도 없으면 이는 여호와의 말씀하신 것이 아니요, 그 선지자가 방자히 한 말이니 너는 그를 두려워 말지니라."(신명기18:18-22).

셋째, 말씀을 들을 때 혹은 읽을 때 마음이 뜨거워져야 합니다. "저희가 서로 말하되 길에서 우리에게 말씀하시고 우리에게 성경을 풀어 주실 때에 우리 속에서 마음이 뜨겁지 아니하더냐 하고"(눅24:32).

넷째, 두 세 사람이 증인, 검증이 되어야 합니다. "만일 누가 방언으로 말하거든 두 사람이나 많아야 세 사람이 차례를 따라 하고 한 사람이 통역할 것이요"(고전 14:27).

다섯째, 예언을 말하는 말이 반드시 하나님의 말씀 안에 있어야 하며, 레마로 정확히 생각에서 떠오르거나 입술에서 터져 나와야 합니다. 성령님께서 예수님, 곧 하나님의 말씀을 생각나게 하시기 때문입니다(요한복음14:26).

여섯째, 다른 이가 예언 은사 적 말씀을 받았을 때에도 예언 은사를 받은 사람이면 그 말씀을 들을 때에 같이 마음이 뜨거워져야 합니다(눅1:41-45).

일곱째, 하나님은 예언의 말씀을 들려주실 때 항상 선한 말씀이 아니고, 때로는 책망함과 바르게 함으로 탄식하시기도 하십니다. "모든 성경은 하나님의 감동으로 된 것으로 교훈과 책망과 바르게 함과 의로 교육하기에 유익하니 이는 하나님의 사람으로 온전케 하며 모든 선한 일을 행하기에 온전케 하려 함이니라"(딤후3:16-17).

충만한 교회에서는 매주 화-수-목 성령치유 집회를 11:00-16:30까지 진행을 합니다. 무료집회입니다. 단 교재를 매주 구입을 해야 입장이 가능합니다. 매주 다른 과목을 가지고 집회를 인도합니다. 그래서 많은 분들이 교수 과목에 대하여 질문을 많이 합니다. 즉, 성령의 불세례 받는 집회는 언제 합니까? 내적치유는 언제 합니까? 신유집회는 언제 합니까? 귀신축사는 언제 합니까? 기도 훈련은 언제 합니까? 성령은사 집회는 언제 합니까? 재정 축복집회는 언제 합니까? 등등 질문을 하십니다. 우리 교회 집회는 "성령의 불세례, 내적치유, 귀신축사, 신유, 성령의 은사 전이, 깊은 영의기도"는 기본으로 깔아놓고 집회를 인도합니다. 어느 집회에 오시더라도 "성령의 불세례, 내적치유, 귀신축사, 신유, 성령의 은사 전이, 깊은 영의기도"를 받을 수 있다는 말입니다. 매주 같은 과목으로 집회를 하면 영성을 깊게 개발할 수가 없습니다. 여러 가지 과목을 배우면서 상처와 질병과 귀신들이 떠나갑니다. 과목마다 성령께서 역사하는 방향이 다르기 때문입니다.

병원이나 세상 방법으로 해결하지 못하는 15가지 질병과 문제도 해결 받겠다는 믿음과 의지를 가지고 참석하면 모두 해결 받습니다. 단 성령께서 자신을 장악해야 치유가 되기 때문에 성령이 장악하는 기간이 사람마다 다릅니다. 나이가 적은 분들은 빨리 장악을 하여 치유가 됩니다. 반대로 나아가 많은 분들은 좀더 시간을 투지해야 완치가 됩니다. 단 무슨 문제이든지 믿음을 가지고 오시면 해결이 된다는 것입니다.

7장 예언은 어떻게 구분하는 가?

(벧후 1:20-21)"먼저 알 것은 성경의 모든 예언은 사사로
이 풀 것이 아니니, 예언은 언제든지 사람의 뜻으로 낸 것이
아니요, 오직 성령의 감동하심을 받은 사람들이 하나님께 받
아 말한 것임이라"

하나님의 말씀은 모두 예언입니다. 하나님은 창세전에 모두
계획하셨습니다. 이 계획이 구약에 기록된 예언의 말씀입니다.
구약에 예언된 말씀을 이루신 분이 바로 예수님이십니다. 그래
서 "또 우리에게는 더 확실한 예언이 있어 어두운 데를 비추는
등불과 같으니 날이 새어 샛별이 너희 마음에 떠오르기까지 너
희가 이것을 주의하는 것이 옳으니라"(벧후 1:19). 말씀하시는
것입니다. 이 모든 것을 알게 하시는 분이 바로 우리 안에 임재
하신 보혜사 성령님이십니다. 그렇기 때문에 예언이란 성령으
로 하나님의 계획(뜻)을 알아서 사람의 말로 전달하거나 성령으
로 깨닫는 것입니다.

개인이 성령으로 깨닫는 것을 직접적인 계시라고 합니다. 다
른 사람을 통하여 전달받는 것을 간접적인 계시라고 합니다. 성
령으로 거듭난 성도는 간접적인 계시도 들어야 하지만, 직접적
인 계시를 듣고 순종해야 합니다. 지금 시대는 하나님께서 성령

으로 개별적으로 역사하시기 때문입니다.

계시(예언)의 음성은 성령으로 충만해야 가능한 것입니다. 성령으로 충만하려면 성령으로 세례를 받아야 합니다. 성령으로 세례를 받은 후, 성령의 인도를 받으면서 말씀을 묵상하고 성령으로 기도하면서 성령의 지배를 받아야 예언의 음성을 들을 수도 깨달을 수도 있는 것입니다.

일반적으로 예언은 그 성질상으로 보아 몇 가지로 구분이 가능합니다. 기독교 이외에 토속종교(土俗宗敎) 또는 무속종교나 이방종교들에서도 예언행위가 자행(恣行)됩니다. 이 같은 행위들의 예언들은 모두가 잡신(雜神)과의 교신(交信)에 의하여 점술행위나 통계학에 의한 한 해의 운수를 예측하는 행위, 또는 오랜 세월에 걸친 수도연마(修道鍊磨)를 통한 신통력에 의해 장래사에 대하여 예언하는 행위 등으로 나타납니다.

이 장에서는 앞에서 말한 토속종교 또는 무속 내지 이방종교들에 대한 예언행위에 대하여는 언급을 피하기로 하고, 기독교에서 말하는 올바른 성경적인 예언에 대한 구분을 밝혀 보려고 합니다. 성경적인 올바른 예언은 그 성질상으로 보아 직접적(直接的)인 예언과 간접적(間接的)인 예언으로 분류가 가능합니다.

첫째, 직접적인 예언은 예언하는 자가 예언의 내용을 하나님께로부터 음성이나 환상 또는 꿈과 같은 방법들로 직접 받는 예언을 말합니다. 구약시대나 신약시대에 있어서 계시가 주어지

는 시대에는 특히 족장들이나 선지자들 또는 사도들과 초대교
회 성도들이 하나님께 직접 계시를 받아 예언을 한 경우가 많이
있습니다. 이와 같은 예언의 내용들은 대부분 성경으로 기록이
되어 전해지고 있는 것입니다. 구약에 있어서 오경(율법서)은
모세가 대부분 하나님께 직접 받아 기록한 내용의 예언이라고
말할 수 있습니다.

출애굽기 3장 1-5절에 보면 "모세가 그 장인 미디안 제사장
이드로의 양무리를 치더니 그 무리를 광야 서편으로 인도하여
하나님의 산 호렙에 이르매 여호와의 사자가 떨기나무 불꽃 가
운데서 그에게 나타나시니라 그가 보니 떨기나무에 불이 붙었
으나 사라지지 아니하는지라. 이에 가로되 내가 돌이켜 가서 이
큰 광경을 보리라 떨기나무가 어찌하여 타지 아니하는고 하는
동시에 여호와께서 그가 보려고 돌이켜 오는 것을 보신지라 하
나님이 떨기나무 가운데서 그를 불러 가라사대 모세야! 모세야!
하시매 그가 가로되 내가 여기 있나이다 하나님이 가라사대 이
리로 가까이 하지 말라 너의 선곳은 거룩한 땅이니 네 발에서
신을 벗으라" "또 이르시되 내가 너희와 함께 있을 때에 너희에
게 말한바 곧 모세의 율법과 선지자의 글과 시편에 나를 가리켜
기록된 모든 것이 이루어져야 하리라 한 말이 이것이라 하시고"
(눅24:44).

선지서들은 모두가 선지자들이 하나님께 직접 받아서 예
언한 내용들의 기록입니다. 그래서 하나님은 베드로후서 1장

20-21절에서 "먼저 알 것은 성경의 모든 예언은 사사로이 풀 것이 아니니, 예언은 언제든지 사람의 뜻으로 낸 것이 아니요, 오직 성령의 감동하심을 받은 사람들이 하나님께 받아 말한 것임이라" 말씀하시는 것입니다. 그렇게 때문에 성경말씀 자체가 예언입니다. 이 성경에 기록된 예언의 말씀은 성령의 감동하심을 받아 기록한 저자들과 같은 영적인 상태에서 풀어야 합니다. 즉, 성령의 임재가운데 성령으로 말씀을 풀어야 한다는 말입니다. 그래야 하나님께서 말씀하시는 진실 된 예언의 뜻을 이해할 수가 있는 것입니다.

하나님은 이사야서 22장 12-14절에서 "그 날에 주 만군의 여호와께서 명하사 통곡하며 애호하며 머리털을 뜯으며 굵은 베를 따라 하셨거늘 너희가 기뻐하며 즐거워하여 소를 잡고 양을 죽여 고기를 먹고 포도주를 마시면서 내일 죽으리니 먹고 마시자 하도다. 만군의 여호와께서 친히 내 귀에 들려 가라사대 진실로 이 죄악은 너희 죽기까지 속하지 못하리라 하셨느니라. 주 만군의 여호와의 말씀이니라"고 이스라엘 사람들에게 이사야 선지자를 통하여 예언으로 경고하시는 것입니다.

예레미야 1장 17-19절에서 예레미야 선지자에게 "그러므로 너는 네 허리를 동이고 일어나 내가 네게 명한 바를 다 그들에게 고하라. 그들을 인하여 두려워 말라. 두렵건대 내가 나로 그 온 땅과 유다 왕들과 그 족장들과 그 제사장들과 그 땅 백성 앞에 견고한 성읍, 쇠기둥, 놋 성벽이 되게 하였은즉, 그들이 너를 치나 이기지 못하리니 이는 내가 너와 함께 하여 너를 구원할 것임이니라. 여호와의 말이니라"고 이스라엘 백성에게 전파하여 두려워하지 않고 하나님의 말씀에 순종하도록 하십니다.

신약에 있어서 요한계시록은 사도 요한이 하나님께 직접 받아서 예언한 대표적인 직접계시라고 볼 수 있습니다. 요한계시록 1장 1~3절에 보면 "예수 그리스도의 계시라 이는 하나님이 그에게 주사 반드시 속히 일어날 일들을 그 종들에게 보이시려고 그의 천사를 그 종 요한에게 보내어 알게 하신 것이라. 요한은 하나님의 말씀과 예수 그리스도의 증거 곧 자기가 본 것을 다 증언하였느니라. 이 예언의 말씀을 읽는 자와 듣는 자와 그 가운데에 기록한 것을 지키는 자는 복이 있나니 때가 가까움이라" 하나님께서는 요한을 통하여 장차 일어날 일들을 우리들에게 보여주시려고 성경에 기록하게 하셨습니다.

"또 그가 내게 말하기를 이 말은 신실하고 참된 자라 주 곧 선지자들의 영의 하나님이 그의 종들에게 결코 속히 될 일을 보이시려고 그의 천사를 보내셨도다 보라 내가 속히 오리니 이 책의 예언의 말씀을 지키는 자가 복이 있으리라 하더라. 이것들을 보고 들은 자는 나 요한이니 내가 듣고 볼 때에 이 일을 내게 보이던 천사의 발 앞에 경배하려고 엎드렸더니 저가 내게 말하기를 나는 너와 네 형제 선지자들과 또 이 책의 말을 지키는 자들과 함께 된 종이니 그리하지 말고 오직 하나님께 경배하라 하더라"(계22:6~9).

이 외에도 전체적으로 하나님으로부터 사도들이나 초대교회 성도들이 직접 받아서 예언한 내용들이 모두 기록되어 있습니다. 성경은 하나님께서 예언하신 것을 기록한 책입니다. 그래서 성도들은 예언인 말씀 안에서 살아야 하는 것입니다. 특별히 하나님의 아들 예수님으로부터 직접 부르심을 받고 가르침을 받은 사도들의 예언들은 직접계시에 의한 예언으로 볼 수 있습니다. "내가 이 책의 예언의 말씀을 듣는 각인에게 증거하노니 만일 누구든지 이것들 외에 더하면 하나님이 이 책에 기록된 재앙들을 그에게 더하실 터이요. 만일 누구든지 이 책의 예언의 말씀에서 제하여 버리면 하나님이 이 책에 기록된 생명나무와 및 거룩한 성에 참여함을 제하여 버리시리라"(계22:18-19).

물론 사도들 가운데 이방사도로 부르심을 입은 바울의 경우 역시 그러합니다. 그러므로 신·구약성경 모두는 하나님의 계시를 직접적으로 받아 예언한 내용의 기록입니다. 반드시 성령의 임재가운데 읽어야 하나님께서 말씀하시는 진리를 깨달아 알 수가 있는 것입니다. 무엇보다도 성령의 인도와 임재가 중요한 이유가 여기에 있는 것입니다. 성령의 인도 없이 사람의 지혜를 가지고는 성경 말씀을 깨달을 수가 없는 것입니다.

필자가 항상 강조하는 것이 크리스천이 귀신의 영향을 받으면 성경 말씀의 진리를 바르게 깨닫지 못한다는 것입니다. 귀신이 인간적으로 성경을 깨닫게 하거나 말씀의 근본적인 뜻에 어긋나게 해석하여 적용하도록 하기 때문입니다. 성경말씀은 반드시 성령으로 세례를 받아 성령의 인도를 받으며 성령의 지배를 받아야 바르게 깨달아 행할 수가 있는 것입니다. 그래서 하나님은 베드로후서 1장 20-21절에서 "먼저 알 것은 경의 모든 예언은 사사로이 풀 것이 아니니 예언은 언제든지 사람의 뜻으로 낸 것이 아니요 오직 성령의 감동하심을 입은 사람들이 하나님께 받아 말한 것임이니라" 강조하시는 것입니다.

하나님께서는 성령이 역사하시는 교회시대인 지금도 직접적인 방법으로 예언을 하십니다. 직접적인 예언은 예언하는 자가 기록된 하나님의 말씀 안에서 하나님께로부터 음성이나 환상 또는 꿈과 같은 방법들로 직접 받는 예언(계시)을 말하는 것입니다. 하나님으로부터 직접적인 예언을 듣기 위해서 우리는 말씀과 성령으로 전인격을 치유해야 합니다. 전인격이 성령의 지배를 받아야 하나님께서 성령으로 직접적인 말씀을 하시는 것입니다.

필자는 하나님께서 성령으로 직접적인 말씀(예언)을 하시면서 성도를 그리스도의 장성한 분량에 이르도록 훈련하신다는 것입니다. 그러므로 모든 크리스천은 하나님께 주목하여 하나님께서 자신을 향하여 무엇을 원하시는 지를 들으려고 해야 합니다. 자신이 하나님께 쓰임을 받기 위하여 고쳐야 될 것을 문의해야 합니다. 하나님께서 성령으로 직접적인 계시를 하시는 것은 개인이나 단체가 하나님께서 원하시는 뜻을 알고 올바른 방향으로 따라가게 하기 위함입니다.

지속적으로 성령님과 인격적인 관계를 맺으면서 하나님께서 들려주시는 계시를 받아 순종해야 합니다. 하나님께서는 살아

계십니다. 살아계신 하나님은 성령으로 성도들과 교통하시기를 원하십니다. 일부 교회지도자분들이 지금은 하나님께서 개인에게 직접적인 계시를 하지 않는 다고 말하는 분들도 있습니다. 그러나 이는 극히 복음을 오해한 것입니다. 이를 바르게 해석해야 합니다. 성경에 기록되는 계시는 종결되었습니다.

그러나 지금도 살아계신 하나님은 성도들을 성령으로 인도하여 하나님께서 원하시는 수준으로 훈련하여 사용하고 계십니다. 성도를 그리스도의 장성한 분량에 이르도록 훈련하기 위하여 기록된 말씀 안에서 개별적으로 계시를 들려주십니다. 그러므로 하나님께서 성령을 통하여 개인들에게 말씀하시는 계시를 무시하면 하나님에게서 떨어지는 것입니다. 고아가 됩니다. 고아가 되면 마귀가 집어 삼킵니다. 성령으로 하나님의 계시를 듣고 순종하시기를 바랍니다.

우리는 예언을 하기 위해서 존재하는 것이 아니라, 예언의 말씀을 듣고 순종하기 위해서 존재하는 것입니다. 하나님은 자신의 마음에 합한 사람에게 하나님의 뜻(예언)을 알려주십니다. 하나님의 마음에 합한 사람이란 말씀과 성령으로 거듭난 의인을 말하는 것입니다. 하나님께서 자신에게도 하나님의 뜻(예언)을 들려주신다는 믿음을 갖기를 바랍니다. 하나님께서 자신에게도 음성(뜻)을 들려주신다는 믿음이 있어야 하나님의 음성을 들을 수가 있습니다.

믿음이란 정말로 중요합니다. 믿음이 없이는 하나님을 기쁘시게 할 수 없다고 성경은 말하지 않습니까? 믿음을 가지세요.

많은 크리스천들이 누가 하나님의 예언의 말씀을 들었다고 하면 검증도 하지 않고 동요되는 경우가 허다합니다. 하나님은 어느 특정한 사람을 통해서만 말씀하시지 않습니다. 성령이 역사하시는 교회시대인 지금 하나님은 개별적으로 역사하십니다. 즉, 모든 하나님의 자녀들에게 하나님의 계획(예언)을 들려주십니다.

하나님은 아모스 3장 7-8절에서 "주 여호와께서는 자기의 비밀을 그 종 선지자들에게 보이지 아니하시고는 결코 행하심이 없으시리라. 사자가 부르짖은즉 누가 두려워하지 아니하겠느냐, 주 여호와께서 말씀하신즉 누가 예언하지 아니하겠느냐" 분명하게 말씀하셨습니다. 자신에게도 말씀하신다는 믿음을 갖기를 바랍니다.

2014년 12월에 전쟁이 난다고 누가 예언했다고 동요되어 문자 메시지를 보내고 한 것과 같이 절대로 두려워 떨지 말기를 바랍니다. 필자는 우리 성도들에게 주일 설교할 때 여러번에 걸쳐서 말했습니다. "나도 하나님의 음성이나 예언을 듣는다. 그런데 하나님께서 나에게는 그런 말씀을 하지 않으셨다. 분명하게 하나님께서 작정하셨다면 나에게도 말씀하셨다. 절대로 전쟁은 일어나지 않는다. 동요되지 말고 생업에 열중하라."

하나님은 모든 성도들에게 말씀하십니다. 특별한 성도에게만 말하지 않습니다. 모두가 알도록 하십니다. 그런 소문을 듣고 두려워서 떨고 동요되는 성도는 하나님과의 관계가 없는 성도입니다. 하나님과 관계에 자신이 없으니 그런 소리를 듣고 떠는 것입니다. 절대로 하나님은 성령이 역사하는 교회시대인 지금 특별한 사람에게만 말씀하시지 않습니다. 성령으로 세례 받고 성령의 인도를 받는 모든 성도들에게 말씀하셔서 깨어 기도하도록 하십니다.

둘째, **간접적인 예언은 이미 완성된 직접적인 예언의 내용을 기초로 해서 행해지는 예언을 뜻합니다.** 즉 성경을 근거로 해서 행해지는 예언을 말하는데, 성경강론(聖經講論)과 같은 방법을 통하여 행해지는 것을 말합니다. 성경은 예언의 내용이 기록된 말씀이기 때문에 성경을 강론하는 행위를 가리켜 간접적인 예언이라고 말하는 것은 매우 타당한 표현이라고 할 수 있습니다. 그러나 성경을 강론하는 행위의 간접적인 예언은 성경을 강론하는 목회자의 영성에 따라서 다르게 해석이 될 수 있음을 알아야 합니다. 이런 것으로 볼 때 참으로 목회자의 책임은 막중합니다. 목회자들은 부단하게 말씀과 성령으로 자신의 영성을 깊게 해야 할 것입니다. 성령으로 장악이 되려고 의지적인 노력을 해야 합니다. 구약시대에는 이스라엘 백성들이 율법서, 즉 성경을 가정에서 자녀들에게 가르쳤습니다.

하나님께서는 신명기 6장 6-9절에서 "오늘날 내가 네게 명하는 이 말씀을 너는 마음에 새기고 네 자녀에게 부지런히 가르치며 집에 앉았을 때에든지 길에 행할 때에든지 누웠을 때에든지 일어날 때에든지 이 말씀을 강론할 것이며 너는 또 그것을 네 손목에 매어 기호를 삼으며 네 미간에 붙여 표를 삼고 또 네 집 문설주와 바깥 문에 기록할지니라" 강조하시는 것입니다.

예수님 당시에도 율법학자들이 율법을 백성들에게 가르쳐 주었습니다. 바리새인과 사두개인들이 바로 그 당시의 선생들이었습니다. 그래서 성경 마가복음 1장 21-22절에 보면 "그들이 가버나움에 들어가니라. 예수께서 곧 안식일에 회당에 들어가 가르치시매, 뭇 사람이 그의 교훈에 놀라니 이는 그가 가르치시는 것이 권위 있는 자와 같고 서기관들과 같지 아니함일러라" 고 기록되어 있습니다. 예수님은 성령으로 충만한 가운데 말씀을 강론하셨습니다.

이렇게 성령으로 충만한 상태에서 말씀을 강론하니 "마침 그들의 회당에 더러운 귀신 들린 사람이 있어 소리 질러 이르되, 나사렛 예수여 우리가 당신과 무슨 상관이 있나이까 우리를 멸하러 왔나이까 나는 당신이 누구인 줄 아노니 하나님의 거룩한 자니이다. 예수께서 꾸짖어 이르시되 잠잠하고 그 사람에게서 나오라 하시니, 더러운 귀신이 그 사람에게 경련을 일으키고 큰 소리를 지르며 나오는지라. 다 놀라 서로 물어 이르되 이는 어찜이냐 권위 있는 새 교훈이로다. 더러운 귀신들에게 명한즉 순종하는도다 하더라"(막 1:23-27).

"니고데모가 대답하여 가로되 어찌 이러한 일이 있을 수 있나이까, 예수께서 가라사대 너는 이스라엘의 선생으로서 이러한 일을 알지 못하느냐, 진실로 진실로 네게 이르노니 우리는 아는 것을 말하고 본 것을 증거하노라. 그러나 너희가 우리 증거를 받지 아니하는도다"(요3:9-11).

비록 그들이 성경을 올바른 뜻대로 가르치지는 못했지만 대단히 세도있는 선생들로 인정을 받았습니다. 신약시대에는 사도들 이후, 사도들의 제자인 속사도(續使徒)들이나 교부(敎父)들은 예수님과 성령의 감동을 통해 직접 계시를 받아 예언한 사도들의 가르침을 통하여 복음을 전승(傳承)시킨 자들입니다. 이들은 모두가 간접적인 예언을 한 자들이라고 볼 수 있습니다.

뿐만 아니라, 오늘날 성경의 예언을 풀어서 가르치는 복음전도자들의 행위도 곧 간접적인 예언행위라고 볼 수 있습니다. 이와 같은 올바른 간접적인 예언행위는 어디까지나 신·구약성경의 예언대로 풀어 가르칠 경우에만 인정될 수 있는 것입니다.

우리 크리스천 중에 자신의 앞길을 염려한 나머지 다른 예언사역자를 통하여 자신을 향한 하나님의 계시를 듣는 경우가 있습니다. 이것 역시 간접적인 계시를 듣는 것입니다. 우리 크리스천들은 이제 자신 안에 계신 성령을 통하여 하나님으로부터 직접적인 계시를 듣고 순종하는 수준으로 자라야 합니다.

간접적으로 예언하시는 분들입니다. 즉 목사님과 구역장이나 속장이나 셀 리더들입니다. 이분들은 자신의 영성 관리에 관심을 가져야 합니다. 성령의 인도를 받으며 성령으로 말씀을 해석하여 전해야 합니다. 항상 책임감을 가져야 합니다. 자신이 말씀을 바르게 해석하지 못하면 자신에게 맡겨진 성도들이 방황할 수 있다는 것을 명심해야 합니다.

반드시 말씀을 성령으로 해석하여 성령으로 전해야 합니다. 그래야 하나님께서 말씀하시고자하는 근본 뜻을 바르게 전달할 수가 있습니다.

8장 예언의 목적과 시기를 알라.

(고전 14:29-32)"예언하는 자는 둘이나 셋이나 말하고 다른 이들은 분별할 것이요. 만일 곁에 앉아 있는 다른 이에게 계시가 있으면 먼저 하던 자는 잠잠할지니라. 너희는 다 모든 사람으로 배우게 하고 모든 사람으로 권면을 받게 하기 위하여 하나씩 하나씩 예언할 수 있느니라. 예언하는 자들의 영은 예언하는 자들에게 제재를 받나니"

하나님은 예언의 목적과 시기를 바르게 알기를 원하십니다. 예언은 하나님께서 행하실 일입니다. 하나님은 성령의 감동하심을 입은 사람들에게 말씀하십니다. 예언을 하는 선지자들은 항상 하나님이나 예수님을 나타냅니다. 진리의 영이신 성령께서 진리의 빛을 비추사 예언에 대해 올바른 이해가 있기를 기도합니다. 그리고 이미 예언 사역을 하시는 분들도 이 말씀을 통해 예언 사역의 초점이 올바른지 재점검하는 계기가 되기를 소원합니다.

필자가 부탁드리고 싶은 것이 있습니다. 예언 사역을 시작해서 나타나는 선악의 열매는 고스란히 그 교회가 감당하게 됩니다. 따라서 예언 사역에 대해서 가장 신경을 곤두세우는 이는 그 교회 담임목사입니다. 담임목사님이 예언을 목회에 접목하여 하시겠다고 하면 하는 것입니다. 성경에 나와 있는 것이고, 성령께서 은사를 주어 사역케 하는 것이므로 두려워할 것이 무엇이 있겠습니까? 해보지도 않고, 알지도 못하는 분들이 정죄하고 비난하는 소리를 듣고 성령께서 원하시는 일을 하지 않는 것이 옳은 일이 아니라고 생각합니다. 혹 잘못된 예언 사역자로 인한 교회의 혼란을 염려해서 예언 사역 자체를 부정하는 것일 수도 있습니다. 그러나 그러한 선한 동기를 가졌다고 해서 진리 (성령의 인도)를 거스르는 행위는 결코 용납될 수 없습니다.

다만 분별하십시오. 구약 시대나 신약 시대나 그러했던 것처럼, 또 주님도 말세에 거짓 선지자들이 많이 나타날 것이라고 경고하셨습니다(마 24장). 예언 사역 자체를 부정하지 말고 거짓 선지자를 분별하십시오. 그리고 영육을 치유하십시오. 바른 사역자가 되도록 성령으로 치유하면 됩니다. 그것이 진리 안에 거하는 태도일 것입니다.

과거에 예언 사역으로 인해 교회가 피해를 입은 경험이 있어서 염려하는 마음으로 그러는 줄은 알지만, 예언 사역을 시행하는 교회의 목회자들도 과거에(1970-80년대) 그런 피해를 겪어보지 않는 분이 거의 없습니다. 그럼에도 시행하는 것은 예언 사역의 진수를 맛보아 알기 때문이며, 무엇보다도 교회가 이 시대를 향한 하나님의 마음을 알고, 하나님의 부르심에 응답하기를 원하기 때문입니다.

그리고 예언 사역자들에게 말씀드립니다. 예언 사역은 성령을 의존하지 않고는 잠시도 할 수 없는 사역입니다. 자신의 전 인격이 성령의 지배를 받지 않고는 결코 할 수 없는 사역입니다. 만일 성령의 계시를 통해 사역 대상자에 대한 지식의 말씀이 주어지지 않는다면 사역 자체를 할 수 없습니다. 따라서 사역자들은 항상 두렵고 떨림으로 성령하나님을 의지할 수밖에 없고, 늘 하나님의 마음이 무엇이며 하나님의 시각이 무엇인가에 집중해야 합니다. 그런 수고와 경건 훈련을 하고 있지만, 오해와 그로 인한 온갖 비난을 받고 계신 것을 주님이 아십니다. 힘내십시오. 당신들의 수고가 큰 열매로 나타나 이 땅에 하나님의 부흥이 일어나게 되기를 기도합니다.

첫째, 예언의 목적. 하나님께서는 예언을 말하고 듣는 목적이 무엇인가를 바르게 알기를 소원하십니다. 혹자들은 예언이 장래에 되어질 일에 대한 인간들의 궁금증을 풀어주고, 그 대책을 세우게 하는 데 목적이 있는 것으로 생각하기도 합니다. 이와 같은 생각은 무속종교나 이방종교들의 견해(見解)에 불과한 것입니다.

기독교에 있어서 성경적인 예언의 올바른 목적은 먼저 하나님 자신의 계시완성(啓示完成)에 있고, 다음으로는 계시된 예언의 말씀, 즉 성경을 통하여 하나님을 바로 알고 경외케 하려는 데 있습니다.

"오직 너는 스스로 삼가며 네 마음을 힘써 지키라. 두렵건대 네가 그 목도한 일을 잊어버릴까 하노라. 두렵건대 네 생존하는 날 동안에 그 일들이 네 마음속에서 떠날까 하노라. 너는 그 일들을 네 아들들과 네 손자들에게 알게 하라. 네가 호렙산에서 네 하나님 여호와 앞에 섰던 날에 여호와께서 내게 이르시기를 나를 위하여 백성을 모으라. 내가 그들에게 내 말을 들려서, 그들로 세상에 사는 날 동안 나 경외함을 배우게 하며 그 자녀에게 가르치게 하려 하노라 하시매"(신4:9-10).

즉, 성도가 성령으로 예언의 말씀을 듣고 하나님을 경외하며, 하나님께서 원하시는 영적인 수준으로 자라게 하시는 것을 목적으로 하십니다. 성도가 예언을 듣고 예수님의 인격으로 변화되어 이 땅에서도 심령에 천국을 누리고, 아브라함의 복을 받아 누리고 살면서 하나님의 나라를 건설하는 군사로서 사명을 감당하다가 천국에 들어가는 것을 목적으로 합니다.

지금 성령께서는 성도들이나 단체가 하나님께서 원하시는 뜻을 알게 하여 하나님을 행하여 전진하여 하나님께서 원하시는 영적수준에 도달하도록 인도하십니다. 크리스천들이 인생을 살아가면서 일어나는 일들에 대하여 하나님의 뜻을 알게 하여 하나님께서 원하시는 방향으로 문제를 해결하면서 환경에 나타나는 증거를 보면서 따라가도록 계시(예언)으로 인도하십니다. 즉, 크리스천들이 하나님의 군사가 되어 이 땅에 하나님의 나라를 건설하도록 성령으로 계시(예언)하시는 것입니다. 그러므로 모든 크리스천은 하나님의 계시(예언)를 듣고 순종해야 합니다.

그래서 모든 크리스천은 하나님의 음성을 들을 수 있는 마음의 귀를 준비해야 합니다. 마음의 귀는 전적으로 성령으로 열리는 것입니다.

크리스천은 기록된 하나님의 말씀 안에서 살아야합니다. 말씀 안에서 살아가면서 하나님께서 순간 들려주시는 레마(계시=예언)를 듣고 순종해야 합니다. 레마는 하나님의 직접적인 음성(계시)로서 크리스천들이 살아계신 하나님의 인도를 받는 수단입니다. 그러므로 크리스천이 하나님의 계시(예언)를 들을 수 없다는 것은 곧 죽음을 뜻하는 것입니다. 지금도 크리스천은 하나님의 계시(예언)를 듣고 순종해야 합니다. 하나님은 요한복음 10장 27절에서 "내 양은 내 음성을 들으며 나는 그들을 알며 그들은 나를 따르느니라" 말씀하십니다. 크리스천이 살아 역사하시는 하나님의 계시(예언)를 듣는 것은 생사간의 문제입니다. 그래서 하나님은 "귀 있는 자는 성령이 교회들에게 하시는 말씀을 들을지어다"를 여러번에 걸쳐서 강조하시는 것입니다.

첫 번째 예언의 목적으로서의 계시완성은 하나님께서 신. 구약성경 66권을 완성시키심으로 그 목적을 달성하신 것입니다. 하나님께서는 구약시대에 족장들이나 사사들, 그리고 선지자, 왕, 제사장들의 직접적인 예언을 통하여 구약성경을 완성시키셨습니다.

신약시대에는 성자 되시는 예수님과 그의 제자들, 그리고 더러는 초대교회 성도들의 직적접인 예언을 통하여 신약성경을 완성시키신 것입니다. 신·구약성경 66권은 하나님께서 성경 기자들의 직접적인 예언을 통하여 일점일획도 더하거나 덜할 수 없을 만큼 완전하게 완성시키신 하나님 자신의 계시의 말씀입니다.

하나님께서는 하나님 스스로를 계시하시는 섭리의 방법으로 언약하시고, 그 언약을 성취(成就)해 주시는 것입니다. 이와 같은 하나님의 언약이 백성들에게 주어질 때 예언적 성격을 띠게 되는 것입니다. 따라서 하나님의 언약과 예언은 매우 밀접한 관계를 유지합니다. 하나님의 언약은 약속이기 때문에 예언적 성격을 가질 수밖에 없는 것입니다.

두 번째 예언의 목적은 하나님을 바로 알고 경외케 하는 것인데 하나님께서는 지금도 이 목적을 이루어가고 계시는 것입니다. 하나님께서는 직접적인 예언의 방법으로 하나님 자신의 계시가 완성되게 하신 후, 시대마다 지역마다 복음 전도자들을 세우셔서 완성된 성경 계시에 의거(依據)한 간접적인 예언, 즉 성경강론(일명 설교)을 하게 하셔서 택한 백성들로 하여금 하나님을 바로 알고 경외하도록 해 주시고 계시는 것입니다.

성경 계시가 충족(充足)되게 완성된 이후에는 하나님께서 교사(목사)들을 세워 언약(구약)과 성취(신약)의 내용으로 엮어진 성경을 잘 풀어 가르치는 간접적인 예언의 방법으로 언약대로 이루시는 여호와 하나님을 알게 하여 장차 천국의 유업을 주실 하나님을 믿고 경외하게 하십니다.

성령이 역사하시는 교회시대의 목사나 전도자는 성경에 계시된 하나님의 영원한 언약을 선포하는 간접적인 예언자라고 할 수 있습니다. 그러나 성경에 계시된 내용의 말씀만을 선포하는 자는 올바른 예언자이지만 성경에 계시되어 있지 아니한 내용을 사사(邪思)로이 선포하는 자들은 거짓 예언자인 것입니다.

한 예를 들면, 예수님 재림하실 날자가 성경에 계시되어 있지 아니한데 "내가 진실로 너희에게 말하노니 이 세대가 지나가기 전에 이 일이 다 이루리라 천지는 없어지겠으나 내 말은 없어지지 아니하리라. 그러나 그 날과 그 때는 아무도 모르나니 하늘의 천사들도, 아들도 모르고 오직 아버지만 아시느니라" (마24:34-36). 몇 년, 몇 월, 몇 칠에 예수님이 재림하신다고 예언을 한다면 그것은 당연히 거짓 예언에 불과한 것입니다. 결국 예언의 목적이 직접적인 예언은 성경 계시의 완성에 있고, 간접적인 예언은 하나님을 알고 경외하게 하려는 데 있습니다.

둘째, 예언의 시기. 예언의 시기가 언제이며, 그 기간은 언제까지인가를 알아보는 것은 예언에 대한 올바른 인식에 커다란 보탬을 줍니다. 성경 교사들 중에는 예언이 지금도 있는 것인지, 아니면 없는 것인지에 대하여 확고한 견해를 가지지 못하고 있는 자들이 있는가 하면, 성경 66권이 주어졌기 때문에 직접적인 계시는 끝났다고 주장하는 이들도 있습니다. 반면에 예수께서 신약교회에 주신 은사 중에 예언의 은사(恩賜)가 있다고 하여 지금도 직접적인 계시(예언)가 있다고 주장하는 분들도 있습니다. 그리고 현재도 교회 안에는 하나님께 계시를 받아 예언을 한다고 하는 자들이 적지 않습니다. 필자역시 지금도 기록된 말씀 안에서 성령으로 개인이나 단체에 대한 직접적인 계시가 있다고 믿고 행하고 있습니다.

성경에서 말하고 있는 예언은 그 성격에 따라 예언의 시기가 각각 다르게 나타납니다. 하나님께로부터 직접 계시를 받아 예언하는 직접적인 예언의 시기는 성경 계시시대로 한정(限定)이 됩니다. 다시 말해서 하나님께 직접 계시를 받아 시행하는 직접적인 예언은 성경 66권이 다 완성이 될 때까지로 그 시기가 한정되어 있다는 말입니다. 일반적으로 성경 계시시대를 주전 약 1500년 모세시대로부터 시작해서 주후 100년경 사도 요한이 밧모 섬에서 묵시(默示)를 받아 요한계시록을 기록할 때까지 약 1600년 기간을 말합니다.

사도 요한은 신·구약성경 맨 마지막 부분에서 성경의 예언의 말씀을 더하거나 제하여 버릴 수 없음을 선언하였습니다. "내가 이 책의 예언의 말씀을 듣는 각인에게 증거하노니 만일 누구든지 이것들 외에 더하면 하나님이 이 책에 기록된 재앙들을 그에게 더하실 터이요 만일 누구든지 이 책의 예언의 말씀에서 제하여 버리면 하나님이 이 책에 기록된 생명나무와 및 거룩한 성에 참여함을 제하여 버리시리라"(계22:18-19).

즉 성경에 기록되는 직접적인 예언이 종결되었음을 의미하는 것입니다. 성경이 말하는 예언은 하나님의 특별계시 방법의 하나입니다. 하나님의 특별계시 방법에는 역사 섭리 사건이나 이적 또는 환상, 꿈, 음성, 방언 등 여러 가지가 있는데, 예언도 그 방법 중의 하나인 것입니다.

특별계시로서의 성경이 완성되었음으로 특별계시의 방법 중의 하나인 성경에 기록되는 직접적인 예언이 종결(終結)되었다는 것은 너무도 당연한 것입니다.

단, 기록된 하나님의 말씀 안에서 성령으로 개인을 향한 직접적인 예언은 지금도 이루어지고 있다고 보아야 합니다. 기록된 하나님의 말씀 안에서 개인을 향하여 하나님의 뜻을 알게 하여 순종하게 함으로 그 사람을 통하여 하나님께서 하시고자 하는 일들을 이루어 가십니다. 그래서 하나님께서 개인을 향한 직접적인 예언을 듣기 위하여 지금도 깨어 기도해야 하는 것입니다. 지금도 하나님은 기록된 말씀 안에서 성도들을 그리스도의 장성한 분량에 이르도록 자라게 하기 위하여 직접적인 계시를 들려주시면서 순종훈련을 하십니다.

만일 현재 교회시대에도 성경에 기록되는 직접적인 예언이 계속되고 있다면, 성경이 계속해서 기록되어야 한다는 말이 됩니다. 그러므로 성경에 기록되는 직접적인 계시(예언)는 종결된 것으로 볼 수도 있다는 것입니다.

그런데 우리가 여기서 한 가지 짚고 넘어갈 것은 성령이 역사하는 교회시대인 지금 "은사가 있다, 없다. 예언이 있다, 없다.

방언이 있다, 없다."를 가지고 따지면서 시간을 낭비할 필요는 없다고 생각합니다. 말씀을 묵상하고 들어서 심령을 정화시키고, 성령으로 기도하면서 마음의 천국을 이루고 아브라함의 복을 받아 누리며, 하나님의 나라 확장에 쓰임 받다가 천국에 입성하는데 지장이 없다면 구태여 따질 필요가 없다는 것입니다.

넓은 마음으로 이해하고 받아들여서 하나님의 음성을 듣고 성령의 인도를 받으면 되는 것입니다. 지금도 기록된 말씀 안에서 성령으로 개인에게 직접적인 계시가 주어지고 있다고 믿어야 합니다. 지금 하나님이 성령으로 개별적으로 인도하시고 계시기 때문입니다.

그리고 믿음이 약한 성도들에 다른 예언가를 통하여 자신을 향한 하나님의 계시를 받는 간접적인 계시(예언) 또한 지금도 이루어지고 있습니다. 이미 완성된 계시인 성경에 근거해서 행해지는 간접적인 예언은 교회시대인 오늘에도 계속되어지고 있는 것입니다. 다시 말해서 목사나 전도자가 성경을 풀어 가르치는 예언적 행위(설교)는 지금도 있다는 말입니다. 베드로 사도는 두 번째 보내는 서신에서 우리에게 더 확실한 예언이 있다고 하면서 성경에 있는 예언을 언급하였습니다.

"또 우리에게 더 확실한 예언이 있어 어두운 데 비취는 등불과 같으니 날이 새어 샛별이 너희 마음에 떠오르기까지 너희가 이것을 주의하는 것이 가하니라. 먼저 알 것은 경의 모든 예언은 사사로이 풀 것이 아닌 예언은 언제든지 사람의 뜻으로 낸 것이 아니요 오직 성령의 감동하심을 입은 사람들이 하나님께 받아 말한 것임이니라"(벧후1:19-21).

이것은 베드로 사도가 여러 가지 교훈과 예수 그리스도에 관해서 베드로 자신이 예수님 생전에 듣고 본 바를 성도들에게 언급한 후에 이것보다 더 확실한 예언, 즉 성경이 있다고 말해주면서 성경의 예언을 사사로이 풀지 말 것을 당부하였습니다.

하나님께서 선지자들과 사도들을 통하여 기록하게 해 주신 예언의 말씀인 성경은 희미한 것이 아니고 확실하고 완전한 계시의 말씀입니다. 성경은 사람의 뜻으로 낸 것이 아니고 성령의 감동하심을 입은 사람들이 하나님께 받아 기록한 것이기 때문에 조금이라도 오류(誤謬)가 있거나 모자람이 있을 수가 없는 것입니다. "예언은 언제든지 사람의 뜻으로 낸 것이 아니요, 오직 성령의 감동하심을 입은 사람들이 하나님께 받아 말한 것임이니라"(벧후1:21).

지금 교계에는 직접적인 계시는 끝났다고 강변하는 신학자들이 계십니다. 사람이 어떻게 하나님의 뜻을 알 수 있습니까? 이렇게 단정해버리면 성도들이 기도를 할 필요성이 없는 것입니다. 기도는 하나님과 대화하는 시간이요. 기도는 하나님의 음성을 듣는 시간이요. 자신의 영을 깨우는 시간이요. 심신이 지친 영혼을 치유하는 시간이요. 쉬는 시간이기도 합니다. 이런 영의 활동이 없이 어떻게 성도들이 영이신 하나님과 교통할 수가 있겠습니까? 영적인 활동을 함에 있어서 단정하는 것은 결코 바른 것이 아니라고 생각합니다. 지금도 기록된 말씀 안에서 성령으로 성도들의 개개인을 향한 직접적인 계시가 주어집니다. 하나님은 요한복음 10장 27절에서 "내 양은 내 음성을 들으며 나는 그들을 알며 그들은 나를 따르느니라" 말씀하셨습니다.

그리고 성령께서 교사들에게 계시의 영을 주어 성경을 깨닫게 하여 올바른 간접적인 예언을 할 수 있게 하시는 것입니다. 결국 예언의 시기는 하나님께 직접 계시를 받아 성경에 기록하는 직접적인 예언은 성경 계시의 완성과 함께 이미 끝났다고 볼 수 있습니다. 그러나 기록된 성경 말씀 안에서 성령으로 가정이나 교회나 단체나 개인에게 성령으로 직접적인 계시가 지금도 주어지고 있습니다.

그리고 성경 계시에 의존하여 예언하는 간접적인 예언은 성령이 역사하는 교회시대인 오늘에도 성경 교사들에 의하여 성경강론(설교)의 방법으로 계속 진행되어지고 있는 것입니다. 또 예언의 은사를 가진 특정한 사람을 통하여 자신을 향한 하나님의 계시를 받는 간접적인 예언은 지금도 여전하게 이루어지고 있다고 보아야 합니다. 성경에 그렇게 기록되어 있기 때문입니다.

결론적으로 성경에 기록되는 직접적인 예언은 성경 계시를 완성하기 위한 은사로서 계시시대에만 국한된 은사이며, 성도들을 개별적으로 인도하기 위한 직접적인 계시는 지금도 여전하게 성령을 통하여 이루어지고 있으며, 간접적인 예언은 이미 완성된 성경 계시에 의해서만 하나님을 알고 경외케 하려는 은사로서 교회시대에도 계속해서 교사들에게 주어진 은사입니다.

성령이 역사하는 오늘의 교회 시대에 성경과는 무관한 예언을 하는 행위는 무속신앙에 의한 잡신과의 교신에서 나타나는 점술 행위나 동양철학적 통계학에 의한 예측(豫測)에 불과한 것들입니다. 반드시 성경 말씀 안에서 성령으로 계시가 이루어져야 합니다.

특히 교회 안에서 성령을 빙자해서 마치 자신이 하나님께로부터 직접적인 계시를 받고 있는 것처럼 생각하고 사생활에 관한 것이나 국가와 세계의 운명, 또는 천재지변 등을 예언하는 행위 역시도 비성경적인 행위에 지나지 않습니다.

"이러므로 하나님이 유혹을 저희 가운데 역사하게 하사 거짓 것을 믿게 하심은 진리를 믿지 않고 불의를 좋아하는 모든 자로 심판을 받게 하려 하심이니라"(살후2:11~12).

지금도 성경에 기록된 말씀 안에서 성도 개개인을 향한 직접적인 계시가 주어지고 있습니다. 그러므로 성도는 성령으로 충만한 상태를 유지하여 하나님께 주목하여 하나님께서 자신에게 성령으로 주시는 계시를 듣고 순종해야 합니다.

예언의 은사를 받아 사역하는 사역자들은 무엇보다도 자신의 영성관리에 특별한 관심을 가지고 있어야 합니다. 자칫 귀신들의 미혹에 속을 수가 있기 때문입니다. 부단하게 말씀을 묵상하고 성령으로 기도하며 자신의 심령을 정화해야 합니다.

9장 특별히 성령으로 예언하려고 하라

(고전 14:1)"사랑을 추구하며 신령한 것들을 사모하되 특
별히 예언을 하려고 하라"

하나님은 특별히 예언하기를 원한다고 말씀하셨습니다. 왜
냐하면 예언은 하나님의 뜻을 알고 하나님을 따라가는 적극적
인 수단이기 때문입니다. 일부 성도들이 예언하면 다른 사람에
게 들어야하고, 또 다른 사람에게 예언의 말씀을 전하는 것으로
알고 있습니다. 우리가 바로 알아야 할 것은 예언은 본인이 하
나님에게 받는 것입니다. 아브라함이 하나님의 예언을 듣고 순
종하여 복을 받았습니다. 그런데 성경 어디를 보아도 아브라함
이 다른 사람에게 예언을 들었다는 말씀이 없습니다. 성경에 나
오는 의인들은 모두 자신이 직접 하나님의 예언을 듣고 순종했
다는 것입니다. 단지 선지자가 있을 때는 선지자를 통하여 예
언을 받았습니다. 히스기야는 이사야를 통하여 예언을 들었습
니다. 다윗은 나단을 통해서 들었습니다. 지금 성령이 역사하
는 교회시대에는 성령님이 선지자입니다. 고로 지금은 자신 안
에 임재하신 성령으로부터 예언을 들어야 합니다. 예수를 믿어
성령으로 거듭난 성도는 모두 성령이 계시기 때문입니다. 성령
의 임재 하에 자신을 향한 하나님의 뜻을 성령으로 알아내어 순

종하고 따라가는 것입니다. 그래서 성도들은 예언은사를 받아야 하고, 예언의 발전을 위하여 훈련해야 하는 것입니다. 그래서 저는 십년이 넘게 성령치유 사역과 예언사역을 하고 있습니다. 예언의 중요성을 누구보다도 뼈저리게 느꼈기 때문입니다. 성도는 예언이 없으면 안 된다는 것을 체험했기 때문입니다.

우리 교회는 3개월에 한번 예언사역 집중훈련을 합니다. 신문 광고를 하면 전화를 합니다. 예언은사를 훈련해서 받을 수가 있느냐고 말입니다. 그러면 제가 이렇게 설명을 합니다. "예언은사는 훈련해서 받을 수가 없습니다. 그러나 이미 와있는 예언의 은사를 터트려서(입술을 열게 하여) 예언할 수 있도록 할 수는 있습니다. 지금 전화 하신 분은 예언은사를 받고 싶습니까?" 그러면 백이면 백 모두 "예! 예언하고 싶습니다." 이렇게 대답을 합니다. 내가 이렇게 물어봅니다. "그럼 예언하고 싶은 마음은 누가 준 것이라고 생각하십니까?" "아~ 그야, 성령께서 주신 마음이지요." "성령께서 마음을 주셨다는 것은 예언의 은사를 주시겠다는 것입니다. 지체 말고 오셔서 예언에 대한 이론을 듣고 담대하게 개인과 조별로 훈련하여 보세요. 그럼 입이 떨어져서 예언을 할 수 있게 됩니다. 지금 당신은 예언이 목구멍까지 왔는데 입 밖으로 터트리지 않기 때문에 못하는 것입니다. 오셔서 훈련하여 입 밖으로 터트리기만 하면 예언을 하실 수 있습니다." 성령은 우리에게 사모하는 마음을 주시고 계속 사모하며 훈련할 때 은사가 나타나게 하십니다.

일부 목회자들이나 성도들이 예언사역자를 어떻게 훈련을 통하여 만들어질 수 있느냐고 반문하는 분들이 많습니다. 그러나 우리가 바르게 알아야 할 것은 이 땅의 영적지도자들 중 불과 5% 이내만이 지도력을 갖고 태어난다는 것을 알아야 합니다. 나머지 95%는 훈련되어져서 만들어지는 영적지도자들임을 기억해야 합니다. 영적지도자는 연단과 훈련을 통하여 구비되는 것입니다. 이러한 영적능력을 구비하는 시기는 하나님의 부름에 응하는 그 시기부터 자신의 사명을 발견하고, 자신의 사명을 감당하기 위한 준비를 구체적으로 하게 되기 때문입니다. 고로 예언사역자도 저절로 되는 것이 아니고 사명의 중요성을 알고 훈련하여 다듬고 만들어야 된다는 것입니다.

예언사역자가 누구보다 중요하기 때문에 바르게 훈련하여 양성해야 합니다. 깊은 영성을 유지하고 예언에 대한 바른 이론을 숙지하여 바른 사역을 하도록 해야 합니다. 예언을 하지 못하게 하고 못 듣게 한다고 되는 일이 아니기 때문입니다. 성도들은 하지 말라고 하면 더 합니다. 바르게 알려줘서 정확하게 하도록 길을 열어주는 편이 훨씬 좋은 선택일 것입니다. 그래야 성도들이 이곳저곳을 기웃거리지 않을 것입니다. 예언을 받더라도 바른 예언사역자에게 듣게 됩니다. 자신이 예언사역을 할 때도 하나님 두려운 줄 알고 바르게 사역을 할 것입니다.

하나님은 성도들의 마음에 하나님의 마음으로 채워지기를 소원하십니다. 하나님은 예언의 은사가 있다고 사용하시는 것이 아닙니다. 하나님은 기본에 충실한 성도를 사용하십니다. 많은 성도들과 목회자들이 성령의 은사가 나타나면 다된 것으로 생각하는 경향이 있습니다. 분명하게 하나님은 예수를 믿고 성령으로 세례를 받아 성령의 인도로 마음의 상처와 자아를 치유하여 하나님과 관계를 열기를 원하십니다. 먼저 진리의 말씀과 성령으로 상처와 자아를 부수고, 다음에 혈육에 역사하는 세상 신을 몰아내어 하나님의 나라가 이루어지기를 소원하십니다.

성령의 은사와 권능을 나타내고, 영육의 문제를 해결하는 것은 성령으로 되는 것입니다. 그러니까, 하나님과 관계가 열리면 나머지는 쉽게 된다는 의미입니다. 그런데 일부 성도들은 먼저 능력이나 은사를 받으려고 합니다. 또 영육의 문제를 해결하려고 전력을 기우립니다. 목회자들도 마찬가지로 권능이나 은사를 받아서 목회를 하려고 합니다. 하나님의 일을 열심히 하려고 합니다. 이는 세상말로 주객이 전도된 것입니다. 하나님과 관계를 여는 것이 먼저라는 것입니다. 마음 안에 하나님의 나라가 이루어지지 않았는데 어떻게 권능이 나타나며 은사가 나타나겠습니까? 권능이나 은사는 자신의 마음 안에 계신 하나님으로부터 나타나는 것입니다.

마찬가지로 예언의 은사도 마음 안에 계신 성령으로 나타나는 것입니다. 예언은 하나님의 계시를 받아 말하는 것인데 마음 안에 계신 하나님과 관계가 열리지 않았는데 어떻게 마음 안에 계신 하나님께 계시를 받겠습니까? 먼저 하나님과 관계를 여는 것이 먼저입니다. 영육의 문제를 해결하는 것도 마찬가지입니다. 자신 안에 임재하신 성령께서 밖으로 나타나면서 성령의 역사로 문제가 치유되어 해결이 되는 것입니다. 자신과 하나님과 관계를 열어야 합니다. 자신과 하나님과 관계를 열려면 먼저 성령으로 세례를 받아야 합니다. 성령으로 세례 받고 성령의 역사에 따라서 상처도 치유하고 자아도 부수고, 혈통을 따라서 역사하는 귀신도 축사해야 합니다. 이런 영적인 활동을 하면서 하나님과 관계가 열리는 것입니다.

그리고 많은 성도들과 목회자들이 성령의 은사나 권능이 나타나면 무조건 하나님의 일을 한답시고 자신도 살피지 않고 가정도 살피지 않습니다. 성령의 은사가 나타나고 기도에 권능이 나타나도 하나님과 관계가 열리지 않을 수가 있습니다. 우리는 하나님의 뜻을 잘 알아야 합니다. 먼저 하나님과의 관계를 열어 자신의 마음을 천국 되게 해야 합니다. 하나님은 "다만 너희는 그의 나라를 구하라. 그리하면 이런 것들을 너희에게 더하시리라(눅12:31)" 이 말씀은 먼저 자신 안에 하나님의 나라가 이루어지게 하라는 것입니다. 자신의 마음 안에 천국이 이루어지면 다른 필요한 것들이 이루어진다는 말씀입니다. 자신의 마음이 천국이 되어야 가정도 천국이 될 수 있다는 것입니다. 하나님은 디모데전서 5장 8절에서 "누구든지 자기 친족 특히 자기 가족을 돌보지 아니하면 믿음을 배반한 자요 불신자보다 더 악한 자니라" 자신과 가정을 살피지 않으면서 하나님의 일을 열심히 해야 한다는 것은 무당이론입니다. 무당들이 자신이나 가정은 팽개치고 귀신이 역사하는 대로 끌려 다니는 것입니다. 절대로 하나님은 자신 안이 천국이 되어 하나님과 관계를 열고, 가정을 천국 되게 한 다음에 하나님이 지시하시(원하시는)는 일을 하기를 원하십니다. 예언하기에 앞서서 하나님과 관계를 먼저 열어야 합니다.

그리고 성령의 인도를 받으며 훈련하여 예언사역자가 되어야 합니다. 하나님은 훈련의 과정을 통과하지 않은 사람을 사용하시지 않는다는 것을 알아야 합니다. 예언 사역자가 되려면 반드시 훈련의 과정을 거쳐야 하는 것입니다. 그래서 저는 항상 하는 말이 예언사역자나 영적인 지도자가 되려면 시간과 노력을 투자해야 한다고 강조합니다. 부지런히 시간과 노력을 투자하여 훈련을 받아야 합니다. 그래야 시행착오를 겪지 않고, 하나님이 사용하시는 예언사역자가 될 수가 있습니다. 예언은사가 나타나 사역자가 되는 과정은 이렇습니다.

첫째, 사모하는 마음이 있어야 한다. 하나님은 사모하는 영혼에게 만족함을 주십니다. 주린 영혼에게 좋은 것으로 채원주십니다. "그가 사모하는 영혼에게 만족을 주시며 주린 영혼에게 좋은 것으로 채워주심이로다"(시 107:9). 예언의 은사는 성령 하나님이 선물로 주시는 것입니다. 그러나 사모하는 마음을 가져야 합니다. 예언을 하려고 바라고 소원하는 마음이 있어야 하나님이 예언의 은사를 주시는 것입니다. 그래서 성경에 예언을 하려고 하라(고전 14:1)는 의지의 동사를 붙인 것입니다. 예언의 은사를 사모해야 합니다. 예언을 하려고 하십시오. 그러면 하나님이 예언의 은사를 주실 것입니다. 은사는 선물로 주시는 것이지만 사모하고 간구해야 받는 것입니다.

둘째, 나도 예언할 수 있다는 믿음이 중요하다. 하나님은 예수를 믿는 모든 성도가 선지자가 되기를 원하십니다. "모세가 그에게 이르되 네가 나를 두고 시기하느냐 여호와께서 그의 영을 그의 모든 백성에게 주사 다 선지자가 되게 하시기를 원하노라"(민 11:29). 예언의 은사를 받으려면 무엇보다 나도 예언할 수 있다는 자신감이 중요합니다. 하나님은 하나님과 화합된 사람의 의지를 통하여 역사하시기 때문입니다. 오순절 마가의 다락방에서 성령이 임하신 이후로 성령은 예수를 믿는 자의 영 안에 거하십니다. 영은 사람의 마음 안에 있습니다.

예수를 믿는 우리는 모두 영 안에 성령을 모시고 사는 사람들입니다. 그러기 때문에 구약의 선자자 보다, 성령이 임하신 신약시대의 성도들에게 더욱 강한 성령의 은사가 역사하는 것입니다. 당신(나)도 예언을 할 수 있습니다. 담대한 믿음을 가지시기를 바랍니다. 그러면 당신(나)도 예언의 은사를 받을 수가 있습니다. 이런 변하지 않는 믿음이 있으면 당신(나)은 분명하게 예언을 할 수가 있습니다.

셋째, 성령으로 세례를 체험해야 한다. 성령의 강한 사로잡힘, 임재의 체험이 있어야합니다. 이는 체험적으로 나타나는 현상입니다. 성령의 불세례에 대해서는 제가 집필해서 출간한 "불같은 성령의 기름부으심과 불같은 성령으로 충만 받는 법"을 읽어보시기를 바랍니다. 고린도전서 12장의 은사는 성령의 불세례를 체험할 때 9가지 은사가 모두 우리 안에 은사(선물)로 주어졌습니다. 내면에 주어진 은혜의 선물들이 역사하기 위하여서는 주신 것을 믿고 승복하고 믿음으로 실시하며 훈련하는 길뿐입니다. 방언의 은사는 입으로 발설하지 않으면 언제 까지나 잠정적으로 있을 뿐입니다. 신유의 은사 역시 내게 주어진 것을 믿고 손을 얹고 기도할 때 치유의 기적이 일어나는 것입니다. 예언의 은사도 역시 입을 열어 말을 하려고 노력해야 예언의 영이 역사하여 예언이 열리고 뚫리는 것입니다. 은사는 어떤 수고의 결실이나 메달이 아니라 은혜입니다. 성령으로 세례 받을 때 체험적으로 나타나는 현상은 이렇습니다. 잘 이해하고 성령의 세례를 거부하지 않도록 하시기 바랍니다.

① 호흡이 깊어지거나 빨라지고 손이 찌릿찌릿 하기도 합니다. 이는 악한 영과 성령의 대립 현상이나 상처를 풀어주는 현상이기도 합니다. ② 주체 못하게 울음이 터지거나. 웃음이 터지는 경우도 있습니다. 방언이 나오게 됩니다. ③ 가슴을 찌르고 무엇이 빠져나오는 아픔을 느낄 수 있습니다. ④ 위장이나 아랫배 부근에서 어떤 뭉치 같은 것이 움직이는 것을 느낄 수도

있습니다. ⑤ 큰소리가 속에서 터져 나오기도 하고 온 몸에 불이 붙은 것 같이 뜨겁기도 합니다. ⑥ 가슴이 답답하고 기침이 나오고 손과 입에서 불이 나오는 것을 느끼기도 합니다. ⑦ 기침, 하품, 트림이 나오고. 토하기도 하고 메스꺼움을 느끼기도 합니다. ⑧ 멀미하는 것처럼 속이 울렁거리며 아랫배가 심히 아프기도 합니다. ⑨ 머리가 아프고 어지럽고 몸이 감당하지 못하게 흔들리기도 합니다. ⑩ 때로는 얼굴이나 몸 전체가 뒤틀리다가 풀어져 평안해지기도 합니다. ⑪ 때로는 집에 돌아가서도 심신의 괴로움 현상이 일어날 수 있습니다. 이것은 일종의 성령의 임재와 치유의 현상이니 두려워말고 조금 있으면 없어집니다.

많은 분들이 이런 체험이 있은 후 영안이 열리고 예언의 능력이 나타납니다. 성령의 세례는 단회적인 사건입니다. 성령의 세례를 체험했다면 이제 성령의 불세례를 통하여 심령을 정화하고, 성령으로 충만하려고 노력해야 합니다. 성령의 충만이 지속적이 되도록 노력해야 합니다.

넷째, 마음의 상처가 치유 돼야 한다. 마음의 상처는 예언을 거칠게 합니다. 그러므로 치유가 되어야 합니다. 외부의 상처는 쉽게 치유되나 마음 안에 받은 상처는 쉽게 치유되지 않습니다. 사라지지 않고 깊은 곳에 남아서 계속 나에게 영향을 줍니다. 나의 삶을 좋지 못한 쪽으로, 파괴적인 쪽으로 이끌어갑니다. 나이가 들어도 사라지는 것이 아니라, 오히려 절제력이 약해짐으로 더욱 강하게 나의 삶에 역사 합니다.

상처는 잠복기간이 지나면 꼬리를 들고일어납니다. 상처가 꼬리를 들고일어나는 시기는 취약한 시기로서 스트레스를 심하게 받을 때 여러 가지 영육의 문제로 나타납니다. 상처는 상처를 주는 상대방보다, 쉽게 상처를 받는 나에게 문제가 있는 것입니다. 이 사실을 인정해야 자신을 치유할 수 있습니다.

다섯째, 자아가 부수어져야 한다. 자아란 지금까지 배우고 터득한 내용을 말합니다. 학교에서 공부한 내용, 또 세상을 살아가면서 터득한 내용, 교회 생활을 하면서 배우고 터득한 내용이 자기 의와 자기의 틀이 만들어져 자기가 생각하는 틀에 맞지 않으면 마음을 열지 않기 때문에 성령이 역사 할 수가 없습니다. 이 자아가 깨어지지 않으면 영의 말씀을 이해하고 전적으로 받아들일 수 없기 때문에 자아를 치유 받아야 합니다. 하나님은 우리에게 지식까지 새로워지라고 했습니다. "새 사람을 입었으니 이는 자기를 창조하신 자의 형상을 좇아 지식에까지 새롭게 하심을 받는 자니라"(골 3:10). 자신이 배운 것까지도 다 성령님에게 맡기고 성령의 역사에 순종하는 자세가 중요합니다. 자아를 죽이고 어린아이의 자아가 되어야 방황하는 성도를 살리는 예언가가 될 수가 있습니다.

여섯째, 대물림되는 죄악의 영향을 끊어라. 세대적 죄악의 문제를 해결해야 합니다. 우리가 개인적으로 그리스도를 만나면 새로운 피조물이 되지만 또한, 우리는 성령의 권능으로 자범죄를 해결해야 합니다. 원죄는 예수를 믿는 동시에 해결이 됩니다. 그러나 자범죄는 본인이 반드시 성령의 임재가운데 찾아서 해결해야 합니다. 자범죄는 본인이 지은 죄나 혈통을 통해서 지은 죄를 말합니다. 조상의 죄악은 후대의 가족에게 마귀의 저주를 가져다줍니다. 혈통에 역사하는 귀신의 영향으로 성령의 인도를 바르게 받지 못합니다. 하나님의 계시를 듣는 것에 지대한 영향을 미칩니다. 세대에 역사하는 악령들의 영향으로 바른 예언을 듣지 못하고, 하지 못하는 것입니다. 반드시 성령의 임재가운데 찾아내고 드러내어 치유해야 합니다. 이외에 가계 대물림의 치유에 관한 세부적인 원리는 "가계의 고통을 끊고 축복받는 비결"를 읽어보기 바랍니다.

일곱째, 깊은 영의기도를 숙달하라. 깊은 영의기도는 "쏘다, 던지다, 또는 숨쉬다. 호흡하다."에서 나온 말로 한 시 동안도 쉬지 않고 화살을 쏘듯이 하나님께 집중하며 바쳐 올리는 짧은 영의기도, 한 번 숨쉬고, 두 번 숨 쉬는 가운데 호흡처럼 함께 계속적으로 자연스럽게 반복하여 영으로 기도하는 것입니다. 깊은 영의기도에 이르는 방법은 이렇습니다. 깊어져 가는 순서에 따라 3단계로 구분합니다. 깊은 영의기도 첫 단계는 소리를 내며 기도하는 육의 기도입니다. 두 번째 단계는 마음으로 하는 마음의 기도 단계입니다. 세 번째 단계는 깊은 영의기도의 마지막 단계로서 두 번째 단계 마음의 기도를 계속하여 마음의 기도에 몰입할 때 자신도 모르는 순간에 들어갈 수 있는 깊은 영의기도입니다. 깊은 기도에 대하여 더 자세한 것은 "깊은 영의기도 숙달하는 비결"책을 구입하여 읽어보시기를 바랍니다.

여덟째, 하나님의 음성을 듣는 훈련을 하라.

1) 자신을 영육으로 준비하며 기다려라. 하나님의 뜻 명령을 받을 준비를 하라. 자신의 부족한 면을 돌아보고 회개, 용서, 치유 등을 하면서 하나님의 음성을 기다립니다. 육적인 상태에서는 하나님의 인도와 음성을 듣지 못하고 받지 못합니다. 자신을 준비하며 하나님의 인도를 기다리라. 나의 길을 인도하소서.

2) 내 소원이 아니라, 하나님의 거룩한 소원을 가지라. 하나님은 절대로 우리의 육적인 만족을 주시는 분이 아닙니다. 하나님의 소원을 이루려니 하나님이 나를 축복하시는 것입니다. 하나님의 뜻을 알려면 내 뜻을 내려놓아야 합니다. 주객이 전도되지 않게 하라는 것입니다. 나의 소원을 통해 주님의 뜻을 나타내시도록 간구하는 겁니다. 주여! 나를 통하여 주의 뜻을 이루소서. 저에게 하나님의 뜻을 바로 알게 하시어 순종하게 하옵소서. 저는 아이라 아무것도 모르오니 성령으로 인을 쳐서 보증하여 주시고 성령으로 깨닫게 하소서. 성령의 음성을 정확하게 듣게 하소서. 너무 돈만 구하면 마귀가 돈으로 속이고, 자기가 바라는 면으로 치우치기 쉽습니다. 고로 내 생각을 접어두고 하나

님의 뜻을 구합니다. "또 여호와를 기뻐하라 저가 네 마음의 소원을 이루어 주시리로다"(시 37:4). "그러므로 내가 너희에게 말하노니 무엇이든지 기도하고 구하는 것은 받은 줄로 믿으라 그리하면 너희에게 그대로 되리라"(막 11:24).

성령을 통하여 하나님께서는 하나님의 뜻을 행할 의지를 우리 안에 두시고 우리 마음에 소원을 주시는 것입니다. 기도하세요. 주여 당신의 뜻을 깨닫고 따르는 소원을 저에게 주옵소서. 성령께서 주시는 소원을 기다리십시오. 내 생각과 하나님의 생각은 다르다는 것을 명심하세요. 잘못하면 빨간 불에 갈 수 있습니다. 빨간 불은 육적인 나의 생각을 따라가는 것입니다. 육적인 자신의 생각을 따라가면 연단이 따릅니다. 힘이 들고 고통이 따르고 다시 돌아오는 헛수고가 따릅니다.

3) 내면으로 들리는 음성을 들으려고 노력하라. 하나님께 기도했으면 응답을 들으려고 노력해야 합니다. 하나님의 응답은 내 생각이 없어지고 성령으로 장악 당해 깊은 고요함 가운데 오는 것이 보통입니다. 하나님의 말씀은 말, 영상, 노래로 오는 경우가 보편적입니다. 중요한 것은 어떤 모양으로 오느냐가 아니라 주어진 것을 말로서 표현하는 것입니다. 인내를 가지고 준비하고 들으려고 노력하며 기다려야 합니다.

4) 음성을 들었으면 성경에 기초한 검증을 하라. 성경의 가르침과 부합되는 지를 검증해야 합니다. 즉, 하나님을 기쁘시게 하고, 하나님의 영광을 드러내고, 믿음 생활을 잘할 수 있는 지

를 말씀으로 점검하여 보아야 합니다. 반드시 내 생각과 하나님의 생각은 다르다는 것을 아시기를 바랍니다. 절대로 정확한 음성은 하나님의 말씀에 위배되지 않습니다.

5) 신호로 나타나는 증거를 잡아라. 하나님으로부터 나에게 오는 보증, 징표를 구하는 것입니다. 하나님이 진정으로 당신에게 말씀하셨다면 당신의 환경에 증표가 나타나야합니다. 이 외에 하나님의 음성을 듣는 비결에 대한 영적원리는 "하나님의 음성을 쉽게 듣는 비결"을 읽어보기 바랍니다.

아홉째, 예언을 훈련을 할 때 이렇게 하라. ① 하나님! 이분의 당면한 문제가 무엇입니까? ② 하나님! 이분이 고쳐야 할 것은 무엇입니까? ③ 하나님! 이분을 무엇으로 사용하실 것입니까? ④ 하나님! 이분이 어떻게 해야 하나님을 기쁘시게 할 수 있습니까? ⑤ 하나님! 이분이 치유되어야 할 것이 무엇인가요? ⑥ 하나님! 이분에게 앞으로 당면할 일은 무엇인가요?

충만한 교회는 지방에 계시는 분들을 위하여 성령치유 집회 CD와 교재를 33종류를 비치하고 있습니다. 과목별 CD는 12시간을 녹음하여 12개입니다. 가격은 3만원입니다. 교재는 과목당 만원입니다. 필요하시면 주문하여 영성을 깊게 하실 수가 있습니다. 교재를 보며 CD를 들으면 현장에서 집회를 참석한 것과 같은 효과가 있습니다. 과목별 상세한 내용은 홈페이지 www. ka0675.com 에 보시면 계좌번호와 과목별 상세목록을 확인하실 수 있습니다.

10장 성령시대에 예언 사역이 필요한 이유

(고전 14:1)"사랑을 추구하며 신령한 것들을 사모하되 특별히 예언을 하려고 하라."

하나님은 예수를 믿고 성령으로 거듭난 성도들과 대화하시기를 원하십니다. 그렇기 위하여 성령으로 예수를 믿는 우리 안에 임재하신 것입니다. 구약시대는 선지자들을 통하여 하나님의 백성들에게 하나님의 뜻을 알렸습니다. 그래서 이스라엘 백성들은 선지자에게 주목하여 하나님의 뜻을 알고 살았습니다. 이제 하나님은 성령으로 오셔서 선지자가 아닌 예수를 믿는 성도들과 직접적으로 대화하시기를 원하시는 것입니다. 그렇기 때문에 성도 개개인이 직접 하나님의 계시(예언)를 듣고 순종해야 합니다. 이제 성도 개개인이 하나님의 음성을 들을 수 있는 심령의 귀를 준비해야 합니다. 그래서 하나님은 요한 계시록에서 여러 번에 걸쳐서 "성령이 교회들에게 하시는 말씀을 들을 지어다" 강조하시는 것입니다.

지금 성령이 역사하시는 교회시대를 살아가는 성도들은 개개인이 직접 하나님의 음성을 듣고 순종해야 하나님께서 예비한 축복을 받아 누리면서 살아갈 수가 있습니다. 우리 성도들이 알아야 할 것은 구약 시대와 같이 선지자를 통하여 하나님의 계시(예언)를 듣고 따라가려는 생각에서 탈피해야 합니다. 성도 개개인이 직접 성령으로 하나님의 계시를 들을 수 있는 능력을 구비하려고 노력을 해야 합니다.

그래서 하나님은 하나님의 뜻을 알고 순종하고 따라가기 위하여 계시를 들을 수 있는 능력을 구비하라고 말씀하십니다. 계시(예언)란 어느 한 가정이나, 단체나 인간에게 하나님이 원하시는 뜻과 길을 알려주는 것입니다. 그 사람에게 하나님이 부어준 기름부음을 알고 기름부음에 따라 준비하고 쓰임 받게 하기 위하여 하나님의 영감을 말로 풀어 전하는 것입니다. 그리고 하나님의 예언을 이루는데 영육의 장애요소를 알려주어 예언을 이루게 하는 것입니다. 예언은 성령이 역사하는 교회 시대인 오늘날 이러한 이유 때문에 필요합니다.

첫째, 교회를 세우기 위하여, 교회란 유형교회와 무형교회를 말하는 것입니다. 성령이 역사하는 교회시대를 살아가는 성도들이 알아야할 것은 성경에 기록된 교회는 보이는 유형교회를 말한다는 사고에서 과감하게 탈피해야 합니다. 절대로 성경에서 말하는 교회는 유형교회만을 말하는 것이 아니라는 것입니다. 보이지 않는 성도들의 심령심령 속에 있는 무형교회도 포함이 된다는 것입니다. 하나님의 입장에서는 보이지 않는 무형교회를 더 중요하게 생각하실 것입니다. 왜냐하면 하나님께서 보이지 않는 성도들의 심령에 있는 무형교회에 임재하여 계시기 때문입니다. 그렇기 때문에 무형교회가 하나님의 계시를 받을 수 있는 수준이 되어야 합니다. 요한계시록에 보면 "성령이 교회들에게 하시는 말씀을 들을 지어다." 라고 여러 번에 걸쳐서 강조하십니다. 이 교회는 유형교회와 무형교회를 말하는 것입니다. 지금 성령이 역사하는 교회시대를 살아가는 성도들은 하나님과 직접적인 관계를 정립해야 합니다.

다른 사람을 통해서 하나님의 계시를 받고 순종하려는 생각을 버려야 합니다. 자신이 직접 자신 안에 계신 하나님으로부터 계시를 받을 수 있도록 영성을 길러야 합니다. 지금 성령이 역사하는 교회시대를 살아가는 성도들은 자신 안에 계신 성령으로부터 자신을 향한 하나님의 계시를 들을 수 있어야 합니다. 남을 이용하여 하나님의 뜻을 알려고 하는 샤머니즘적인 신앙의 잔재를 과감하게 벗어던져야 합니다. 아예 생각에서 나는 내 안에 계신 하나님과 직접적인 관계를 열어서 하나님의 계시를 듣는다고 다짐을 하고 지켜야 합니다.

교회를 견고하게 세우는 계시는 두 가지 채널을 통하여 개인에게 들립니다. 먼저는 직접적인 계시로서 자신 안에 임재하신 성령으로부터 들립니다. 우리 성도들은 자신 안에 임재하신 성령으로부터 직접적인 계시를 듣고 움직이려고 해야 합니다. 다음은 목회자나 인도자들이 하나님의 말씀을 풀어서 전할 때 들립니다. 이것을 간접적인 계시라고 합니다. 다른 사람을 통하여 듣는 다는 것입니다. 다른 사람을 통하여 듣기 때문에 직접적인 계시보다도 정확도가 떨어집니다. 또 다른 사람을 통하여 들었다면 다시 자신이 직접 하나님께 기도하여 응답을 받고 움직여야할 것입니다. 다른 사람을 통하여 듣는 계시(예언)은 "예언하는 자는 사람에게 말하여 덕을 세우며 권면하며 안위하는 것이요(고전 14:3)" 라고 하는 하나님의 말씀에 부합이 되어야 합니다.

살아계신 하나님의 말씀이라는 것을 믿게 하기 위하여 간접적인 예언이 필요합니다. 마가복음 16장 20절에 "제자들이 나가 두루 전파할 쌔 주께서 함께 역사하사 그 따르는 표적으로 말씀을 확실히 증거 하시니라." 기록되어 있습니다. 목회자들의 설교가 살아있는 하나님의 말씀을 전하는 것이라는 것을 믿고 받아들일 수 있도록 하기 위하여 간접적인 예언이 필요합니다.

제자들이 하나님의 말씀을 간접적으로 설교하고 있는 것은, 하나님이 영화롭게 되고 증언되어지는 것을 보여주기 위하여 간접적인 예언을 합니다. 그러므로 하나님의 말씀을 강론하는 목회자는 성령으로 충만하여 하나님의 말씀이 살아있는 생명의 말씀이라는 것을 듣는 성도들이 믿도록 전해야 합이다. 말씀을 전할 때 살아있는 성령의 역사가 일어나야 한다는 것입니다. 하나님은 우리들에게 그것을 찾고 나타내라고 권하십니다. "사랑을 따라 구하라 신령한 것을 사모하되"(고전 14:1).

예언의 중요한 목적은 예수 그리스도께서 그들에게 그의 죽음과 죽음으로부터의 부활을 통하여 가져 오셨던 위대한 그리스도인의 생활로 나아가게 하기 위하여, 그것을 필요로 하는 사람들에게 하나님으로부터 오시는 생명과 개인적인 말씀을 제시하는 것입니다. 그렇게 하여 듣는 심령들의 심령 성전이 견고하게 지어져 가는 것입니다. 유형교회와 무형교회는 하나님의 살아있는 말씀과 성령의 역사를 통하여 자라게 되는 것입니다.

둘째, 예언은 때때로 기도의 응답을 초래한다. 기도는 성령의 인도를 받아야 합니다. 성령의 인도를 받으면서 기도하여 성령께서 기도를 하도록 인도 하신다는 것입니다. 성령께서 기도하도록 하셨기 때문에 예언을 통하여 응답을 하신다는 것입니다. 성령으로 기도하는 것이 중요합니다.

열왕기하 20장에 보면 히스기야의 기도 응답받은 이야기가 기록되어 있습니다. 하나님께서 히스기야에게 이사야를 통하여 계시(뜻)를 전합니다. "그 때에 히스기야가 병들어 죽게 되매 아모스의 아들 선지자 이사야가 그에게 나아와서 그에게 이르되 여호와의 말씀이 너는 집을 정리하라 네가 죽고 살지 못하리라 하셨나이다(왕하20:1)" 히스기야가 하나님의 계시를 받고 기도합니다. "히스기야가 낯을 벽으로 향하고 여호와께 기도하여 이르되(왕하 20:2)" 히스기야가 애절하게 하나님께 기도를 합니다. "여호와여 구하오니 내가 진실과 전심으로 주 앞에 행하며 주께서 보시기에 선하게 행한 것을 기억하옵소서 하고 히스기야가 심히 통곡하더라(왕하 20:3)" 히스기야의 기도를 하나님께서 들으십니다. 하나님께서 이사야에게 말씀하십니다.

"너는 돌아가서 내 백성의 주권자 히스기야에게 이르기를 왕의 조상 다윗의 하나님 여호와의 말씀이 내가 네 기도를 들었고 네 눈물을 보았노라 내가 너를 낫게 하리니 네가 삼 일 만에 여호와의 성전에 올라가겠고, 내가 네 날에 십오 년을 더할 것이며 내가 너와 이 성을 앗수르 왕의 손에서 구원하고 내가 나를 위하고 또 내 종 다윗을 위하므로 이 성을 보호하리라 하셨다 하라 하셨더라(왕하 20:5-6)" 그리고 이사야가 히스기야의 병을 고칠 수 있는 방법을 알려주십니다. "이사야가 이르되 무화과 반죽을 가져오라 하매 무리가 가져다가 그 상처에 놓으니 나으니라(왕하 20:7)" 히스기야가 세상 의술로 도저히 나을 수 없었기 때문에 병들어 죽어갔습니다. 그러나 하나님은 병들어 죽어가는 히스기야의 병을 고칠 수 있는 비약을 가지고 계셨습니다.

필자는 항상 말합니다. 하나님의 자녀는 하나님의 방법으로 병을 고쳐야 한다는 것입니다. 세상 의술로 치유되지 않는 병일지라도 하나님이 치유하실 수 있는 비약을 가지고 계십니다. 기도하여 하나님의 비약을 알아내면 무슨 병이라도 고칠 수가 있습니다. 우리 성도들은 질병이 생기면 무조건 세상 방법을 강구하려고 하지 말고 하나님께 기도하여 하나님께서 예비한 방법으로 치유를 받는 습관을 들여야 합니다.

그리고 히스기야가 이사야에게 이렇게 질문합니다. "히스기야가 이사야에게 이르되 여호와께서 나를 낫게 하시고 삼 일 만에 여호와의 성전에 올라가게 하실 무슨 징표가 있나이까 하니(왕하 20:8)" 히스기야가 하도 중한 병에 걸려서 고통을 당하다가 보니 치유가 된다는 하나님의 말씀을 믿고 받아들이지 못합니다. 그러자 이사야가 하나님께서 알려주신 징표를 말합니다.

"이사야가 이르되 여호와께서 하신 말씀을 응하게 하실 일에 대하여 여호와께로부터 왕에게 한 징표가 임하리이다. 해 그림자가 십도를 나아갈 것이니이까, 혹 십도를 물러갈 것이니이까, 하니(왕하 20:9)"

다시 히스기야가 대답합니다. "히스기야가 대답하되 그림자가 십도를 나아가기는 쉬우니 그리할 것이 아니라. 십도가 뒤로 물러갈 것이니이다. 하니라(왕하 20:10)" 다시 이사야가 하나님께 기도합니다. 하나님께서 히스기야가 제시한대로 응답을 하십니다. "선지자 이사야가 여호와께 간구하매 아하스의 해시계 위에 나아갔던 해 그림자를 십도 뒤로 물러가게 하셨더라(왕하 20:11)" 하나님은 히스기야 왕의 기도를 들으셨습니다. 그의 기도에 대한 응답으로 예언자 이사야를 보내셔서 응답하였습니다. 하나님께서 때로는 우리의 기도를 들으신 응답으로 다른 사람을 통하여 말씀하실 때도 있습니다.

셋째, 때로는 심판이 예언을 통하여 온다. "여호와께서 나단을 다윗에게 보내시니 와서 저에게 이르되 한 성에 두 사람이 있는데 하나는 부하고 하나는 가난하니"(삼하 12:1). 다윗이 하나님에게 대적하여 범죄 하였습니다. 그래서 하나님은 "당신이 그 사람이다."라는 짤막한 예언적인 말씀을 통하여 그를 심판하려고 나단을 보내었습니다. 하나님은 죄 때문에 어떤 지역교회에 행하실 바를 한 예언을 통하여 심판의 말씀을 하셨습니다. 심판이란 멸망을 뜻하는 것이 아니고 죄악의 자리에서 나와 회개 하게 하기 위함입니다. 하나님은 죄악의 자리에서 나오도록 예언의 말씀으로 경고하십니다.

넷째, 예언은 경고일 수 있다. 이 경고들은 항상 심판에 관계된 것은 아닙니다. 그것들은 때때로 사람들에게 피난처를 주십니다. 하나님은 바울에게 사도행전 21장 10절에서 그가 예루살렘에서 포박 당할 것이라고 경고하였습니다. 그리고 하나님은 아가보의 예언을 통하여 경고하였습니다. 그러나 바울은 하나님의 뜻이기 때문에 예루살렘에서 포박 당합니다. 성령의 인도를 받는 성도는 하나님의 뜻이면 어떠한 일이 있더라도 순종해야합니다. 그래야 하나님의 뜻을 이룰 수 있기 때문입니다.

예수님의 위험을 경고하셨습니다. 마태복음 2장 13절에 "저희가 떠난 후에 주의 사자가 요셉에게 현몽하여 가로되 헤롯이 아기를 찾아 죽이려하니 일어나 아기와 그의 모친을 데리고 애굽으로 피하여 내가 네게 이르기까지 거기 있으라 하시니"에서, 하나님은 요셉에게 예언하였던 한 천사를 통하여 애굽으로 안전하게 도피하도록 경고하셨습니다.

다니엘 4장 9절로 37절에서 느브갓네살 왕의 꿈의 경우입니다. "벨드 사살이라 이름한 다니엘이 얼마 동안 놀라 벙벙하며 마음이 번민하여 하는지라 왕이 그에게 말하여 이르기를 벨드사살아 너는 이 꿈과 그 해석을 인하여 번민할 것이 아니니라 벨드사살이 대답하여 가로되 내 주여 그 꿈은 왕을 미워하는 자에게 응하기를 원하며 그 해석은 왕의 대적에게 응하기를 원하나이다"(단 4:19).

다섯째, 예언은 주로 확증한다. "내가 이제 세 번째 너희에게 가리니 두세 증인의 입으로 말마다 확정하리라"(고후 13:1). 그것은 일반적으로 하나님이 이미 개인이나 교회에 지시하셨던 것을 확증합니다. 그것은 기록된 성경의 거룩한 강조의 일종입니다. 이것은 그의 백성을 확신케 하는 하나님의 방법들 중의 하나입니다. 그리고 그것들을 강력히 권하는 것입니다. 예언적인 언어들은 성령에 의하여 주어집니다. 즉 그들은 종종 대단히 신속하게 개인의 실제 문제를 지적합니다. 그리고 우리들에게 짧은 시간에 그 문제를 취급할 수 있도록 합니다. 성령은 우리들에게 이러한 예언적인 계시를 주시며, 항상 예수님에게로 우리의 주의를 돌리기를 원합니다.

여섯째, 설교 상의 예언은 설교를 빛나게 한다. 실교 원고를 작성하여 설교를 하더라도 순간순간 역사하시는 성령의 음성을 듣고 전해야 합니다. 목회자가 설교할 때 이루어지는 예언은 그의 설교를 빛나게 할 수 있습니다. 성령께서 순간순간 하나님의 계시를 목회자를 통하여 말하게 하십니다. 그것은 설교에 무게를 더하여 주며, 그러므로 단순히 그들의 마음에 알려주기 위하여 보다는 오히려 사람들의 심정에 영감을 드리려고 하는 경향이 있습니다. 그것은 하나님이 이미 다른 방식으로 지시하였던 것을 확인하는 것이지만 종종 교회에 새로운 방향을 제시합니다.

일곱째, 예언은 복음전도를 돕는다. 예언은 처음 사람들을 그리스도에게로 인도할 때 중요합니다. 그들이 예수를 믿고 살기 이전의 마술에 속한 과거를 가능한 한 벗어날 필요가 있습니다. 바로 이 벗어나려는 의지가 예언의 은사를 통하여 옵니다. 저는 하나님에게로 사람들을 인도할 때 그들이 바로 그 날 행하고 있었던 것을 계시하시고, 그리고 하나님이 그것을 본인들이 느끼도록 보여주시는 것을 그들에게 예언하였습니다. 그것은 그들의 회심에서 사실이 되었습니다. 예언은 자주 좋은 일들을 행합니다. 하나님께서 "더 열심히 구하고… 특히 예언을 구하라."고 말씀하신 것을 이상하게 여길 이유가 없는 것입니다.

여덟째, 성도를 방황하지 않게 한다. 예언은 장래 일을 알게 하여 성도들을 방황하지 않게 합니다. 저는 하나님이 알려 주시는 예언을 통하여 지금 방황하지 않고 하나님께 쓰임을 받고 있습니다. 만약에 저는 예언이 없었더라면 지금까지 방황하며 지냈을 것이라고 항상 말합니다. 자는 처음부터 목사가 아니었습니다. 군 생활을 22년을 하고 40대 초반에 세상에 나왔습니다. 정말 앞길이 막막했습니다. 군대 생활을 천직으로 생각하고 군 생활을 했습니다. 그런데 어느 시기가 되니 여러분들이 제가 목사가 되어야 한다는 것입니다. 심지어는 같이 근무하던 장교들도 목사가 되어야 한다는 것입니다.

저는 정말 머리가 돌 것만 같았습니다. 사십이 넘은 멀쩡한 사람에게 이 사람 저 사람이 목사가 되어야 한다고 하니 정말 돌아 버릴 것 같았습니다. 제가 마음을 정하게 된 것은 예언을 하시는 권사님의 예언의 말을 들은 것입니다. 권사님이 하시는 말씀이 집사님 같은 분이 저 김해에 살고 계시는데요, 그분이 목사가 되어 하나님의 일을 하라는 하나님의 소명을 거역하다가 지금 병이 들었습니다. 그것도 간에 암이 걸려 3개월밖에 살지 못한다고 하니까 지금에야 목회를 하겠다고 하는데 집사님 그분이 살아서 목회를 할 것 같습니까?

자기가 아무리 기도를 해보아도 살지를 못한다는 것입니다. 집사님도 그런 경우를 맞이하지 마시고 손을 들고 하나님의 일을 하겠다고 작정하세요, 거부하다가 병들어 고통당하다가 죽는 것보다 나을 터이니까요? 그 이야기를 듣고 집에 돌아와 누워있어도 귀에서 자꾸 병들어 죽지 말고 목사가 되어라, 병들어 죽지 말고 목사가 되어라, 병들어 죽지 말고 목사가 되어라, 그래서 일단 하기로 마음을 먹고, 다른 사람들의 소리를 듣고, 내가 생의 방향 전환을 나는 절대로 할 수가 없다. 내가 직접 하나님의 음성을 들어야 하겠다. 생각하고 금식을 하며 하나님의 음성을 듣기로 했습니다.

그러나 실상은 목사가 되기 싫은 것은 마찬가지 이었습니다. 그래서 기도원에 가서 하나님이 나에게 직접 징표로 보여주시면 목사가 되겠다고 금식하며 기도를 했는데, 저는 하나님의 소리를 듣지 않으려고 정신을 바짝 차리고 기도를 하는데 음성을 들릴 리가 만무하지 않습니까? 절대로 목사가 되어야 한다는 소리를 들으면 되지 않았기 때문에 정신을 차리고 정한 기간 동안 기도를 한 것입니다.

원래 하나님의 음성을 들으려면 자신의 의지를 내려놓고 성령의 깊은 임재 하에 들리는 것입니다. 계속 기도하다가 산에서 내려오는 날까지 보여주시지를 않아서 너무 기쁘고 황홀했습니다. 그러나 그 다음이 문제입니다. 아침에 집으로 가려고 준비를 하는 데 계속 방언기도가 끊어지지 않고 나왔습니다. 차를 탈 때까지 계속 방언기도가 나왔는데, 차를 타고 휴우 이제 음성을 듣지 못했으니 목사가 되지 않아도 되겠다. 할렐루야! 하고 기분이 좋아서 그만 마음을 놓고 방언으로 몰입되어 기도하다가 성령의 깊은 임재(입신)에 들어가 비몽사몽간에 환상이 보이기 시작하더니, 그림이 많이 보이고 지나가고 했습니다. 마치 비행기를 탄 것 같이 하늘 위에서 땅을 바라보면 보이는 것 같이 여러 건물들과 산과 들과 바다를 지나 갔습니다. 그러다가 아무도 없는 건물에 들어가 강대상 앞에 서니 사람들이 금방 모여들었습니다. 꼭 2002년 월드컵을 응원할 때, 시청 앞에 사람들이 모이는 장면을 방송사에서 빨리 돌아가게 하는 것과 똑 같았습니다. 별별 사람들이 다 모여 있었습니다. 그리고 사람들이 다 차자 다른 교회 건물로 제가 들어갔습니다.

거기서도 사람들이 막 모여들면서 금방 가득하게 찼습니다. 이제 또 다른 간물인데 이번에는 아주 큰 건물이라 전체를 한 번에 보여주지 않았습니다. 한 군데 한 군데 나누어서 보여주시는데 마치 우리나라에서 가장 크다고 하는 ○○○기도원 성전과 같은 것을 보여 주시는데 사람들로 가득하게 찼습니다. 그리고 다시 걸어서 조그마한 산에 올라갔는데 올라가 보니, 세 사람이 십자가에 달려있었습니다. 그래서 제가 군복을 입고 지나가면서 어떤 분이 예수님 인가요 했습니다. 그러니까 가운데 십자가에 달려 피를 흘리고 계시는 분이 내가 예수다 하며 손을 내밀며 말씀하셨습니다. 그분이 저에게 손을 내미시는데 손에 종이를 말은 무엇을 나에게 주어 내가 막 받아드는데 옆 좌석에 계시던 분이 내릴 때가 되었다고 깨어서 준비하라고 깨워서 깨어났습니다.

지금도 생각하면 정말 신비스럽습니다. 어떻게 십자가에 달린 주님과 이야기하고 나니 차에서 내릴 시간이 되었는가 말입니다. 이것은 도저히 사람의 이론으로는 해석이 안 됩니다. 그래서 성경을 보니 예수님이 십자가에 달릴 때 양편에 강도가 있었으니 세 사람이 맞습니다. 그래도 저는 집에 돌아가 사모에게 귀신들이 나를 목사가 되게 하려고 헛것을 보여 주었다고 했습니다. 그러나 제가 기도를 하면 할수록 정확하다는 감동이 오고 또 본 것을 아무에게도 말하지 말고 입을 다물고 있으라고 감동을 주어 아무에게도 말을 하지 않고 있었습니다.

그러다가 2002년 8월경에 기도하니까 이제 말을 해도 된다는 감동이 와서 여기에 기록합니다. 그래서 제가 할 수 없이 목사가 된 것입니다. 보여주시면 하겠다고 하고 산에 기도하러 갔으니까, 약속을 지켜야 되니 나이 40대 초반에 신학을 시작했습니다. 그리고 오로지 예수님만 바라보고 지금까지 왔습니다. 이렇게 예수님이 인도하는 대로 따라 오다가 보니까, 성령의 불세례도 체험하고, 신유, 축사, 내적치유를 할 수 있는 능력도 주셨습니다. 그리고 하나님의 음성도 듣게 하시고, 예언도 하게 하셨습니다. 거기다가 중소도시에서 서울로 교회를 옮겨 오게 해주셨습니다.

그래서 책도 이렇게 기록하고 있는 것입니다. 우리 예수님은 참 좋으신 분입니다. 순종하고 따라오는 자를 버리지 않고 복을 허락하시는 분입니다. 그래서 저는 하나님의 말씀은 일점일획도 틀린 것이 없다고 믿습니다. "주 여호와께서는 자기의 비밀을 그 종 선지자들에게 보이지 아니하시고는 결코 행하심이 없으시리라"(암 3:7). 하나님은 저에게도 이렇게 알려주시고 목사를 하게 하셨습니다. 그래서 두말하지 않고 순종하고 따라오니, 예수님이 친히 목회하시면서 인도하고 계시는 것을 제 영안을 열어 친히 보게 하시면서 예수님에게 감탄을 올리게 하십니다. 우리 딸들이 이렇게 말합니다.

우리가 이렇게 서울에 올라와 사는 것은 하나님의 기적이다. 정말 기적 같은 일이 일어났습니다. 하나님은 이렇게 말씀하시고 이루어지는 것을 눈으로 보고 하나님에게 영광과 찬송과 경배를 올리게 하십니다. 하나님은 말씀대로 이루시는 하나님이라는 것을 믿읍시다. 그리고 저같이 날마다 체험하며 역시 하나님은 대단 하십니다. 하며 영광을 돌리시기를 바랍니다.

11장 예언 사역의 기본을 알고 사역하라.

(고전14:29-33)"예언하는 자는 둘이나 셋이나 말하고 다른 이들은 분별할 것이요. 만일 곁에 앉은 다른이에게 계시가 있거든 먼저 하던 자는 잠잠할찌니라. 너희는 다 모든 사람으로 배우게 하고 모든 사람으로 권면을 받게 하기 위하여 하나씩 하나씩 예언할 수 있느니라. 예언하는 자들의 영이 예언하는 자들에게 제재를 받나니 하나님은 어지러움의 하나님이 아니시요 오직 화평의 하나님이시니라."

하나님은 예수를 믿는 모두가 예언하며 선지자가 되기를 원하십니다. 성령이 역사하는 교회시대를 살아가는 성도들은 하나님과 개별적인 관계를 맺으면서 살아가야 하기 때문입니다. 하나님은 이렇게 말씀하십니다. "모세가 그에게 이르되 네가 나를 두고 시기하느냐 여호와께서 그의 영을 그의 모든 백성에게 주사 다 선지자가 되게 하시기를 원하노라"(민 11:29).

그리고 흠 없는 예언 사역자가 되어 바른 예언 사역을 하기를 원하십니다. 또 바른 예언의 음성을 듣고 순종하며 하나님의 뜻을 따르기를 원하십니다. 예언은 대언이라는 말로 많이 쓰입니다. 예언은 우리의 입을 성령에게 맡기고 성령이 말하게 하심에 따라 방언처럼 하나님이 주시는 말씀을 따라 하는 것입니다.

그래서 성경은 '너희가 예언을 하려고 하라'는 의지의 동사를 갖다 붙였습니다. 이것은 영어의 will과 같은 것입니다. 마치 샘물과 같이 생수의 근원이신 성령으로부터 올라오는 것입니다. 모든 은사가 그렇듯이 성령의 역사는 인격적인 역사이기 때문에 성령의 역사에 순종적으로 반응하는 사역자의 자아가 결부될 때 나타나는 현상입니다. 전인격이 성령의 지배를 받아야 합니다. 그래야 정확한 하나님의 계시를 받을 수가 있습니다.

그러므로 예언을 하는 사람들이 가장 일반적인 방법은 성령이 자신의 입을 열어 말씀을 주실 줄 믿고 그냥 따라하는 것입니다. 물론 지어내는 것이 아니고 성령의 감동과 이끌림을 따라야 한다는 일정한 룰이 있습니다. 이것에서 벗어나면 자의적인 소리가 되는 것입니다. 즉, 성령께서 지금 예언하기를 원하시는 가 이것을 깨닫는 일이 중요합니다.

그 외에 하나님이 주시는 환상, 감동, 영감, 음성을 성령께서 주시는 지혜를 따라 풀어나가며, 입을 맡기는 것이 두 번째 은사입니다. 그러므로 예언은 성령을 따라 하는 말, 우리가 흔히 대언이라고 부르는 이것은 우리의 입술을 성령이 사용하신다는 뜻입니다. 다른 하나는 영감입니다. 영감은 하나님으로부터 올라오는 하나님의 마음입니다. 실제적으로 하나님의 예언은 책망도 있는 반면 대부분이 권면과 위로의 내용이고 책망도 하나님께로 돌이키기 위한 것이지 정죄가 아님을 알아야 합니다.

예언의 성경 적인 의미는 하나님의 뜻에 대한 전달이기 때문에 미래의 돈 버는 길, 복 얻는 길을 아는 마술적인(주술의 한 부류 - 흑마술과 백마술이 있다)주술과는 전혀 다릅니다. 오컬트 현상과 성령의 역사의 차이는 오컬트가 지극히 개인적이고, 현세 기복적이라면 성령의 역사는 하나님 중심이고 사람을 높이는 것이 아니고, 하나님을 높이며 하나님의 뜻에 대한 성령의 계시입니다.

추가적으로 보충설명하면 예언이란 어느 한 인간에게 하나님이 원하시는 길을 성령으로 알려주는 것입니다. 그러므로 성령님과 인격적인 관계가 열려야 합니다. 예언은 그 사람에게 하나님이 부어준 기름부음을 알고 기름부음에 따라 준비하고 쓰임받게 하기 위하여 하나님의 영감을 말로 풀어 전하는 것이 예언입니다.

첫째, 예언에는 대언(울타리 역할)과 영감예언(가이드 역할)이 있다. 이 두 가지는 각각 장단점이 있기 때문에 서로 보완적이여야 합니다. 어느 한 가지가 약하면 예언이 균형을 이루지를 못합니다.

1) 대언(울타리 역할) : 구체적이지 못하고 개략적이지만 정확합니다. 성령께서 주시는 감동이기 때문입니다. 이는 하나님이 그 사람에게 부어주신 기름부음을 알려주는 것을 말하는 것입니다. 나무줄기만 알게 하는 것입니다. 예를 들어 설명하면 "그가 어떤 사람은 사도로, 어떤 사람은 선지자로, 어떤 사람은

복음 전하는 자로, 어떤 사람은 목사와 교사로 삼으셨으니"(엡 4:11). 이는 그 사람에게 하나님이 기름부은 것을 그대로 말로 표현하는 것입니다. 사도이냐, 선지자이냐, 복음전하는 자냐, 목사냐, 교사냐를 아는 것입니다.

2) 영감예언(가이드 역할) : 지혜의 말씀을 구하여 전하는 것이므로 구체적이지만 부정확하고 오류가능성이 큽니다. 성령이 알려주는 감동을 지혜의 말씀으로 풀어서 전하는 것이므로 그 사역자의 영성에 따라 다르게 표현될 수가 있다는 뜻입니다. 그러므로 사역자는 사심을 버리고 자신의 심령을 성령에게 맡기고 깨끗하게 해야 합니다.

영감 예언은 생각, 그림, 느낌, 감정 등이 자신에게 흘러 들어옵니다. 이것을 그대로 표현해 줍니다. 사역자가 성령께 사로 잡혀가는 단계가 있는데 영감은 어느 정도 잡혀 들어가야 옵니다. 영감 예언은 나뭇 가지와 잎사귀를 알게 하는 것입니다. 그러므로 대언보다는 세부적입니다. 그러나 성령의 생각, 그림, 느낌, 감정 등에 대한 바른 해석과 설명이 필요합니다. 이를 위하여 부단한 훈련과 임상의 경험이 필요합니다.

둘째, 마음 상태를 가이드로 삼는다. 이는 감정, 생각, 그림(영상), 상대편에 대한 정보, 상대편의 기름부음 등의 영감을 해석하여 말해주는 것입니다. 잘 모르겠으면 파고들어 성령께 물어 보아야 합니다. 파고든다는 것은 성령의 임재 가운데 자꾸 물어보는 것을 말합니다. 그래서 성령의 감동이 오는 것을 지혜의 말씀으로 풀어 말해주는 것입니다. 이를 위하여 사역자와 피사역자는 서로 마음이 열린 상태가 되어야 합니다. 그래서 상대편의 마음의 상태가 잘 읽어지고, 마음의 상태를 풀어서 전할 수가 있는 것입니다.

셋째, 성경에 더 접근 적인 예언

1) 상대편의 마음의 상태가 느껴질 때.

예를 든다면 "저에게 지금 형제에 대한 우울함이 느껴집니다." 두려움이 느껴집니다.

"저에게 지금 집사님의 마음에 있는 울분이 느껴집니다." "서러움이 느껴집니다." "우울함이 느껴집니다." "저에게 지금 성도님의 심령에서 평안이 느껴집니다." "기쁨이 느껴집니다."

2) 성령의 기름부음이 느껴질 때(상대편의 영적 흐름이 자신에게 감지될 때)

예를 들어 "성령의 불이 임했음." "손에 능력이 임했음." "입술에 예언의 능력이 임했음." "입술에 지식의 말씀이 임했음." "지혜의 말씀이 임했음." "심령을 읽는 능력이 임했음." "능력 행함의 은사가 임했음." "믿음의 은사가 임했음." "신유의 은사가 임했음."

이렇게 상대편의 상태가 자신의 마음에 감동으로 느껴질 때는 대언해도 무방합니다. 그러나 성령의 감동의 이끌림을 안 받으면 계속 대언이 반복적이 되고 구체적이 안 될 수 있습니다.

넷째, 예언 사역의 원칙. 그 말씀 그대로 전하려고 노력하시기를 바랍니다. 절대로 내 생각을 붙이지 말아야 합니다. 예를 들면 그림이나 환상을 보여줄 경우는 그 그림을 해석하지 말고 그대로 말로 표현하여 주세요. 절대로 다른 자기의 생각을 주입하지 말고 순수하게 감동으로 떠오르는 말을 해야 합니다. 지금 저에게 하나님이 이 그림을 보여주십니다. 가방, 책, 산 위에 서있는 것 등등.

하나님이 이런 환상을 보여 주십니다. 광야에 혼자 서있는 환상. 바다에서 항구로 들어오는 환상. 사람들이 많이 모인 곳에서 설교하는 환상. 환자를 안수하는 환상 등등. 그리고 성령이 주시는 지혜의 말씀으로 해석하세요. 이것은 이런 것으로 생각이 됩니다.

다섯째, 예언시 주의사항
1) 어떤 사람에 대해 예언하려는데 입이 안 떨어지면 두려움이 오는데, 그 두려움을 깊은 호흡 기도를 통하여 물리쳐야 합니다. 이는 아직 담대함이 없기 때문에 생기는 현상이고 마귀가 방해하는 현상이니 두려워말고 쉬운 말로 시작하세요. 자꾸 말을 하려고 해야 이 단계를 넘어설 수 있습니다. 그렇다고 말을

지어내지 말아야 합니다. 왜냐하면 하나님은 사람의 인격을 소중히 여기시기 때문입니다.

사람이 마음을 열고 안 열고의 문제입니다. 피사역자에 대해 예언이 잘 안 나오거나, 안 받아들여지는 사람이 있다면 마음을 닫은 경우입니다. 피 사역자가 예언의 역사를 가로막는 경우입니다. 이때는 피 사역자의 마음을 열게 해야 합니다. 자연스럽게 대화를 시작하다가 예언을 시작하는 것도 한 방법이 됩니다. 절대로 안 된다고 포기하지 말고 피 사역자의 마음을 열게 하는 자기만의 방법을 개발해야합니다.

2) 만약에 피 사역자가 마음의 문을 열지 않는 사람은 이런 경우입니다.

① 예언에 상처를 가진 자입니다. 과거에 영적 폭행을 당했으므로 나타나는 감정의 표현입니다.

② 영적 control 하려할 때인데, 이는 예언사역자가 자기 생각이나 영으로 누르려고 압력을 가할 때 생길 수 있습니다. 성령님에게 물어보는 습관을 들이시기를 바랍니다.

③ 예언에 대한 오해가 있을 때도 마음을 열지 않을 수 있습니다. 예언은 성령하나님으로부터 오는 영적인 것인데, 예언사역자가 육이나 혼으로 해석하여 전했기 때문에 예언이 맞지 않는다는 자기만의 기준으로 생각할 때, 피 사역자가 마음의 문을 열지 않을 수 있습니다. 그래서 예언사역자는 육에 속한 기

복적인 예언이 되지 않도록 훈련해야 합니다.

3) 예언의 때가 있는데, 그 때에 맞춰 예언을 해야 합니다. 예언의 때란 성령께서 예언의 영으로 역사하실 때를 말하는 것입니다. 예언의 때를 맞추지 않으면 자의적인 소리가 나올 수 있습니다.

① 예언하고 싶을 때(예언의 영이 올 때).

② 권면하고 싶을 때(권면의 감동이 올 때).

그러나 때가 아니라도 예언을 해야 할 경우에는 임재를 초청해가면서 합니다. 모든 은사는 지속적으로 사용할 때 영적 기름부음이 더해집니다. 그러므로 예언 사역 초기에는 예언을 많이 할 수 있는 실습 대상을 많이 만들어서 사역을 하시기를 바랍니다. 그러면 담대해져서 예언의 은사가 깊게 발전하고 예언의 감동이 수시로 오게 됩니다. 좌우지간 많이 해보아야 합니다.

많은 사람을 대상으로 예언을 해보려고 하시기를 바랍니다. 실습대상을 많이 만들어서 예언을 하십시오. 그래서 우리 충만한 교회에서는 예언사역 집중훈련을 하는 것입니다. 서로 입장이 같은 사람들끼리, 서로 교대하면서 계속 훈련하는 것입니다. 담대함을 기르는 것입니다.

4) 예언자 스스로가 예언에 대한 혼동이 올 때는 신중하고 담대하게 하십시오. 예언 사역자는 같은 사람에 대한 예언을 반복

해보세요. 같은 기름부음이 계속되면 그 예언은 틀림이 없는 것입니다. 그리고 예언을 받았는데 상황에 이해되지 않는 말씀을 주실 때는 잠시 기다리세요. 어느 정도 시간이 지나면 그 예언의 내용이 이해가 될 것입니다. 그러면 믿고 기다리세요. 예언은 퍼즐입니다. 완성될 때까지 기다리면 이해가 됩니다.

그리고 예언이 자꾸 틀리는 경우는 방법이 없고 회개하는 수밖에 없습니다. 아울러 성령의 임재를 유지하고 영감을 위한 깊은 영의 기도를 병행해야 합니다. 또 성령으로 심령을 치유해야 합니다. 그리고 예언을 위한 기도를 많이 해야 합니다. 우리나라 사역자들은 신유를 위해서는 기도하면서 예언을 위해서는 기도를 안 하거나 적게 하는 경향이 있습니다.

자신의 지식으로 예언을 하는 사람은 기도를 하지 않습니다. 기도를 오래하는 것이 곧 능력입니다. (신유은사 = 신유의 기도이다.) 은사는 내재적인 것이 아니라, 성령에 의하여 통로가 열리는 것입니다. 예언의 영이 성령을 통하여 나타나게 하기 위해 예언을 사모하고 깊은 영의기도를 해야 합니다.

5) 피 사역자에 대해 갖고 있는 사전정보를 철저히 배제해야 합니다. 이상하게 친한 사이일 수 록 예언하기가 힘이 드는데 그 이유는 예언할 때 그 사람에 대한 사전지식이 생각 속으로 자꾸 올라오기 때문입니다. 그러므로 예언할 때에는 마음속으로 "나는 이 사람에 대해 아무 것도 모른다."는 마음을 가져야 합

니다. 예언의 주체는 "하나님"이시기 때문입니다.

6) 선입관을 버려야 합니다. 예를 들면 어떤 사람의 선한 외모를 보고 "저 사람은 착할 것이다." 라고 생각을 품고 예언을 하면 그 영향이 나올 수밖에 없다는 것입니다. 그러므로 사전에 선입관을 버려야 합니다. 자기의 아는 지식을 성령께 맡기고 순수하게 성령의 인도에 따라 예언을 하시기를 바랍니다.

7) 받은 예언에 대해 급한 마음을 갖지 말아야 합니다. 하나님의 시간표가 있습니다. 믿고 이루어 가려고 성령의 인도에 순종하며 노력하면 이룹니다. 우리가 아브람을 생각하면 쉽습니다. 아브람은 하나님의 예언이 이루어지는데 25년이 걸렸습니다. 모세는 40년이 걸렸습니다. 하나님은 개인에게 알려준 예언을 이루려는 것보다 신앙의 성숙을 측정하십니다.

하나님은 "내 앞에서 온 전하라"하십니다. 온 전하라는 것은 세상 것이 하나도 섞지 말라는 뜻입니다. 즉, 하나님의 뜻이면 목숨까지 내놓을 수 있어야 한다는 것입니다. 예수님의 순종을 생각하면 쉬울 것입니다. 하나님의 계시를 들었으면 환경으로 나타나는 증표, 보증의 역사를 기다리는 습관을 들여야 합니다. 예를 든다면 아브라함이 성급하여 이스마엘을 낳아 인류가 고통을 받고 있습니다. 성령의 인도를 따라야 합니다.

여섯째, 예언의 순서

1) 대언을 시작합니다. 의지적으로 입을 열어 말을 합니다. 보이거나 감동으로 입을 엽니다.

2) 쉬운 언어로 말을 하기 시작합니다.

3) 성령께서 말을 계속 연이어 가실 줄 믿고 방언 하듯이 말을 이어갑니다.

4) 성령의 임재의 느낌과 감정을 놓치지 않고 편안하게 말을 유지해 갑니다.

5) 심령 상태가 떠오르기 시작하면 그것을 표현합니다.

6) 떠오른 심령 상태를 표현할 때 영적 기름부름도 확인합니다.

7) 어떤 기름부음이 느껴지면 그것에 대한 대언을 다시 시작합니다. 예언을 하다 보면 영감의 중요성을 스스로 인식하게 됩니다. 영감은 성령으로 충만할 때 영감이 깊어집니다.

일곱째, 영감을 증폭시키는 훈련

1) 성령의 음성을 글로 적는 훈련을 계속적으로 하십시오.

2) 말씀의 묵상 아주 좋은 훈련입니다. 하나님은 반석이십니다. 산성이십니다.

3) 성령의 임재를 자주 초청하세요. 마음의 기도(호흡에 맞추어서)를 통하여…

4) 깊은 기도는 항상 습관이 되게 해야 합니다.

5) 마음으로 찬양을 합니다. 자신 있고 잘 부르는 영의 찬양

을 일절만 계속하여 불러보세요.

여덟째, 공동체(교회, 가정, 사업장)를 향한 예언

1) 공동체를 하나의 이미지로 그리세요. 가정, 교회, 사업장을 하나의 이미지로 해서 예언을 하라는 것입니다.

2) 개인예언과 동일하게 예언하세요. 공동체가 개인인 것처럼 예언하라는 것입니다.

예언 사역자는 그 시대에 중요한 사명을 가진 자임을 명심해야 합니다. 예언 사역자가 영으로 기도를 적게 하고, 성령으로 충만하지 못하고, 영감이 부족하고 지식이 낮음으로 해서 인류에게 방향 제시를 잘못하게 될 때, 그 시대는 죄악으로 치달을 수밖에 없고 결과적으로 하나님의 노여움을 피할 수 없는 최후의 날을 맞게 됩니다. 그러므로 예언 사역을 하는 자는 자기 목숨을 다해 표류하는 인류의 심령을 견인해야 할, 중대한 사명을 가진 자임을 인식해야 합니다. 책임감을 가져야 합니다.

예언자는 예언의 은사를 개발할 때 마땅히 밑바닥부터 시작해야 합니다. 음악가로서 첫발을 디디는 사람더러 무작정 예술의 전당에서 공연하라고 말하는 사람은 없을 것입니다. 예언사역 역시, 처음부터 사람들 앞에 나가서 할 필요는 없습니다. 인내와 끈기를 발휘해 하나씩 차근차근 배우고, 훈련해야, 확고히 자기 자리에 설 수 있습니다. 예언의 은사를 개발하기 위해서는 많이 해보는 수밖에 없습니다. 우리가 알아야할 것은 전능하신 하나님은 원칙에 따라 차근차근 우리를 만들어 가시는 분임을 기억해야 합니다. 우리가 작은 일에 충성하면, 그분은 우리의 눈을 넓히시고 재능과 은사를 더해 주실 것입니다. 지도자나 양에게 모두 해당하는 진리입니다.

성경인물들 역시 마찬가지였습니다. 모세와 다윗과 요셉같이 위대한 믿음의 영웅들도 몇 년 동안은 보이지 않는 곳에 숨어서 훈련을 받았습니다. 모세는 40년 동안 깨지고 훈련받고 나서야 기적을 행할 수 있었습니다. 밑바닥부터 시작한 것입니다. 하나님의 능력을 드러내기 전에, 오랜 훈련의 과정을 통과했습니다.

시편 기자인 다윗 역시 수십 년 동안 그늘에서 자신의 은사를 갈고닦은 후에야, 이스라엘 왕좌에 올랐습니다. 어린 시절부터 재능과 기름부음을 받은 그였지만, 오랜 세월 동안 다듬어진 후에야 그 소명이 실현되었습니다. 하나님의 훈련에 성실하게 순종했기에 다윗은 오늘날까지도 유명한 전사요, 왕으로 남았습니다.

요셉의 삶과 사역 또한 밑바닥부터 시작하라는 불변의 진리를 보여 줍니다. 청년 요셉은 자신의 예언 때문에 형들의 질투를 사서, 우물에 던져져 노예로 팔렸습니다. 이후 이집트에서 감옥에 갇힌 동안에도 예언의 은사를 계속 개발했습니다. 십여 년이 넘도록 은둔자로 동료 노예들과 죄수들에게 성실히 자신의 은사를 사용하며 하나님을 섬겼습니다(창 37,39-41장).

훈련의 과정을 통해 꿈의 청년이 그의 은사가 성숙하게 무르익자, 하나님은 그를 이집트에서 가장 주목받는 자리로 옮겨주셨습니다. 왕은 요셉의 재능에 크게 탄복하여, 그를 온 땅을 다스리는 자리에 세웠습니다. 모세나 다윗과 마찬가지로 요셉의 사역 역시 기꺼이 작은 일에 순종하려는 모습 덕분에 크게 번창했습니다. 모두 밑바닥부터 시작한 것입니다.

모세와 다윗과 요셉은 현대 그리스도인과 달리 성급하지 않았습니다. 모든 것이 즉각 이뤄지는 시대에서, 우리는 친밀함보다는 성급함이라는 기독교 문화를 발전시켰습니다. 빨리해야 된다는 생각에 사로잡힌 참을성 없는 어린아이처럼, 지금 당장 뭐든지 다 이루어지기를 소망합니다.

분주한 가운데 정신없이 뛰어다니느라고 전도서 3장 1절에 나오는 지혜자의 말을 제대로 이해하지 못한 것 같습니다. "범사에 기한이 있고 천하만사가 다 때가 있나니." 너무 바쁜 나머지 철 따라 나무가 자라고 열매가 달리며, 시간의 흐름에 따라 아기가 자라난다는 사실을 잊어버린 것입니다.

충만한 교회에서는 매주 목요일 밤 19:30- 성령 , 은사, 내적 치유집회를 정기적으로 진행하고 있습니다. 성령체험을 원하시는 많은 분들이 찾아오셔서 성령세례를 받고, 성령은사를 받으며, 질병과 마음의 상처를 치유 받고, 귀신들을 떠나보내고 있습니다. 성령으로 기도하며 성령의 강력한 역사가 일어나서 오시는 분들이 많은 은혜를 받고 있습니다.

12장 예언 선지자에게 부과된 책임

(마 10:19-20)"너희를 넘겨줄 때에 어떻게 또는 무엇을 말할까 염려치 말라 그 때에 무슨 말할 것을 주시리니 말하는 이는 너희가 아니라 너희 속에서 말씀하시는 자 곧 너희 아버지의 성령이시니라."

예수님께서는 예수님의 의중을 가감 없이 전달하고 수행할 일꾼을 찾으십니다. 예수님의 일꾼으로 쓰임을 받으려면 첫째, 예수님의 심정을 가져야 합니다. 예수님의 가슴은 영혼을 사랑하는 마음으로 가득 채워 있습니다. 특별한 것 때문에 사랑하는 것이 아닙니다. 그럼에도 불구하고 사랑하는 것입니다. 조건적 사랑이 아니라 무조건적으로 우리를 사랑하신 것입니다. 우리가 죄인 되었을 때 십자가에서 못박혀 죽으신 것입니다. 이런 주님의 사랑이 우리 속에 충만해야 주님의 사명을 온전히 감당할 수 있습니다. 예수의 심정은 영혼을 사랑하는 마음입니다.

둘째, 예수의 이름의 권세를 믿어야 합니다. 우리는 예수의 이름을 가진 자입니다. 베드로가 성전미문에 앉아있는 장애인을 향해 선포했습니다. 금과 은은 내게 없지만 나에게 있는 것을 내게 주노니 곧 나사렛 예수의 이름으로 일어나 걸으라고 선포했습니다. 그런데 그렇게 예수의 이름으로 선포할 때 그대로 이루어졌다는 것입니다. 그러므로 우리는 예수의 이름을 가진 자입니다. 내가 능력이 있는 것이 아닙니다. 예수의 이름에 능력이 있습니다. 예수의 이름으로 선포하세요. 그 이름의 권세가 여러분의 입술을 통해서 나타날 줄로 믿습니다.

셋째, 예수 그리스도의 복음(예언)을 담대하게 선포해야 합니다. "내가 복음을 부끄러워하지 아니하노니 이 복음은 모든 믿는 자에게 구원을 주시는 하나님의 능력이 됨이라 먼저는 유대인에게요 그리고 헬라인에게 로다"(롬 1:16). 복음은 어떤 사람들에게는 부끄러운 것이요, 미련한 것입니다. 그러나 이 복음을 믿는 자에게는 구원을 주시는 하나님의 능력인 것입니다. 복음(예언)이 영혼을 살리는 것입니다. 그러므로 우리가 담대하게 복음(예언)을 선포해야 합니다.

복음의 내용은 예수님이 그리스도라는 것입니다. 예수님은 이 땅에 오셔서 우리의 모든 죄를 대신 짊어지시고 십자가에 돌아가심으로 우리의 죄 값을 지불하셨습니다. 그러므로 이제 누구든지 예수 그리스도를 믿으면 죄에서 해방되고 영생을 얻는다는 것입니다. 다른 이름으로는 구원을 얻을 수 없습니다. "예수님은 나의 그리스도요, 당신의 그리스도입니다. 예수 그리스도를 믿으면 영생을 얻습니다." 내 생각으로 전하는 것이 아닙니다. 그저 미련한 것 같지만 담대하게 이 생명의 복음(예언)을 증거할 때 듣는 자속에 성령이 역사하시면 믿음이 생기고 믿음이 생기면 예수를 믿게 되는 것입니다.

첫째, 예언의 지침. 우리는 '예언하는 것'으로 자신을 높이거나, '예언자'로서 자신의 명성을 쌓는 것이 아닙니다. 우리의 좋은 주인이신 예수님의 교회를 섬기는 격려자로, 무너지고 부서진 곳을 세우는 자입니다. 그리고 그분께서 '때를 따라 주신 말씀'이 '적절하게 선포되어' 덕을 세우는 자로 도움이 될 수 있게 하기 위하여, 그분께서 어떻게 우리를 사용하는 것입니다. 그러므로 예언 선지자는 하나님의 도구가 되어 하나님의 나라 확장에 사용되어 지는 것입니다. 예언의 은사(고전 12:10, 14:1)는 하나님께서 그리스도의 몸인, 각 성도들에게 하나님의 직접적인 메시지를, 성경말씀을 기초로 하여, 감동 즉(레마의 말씀으로)받아 전달해주도록, 하나님의 기름 부음 받은 말을 통해서, 모인 사람들과 소그룹, 또는 개인에게 메시지를 전달하는 특별한 능력을 말합니다.

"예언은 하나님의 생각과 명철에 관해서 선포하는 것입니다. 성경에 나타난 선지자들을 세우신 목적은 하나님의 계획과 뜻을 알려주기 위함입니다(민12:6)" 예언 사역자가 영감이 부족하고 지식이 낮음으로 해서 인류에게 방향 제시를 잘못하게 될 때, 그 시대는 죄악으로 치달을 수밖에 없고 결과적으로 하나님의 노여움을 피할 수 없는 최후의 날을 맞게 됩니다. 그러므로 예언 사역을 하는 자는 자기 목숨을 다해 표류하는 인류의 심령을 견인해야 할 중대한 사명을 가진 자임을 인식해야 합니다.

둘째, 예언 사역자에게 부과된 임무와 책임

1) 예언 사역자는 하나님의 음성을 전달하는 자입니다. 예언은 세상에 속한 말을 내는 것이 아니요, 또한 세상에서 나는 소리로 하는 것 아니요, 오직 하나님의 입으로 하신 말씀을 대언하는 자이기에 그 시간은 하나님의 일을 하는 것이기에 하나님께서 지켜보시는 중에, 영광스럽게 전해야 할 성스러운 업무입니다. 예언은 자기만이 알고 있는 지식을 과시하는 것이 아니요, 자기가 하나님께 받은 믿음을 말하는 것입니다. 예언 사역자는 하나님께 향한 절대적인 신앙이 있어야합니다. 예언 사역자는 하나님의 음성을 위하여 책임을 지고 목숨까지라도 희생할 준비가 되어 있어야 합니다(마10:19~20).

예언 사역은 하나님의 말씀만을 운반합니다. 예언자는 하나님의 말씀을 대언하는 특수한 신분과 사명을 가지고 있습니다(갈1:7~8). 보라! 내가 내말을 네 입에 두었노라!(예레미야 1:9). 예언은 하나님이 시작하셨고, 또한 하나님으로 말미암아 선포되는 하나님의 뜻입니다. 예언은 하나님께서 세상에 알리고자 하시는 하나님의 뜻과 일을 선포하는 성스러운 업무가 바로 예언입니다. 예언 사역 자체가 하나님의 말씀으로 하는 일을 하며 하나님의 말씀을 나타내는 일입니다. 인간의 입술을 이용했다 해서 인간의 말을 전하거나 인간의 지혜를 선포함이 아닙니다. 오직 하나님의 말씀만을 전해져야 하는 것이 예언입니다.

2) 예언 사역자의 사명은 영적 파수꾼입니다."예언 사역자는 하나님의 사정을 알고 하나님의 뜻을 아는 일에 늘 깨어 있어야 할 파수꾼의 사명입니다." 그러기에 오직 영으로 하고 더욱더 믿음으로만 해야 하는 일입니다. 예언은 하나님께서 세상을 구원하는 그물입니다. 큰 그물을 넓게 펴서 깊은 물에 던져야 합니다. 깊은 물속에서 주님의 음성을 듣지 못하는 많은 영혼에게 예언하여 하나님의 말씀을 전해주어야 합니다. 예언만큼은 하늘에 계신 하나님의 뜻을 빠뜨림 없이 세상에 전달해야 하고, 하나님의 속성과 성품을 온전히 소개해야 할 직분입니다. 세상은 하나님에 대한 오해로 가득 차 있습니다. 이러한 세상에 하나님의 음성을 전달하는 일에 최종적인 책임을 지고 나아가며 영적 전쟁에 군사로 모집된 자가 예언 사역자입니다. 사명감을 인식해야 합니다.

3) 예언 사역자는 중보 기도자입니다. 청중은 무엇인가를 받으려고 준비하고 있습니다. 하나님께서 자기에게 내려 주시는 메시지를 받으려고 왔습니다. 예언이 하나님의 음성을 전달하는 것이라면 영원히 가질 말씀을 받게 해야 할 것입니다. 만약에 이 세상에 선지자가 사라진다면 세상은 암흑시대로 변할 것입니다. 이스라엘에 선지자가 끊어 졌을 때를 암흑시대라고 했습니다. 예언적 중보란? 하나님으로부터 즉각적인 기도 요청을 받고 신령하게 기름 부음 받은 말을 통해 하나님에게 기도하는

능력입니다. "또 아셀 지파 바누엘의 딸 안나라 하는 선지자가 있어 나이가 매우 많았더라. 그가 결혼한 후 일곱 해 동안 남편과 함께 살다가 과부가 되고 팔십사 세가 되었더라. 이 사람이 성전을 떠나지 아니하고 주야로 금식하며 기도함으로 섬기더니 마침 이때에 나아와서 하나님께 감사하고 예루살렘의 속량을 바라는 모든 사람에게 그에 대하여 말하니라."(눅 2:36-38).

4) 예언 사역자는 하나님의 영으로 말하는 자입니다. 영이신 하나님의 말씀을 사람에게 전달하는데 중요한 과제로서 예언 사역의 위치에 있습니다. 그러므로 항상 성령으로 충만한 상태를 유지해야 합니다. 성령의 임재 가운데 하나님의 영으로 하신 말씀이 사람의 귀에 들려지고 또 눈으로 보여 지고 영으로 알게 하는 것이 예언 사역자의 책임입니다.

예언 사역자는 인격으로나 덕망으로나 일상생활에서도 책임 있는 인격 책임 있는 품위를 하나님의 말씀의 대언자로서 위치를 지켜야 합니다. 예언 사역자는 성령으로 하늘에 있는 것을 그대로 전달하고, 하나님의 뜻을 그대로 전파해야 합니다. 하나님의 원하는 일을 그대로 전파해야 되고, 하나님의 계획을 그대로 전파해야 됩니다. 하나님의 요구를 그대로 전달해야 되는 것입니다. 예언 사역자가 성령으로 참 예언을 하지 아니한다면 하나님의 진노를 피치 못할 줄을 알아야 합니다(겔 34:1~16).

하나님의 모든 말씀은 성령으로 말미암았고, 그 말씀이 성령으로 전파됩니다(행 1:1~2). 예언하기 위한 방법보다는 성령으로 감동되려고 하는 기도가 더욱 필요합니다. 예수님께서도 하나님의 아들이시며 그가 말씀이 신데도 자신이 전도하려고 하실 때는 열심히 기도하셨습니다(막 1:35~38). 기도 없이는 성령의 감동도 없으며 성령의 감동 없이는 하나님의 음성을 말할 수 없습니다. "하나님의 영으로 말하는 자는 누구든지 예수를 저주할 자라 하지 않고 또 성령으로 아니하고는 누구든지 예수를 주시라 할 수없느니라"(고전 12:3).

　예언하기 위한 방법보다는 성령으로 감동되려고 하는 기도가 더욱 필요합니다. 예언 사역자들은 성령으로 충만하고 심령을 치유하여 순수해야 합니다. 예수께서도 하나님의 아들이시며 그가 말씀이 신데도 자신이 전도하려고 하실 때는 열심히 기도하셨습니다(막1:35~38). 기도 없이는 성령의 감동도 없으며 성령의 감동 없이는 하나님의 음성을 말할 수 없습니다. "그러므로 내가 너희에게 알리노니 하나님의 영으로 말하는 자는 누구든지 예수를 저주할 자라 하지 아니하고 또 성령으로 아니하고는 누구든지 예수를 주시라 할 수 없느니라"(고전 12:3).

　5) 예언 사역자는 예수께서 말씀하심과 같이 예수의 기쁨을 주어야 합니다. 예언은 교회의 덕, 권면, 위로가 되어야 합니다(고전 14:3). "내가 이것을 너희에게 이름은 내 기쁨이 너희 안에 있어 너희 기쁨을 충만케 하려 함이라"(요 15:11). 두려움에

떨고 있는 자에게 방향 제시를 함으로 평안과 위로를 끼쳐야 할 의무를 지닌 자가 예언 사역자입니다. 하나님께서 우리에게 주시는 말씀은 하늘에서 온 평강의 말씀이요, 평안의 말씀입니다 (요 20:21~23). 예언 사역은 하나님의 사랑을 전해 주고자 하는 뜨거운 사랑에서 출발해야 합니다. "유모가 젖을 아이에게 먹이지 아니하면 젖이 아파서 못 견딥니다." 하나님의 입장에서 성도들을 보고 생각하라는 것입니다.

6) 예언 사역자는 하나님의 음성을 듣는 자로 하여금 믿게 하고 순종하게 해야 합니다. "하나님의 말씀은 곧 하나님이시오" (요 1:1). "그 말씀을 거역하는 자는 그 말씀이 심판 하신다."(요 12:48). 교회당 안에 들어와 있는 성도들은 하나님의 계시(음성)를 듣고 싶어 합니다. 그리고 들을 준비를 하고 있습니다. 그러기에 예언을 듣고 곧 행동으로 옮기도록 이끌어 주는 것이 예언의 책임입니다. "예언은 먼저 지식의 말씀으로 문제를 제시하고, 그 문제에 대하여 어떻게 순종 할 것인가를 지혜의 말씀을 사용함으로 방향 제시가 이루어져야 한다." 심부름을 간 자가 그 심부름의 내용을 잘 알지 못하면 그의 임무 수행에 있어 큰 차질을 빚게 될 것입니다. 아무리 훌륭한 낚시라도 고기를 끌어올리지 못하면 무슨 소용이 있습니까? 예언 사역자는 자기가 예언 사역을 할 때 신본주의적인 것이 되겠느냐 인본주의적이 되겠느냐 혹은 사람을 기쁘게 할 것이냐, 하나님을 기쁘시게 할 것

이냐를 분명히 작정해야 합니다.

7) 예언 사역자의 선포된 하나님의 말씀은 실행되어야 합니다. 예언의 말씀은 없는 것을 있는 것 같이 부르시고 죽은 자를 산 자같이 부르시는 하나님의 말씀입니다. "하나님의 나라는 말에 있지 아니하고, 오직 능력에 있음이라"(고전 4:20).

① 예언의 말씀은 없는 것을 있는 것 같이 부르시고 죽은 자를 산 자같이 부르시는 하나님의 생명의 말씀입니다. ② 하나님은 하늘과 땅에 충만하십니다(렘 23:24). ③ 하나님은 식언하지 않으시는 완벽하신 분입니다(민 23:19). ④ 하나님은 능치 못하심이 없는 초자연적인 분이십니다(눅1:37). ⑤ 하나님의 말씀을 말로 끝나는 것이 아니고 말씀대로 이루시는 하나님이십니다(고전 4:20). 거짓 선지자란 누구인가? 하나님의 말씀이 아닌 자기 말이나 세상의 영에 미혹된 말을 전함으로써 그 말에 책임을 지지 않는 자를 말합니다. "만일 어떤 선지자가 내가 전하라고 명령하지 아니한 말을 제 마음대로 내 이름으로 전하든지 다른 신들의 이름으로 말하면 그 선지자는 죽임을 당하리라 하셨느니라"(신 18:20).

8) 예언 사역자는 하나님의 생명의 음성을 전달하는 자입니다(요 6:68). "예언 사역은 자신의 말을 전하는 것이 아니라, 하나님의 말씀을 전하는 위치에 있음을 잊어서는 안 됩니다." 그

말씀은 하나라도 땅에 떨어져서는 안 되며, 하나님의 명하신 말씀은 반드시 창조의 역할을 해야 합니다. 하나님의 음성으로 병이 무너지고 그 자리가 새로운 생명의 옥토로 변합니다. 하나님의 음성으로 죄가 무너지고 그 자리에 하나님의 의가 새로이 건설됩니다. 하나님의 음성으로 더러운 습관이 파괴되고 그 자리에 성령의 열매가 풍성하게 맺어 익어 가게 됩니다.

하나님의 음성은 없던 것들이 새로이 건설되고 죽은 것들이 다시 살아 숨을 쉬게 됩니다. 하나님의 음성이 전달될 때 하나님께서 구원받아야 할 가장 불쌍한 영혼들을 구원시키고, 병든 자에게 하나님의 말씀을 보내어 병든 자를 고치고, 낙심하고 좌절하는 자를 하나님의 말씀으로 그 위경에서 건지고, 멸망의 길로 가고 있으나 살기를 원하는 자들에게 하나님의 음성을 전하여 그 음성으로 살 수 있게 하는 사역이 예언입니다. 예언의 근원이 하나님의 말씀으로 온 것이기에 예언에는 네 가지가 반드시 함께 합니다. "하나님의 말씀은 은혜가 함께한다." "하나님의 말씀은 진리가 함께한다." "하나님의 말씀은 생명이 함께한다." "하나님의 말씀은 반드시 예수의 영광이 드러나야 한다."

9) 예언 사역자는 자기가 사용하고 있는 믿음의 언어들이 어디에 사용되고 있는지 분명하게 파악을 해야 합니다. 하나님의 영광을 드러내는 곳에만 사용하라는 말입니다. 목수가 못을 박으려 할 때에 어떠한 못을 어디에 박아야 한다는 것을 분명히

파악하고 있습니다. 폭약을 다루는 자가 정당한 자격을 가지고 폭약을 사용할 때 단단한 암석을 깨고 그 안에 숨긴 금과 은을 캐는 횡재를 하게 됩니다 그러나 자칫 잘못 다루면 생명의 위험과 파괴만 있을 뿐입니다. "예언 사역자는 하나님의 음성을 대언 하는 데만 사용하라, 죄인들을 변화시키는데 사용하라 병을 고치기 위해 사용하라, 세상의 꿈을 버리게 하고 하나님의 꿈을 갖게 하라, 죽은 것을 살리라, 영감을 받게 하라, 능력을 얻게 하라, 하나님 앞에 복종하게 하라,"

10) 예언 사역자는 말에 대한 진실성, 말에 대한 책임, 말에 대한 실력이 있어야 합니다. 예언은 하나님의 뜻을 전달하는 책임을 가지고 있고, 예언은 하나님의 능력을 전달하는 책임을 가지고 있습니다. 예언 사역자는 혀(말)를 아껴야 합니다. 하나님의 음성을 전달하기 때문에 혀가 항상 기름 부음을 받도록 준비시켜야 합니다. 혀가 성령으로 사로잡혀있어야 합니다. 혀가 하나님의 사랑을 받고 하나님의 축복을 받도록 하지 않으면 사망의 쓴 뿌리가 됩니다. "하나님의 말씀을 네 창자에 채우라 그것이 내 입에서 달기가 꿀 같더라"(겔3:1-3). 예언 사역자가 하나님의 말씀을 그 속에 채우지 아니하면 입술에서 나오는 말씀이 꿀 송이처럼 되지 않는 것입니다. 벌들이 꽃으로부터 진액을 소화시켜 꿀통에 채워 두었다가 그것을 다시 내올 때는 단 꿀이 되는 것입니다. 말씀을 많이 묵상하여 말씀을 마음 안에 채워두라는 것입니다.

11) 예언 사역자는 예언하기 전에 하나님 앞에 자신의 경건한 태도가 더욱 중요합니다. 항상 성령으로 기도하여 심령을 정결하게 해야 합니다. 예언자 자신이 하나님의 말씀에 태도가 경건치 못하면 그로 인한 책임을 자신이 져야 합니다(히 6:5-6). "예언 사역자는 하나님의 말씀 앞에 경건하라." "떨리는 마음으로 하나님의 음성을 받으라." "하나님의 음성을 먼저 믿으라." "자신이 먼저 하나님의 음성을 순종하라." "하나님의 음성이 자신의 생명 인줄 알라." "하나님의 음성으로 살아라."

12) 예언 사역은 교회와 하나님의 뜻대로 사용되어야 합니다. 절대 하나님의 입에서 나오는 예언의 음성은 하나님을 영화롭게 해야 하고 하나님의 나라확장에 사용되어야 합니다. 개인의 육적인 만족이나 개인의 호기심을 만족하는 곳에 사용하면 안 됩니다. 예언 사역자의 책임은 막중합니다. 예언 한다고 자신을 과시하는 것이 아니고 겸손하게 낮아져서 하나님의 영광을 드러내는 사역자가 되어야 합니다. 예언은 하나님의 나라확장과 개인이 하나님의 뜻을 알고, 하나님에게 순종하며, 하나님의 영광을 드러내는 일에 사용해야 합니다. 우리 모두 예언 사역자의 책임을 확실하게 숙지하고, 예언 사역자로서의 책임을 완수하는 모두가 되시기를 바랍니다.

셋째, 성경의 예언의 개념을 정확하게 알라. 예언이란 '장래 일을 말하는 것' 혹은 '길흉을 점치는 것'이 절대로 아닙니다. 그러 므로 성경에서 말하는 '예언'이 무엇인가에 대해 우리 말 '예언'이 란 단어로 설명하면 절대로 이해할 수 없습니다. 혹 올바른 설명 을 했고, 이해를 했다 할지라도 조금 시간이 지나면 다시 우리말 '예언'의 의미로 되돌아가 버립니다. 그러므로 예언사역을 하는 교회의 지도자는 성경적인 예언의 의미가 무엇인가를 귀가 따갑 도록 말해줘야 하고, 그것도 수시로 언급해서 예언사역자와 예언 사역을 받는 대상자 모두의 주의를 환기시켜 주어야 합니다.

문제는 성령께서는 우리가 사용하는 의미의 '예언'의 은사를 주시는 것이 아니라, 성경에 사용된 '네부아'의 의미를 가진 예 언의 은사를 준다는 것입니다. 성경의 '예언'은 히브리어로는 '네부아'이고, 헬라어로는 '프로페테이아'라고 하는 것이 정확합 니다. '네부아'는 '하나님으로부터 어떤 말씀을 듣거나 이상을 통해 본 사실을 말해주는 것'을 의미하는 단어입니다. 그래서 이 '네부아'의 의미를 해석할 때 우리말 '예언'이라는 단어보다 '대변인'이라는 단어를 사용하는데, 이것이 바른 표현입니다.

그러므로 우리 역시 성경에 사용된 네부아의 의미로 예언 사 역에 대해 논하고, 성경적 예언사역을 하도록 권장하고 지도하 는 것이 올바르지 않겠습니까?

그런데 하나님의 뜻을 물으러 오는 사람들에게 성령의 감동 으로 주어진 하나님이 말씀을 대변하는 예언사역을 자꾸 장래 사를 말하는 것이나 길흉을 점쳐주는 점쟁이나 무당의 행위로

비하하는데 그것은 오해에 기인한 망령된 짓입니다. 예언사역은 사람들로 하나님의 행사와 관심에 눈뜨게 만들고, 자기중심의 신앙생활을 하는 자들로 하나님의 일에 뛰어들게 하는 거룩한 사역입니다. 예언 사역은 반드시 계시로 들은 말씀이나 본 환상에 기초한 것만은 아닙니다. 때로는 신유나 축사, 혹은 능력 행함을 통해서 사역하기도 합니다. 이를 통해 여호와만이 하나님이란 사실을 보여줌으로써 다른 신을 섬기는 사람이나 세상적인 그리스도인을 하나님께 돌아오도록 합니다.

절대로 예언 사역을 '무당이나 점쟁이처럼 장래사나 길흉을 점친다는 것'으로 몰아붙이는 것은 억지입니다. 장래사나 길흉을 말하는 내용이 언급될 수 있지만, 그것들은 하나의 징조일 뿐입니다. 다시 말씀드리지만 예언 사역은 때때로 개인의 관심사나 궁금증을 풀어주기도 하지만 그것이 본질은 아닙니다. 예언 사역은 하나님의 관심사를 대변해주는 것이고, 그로 그 하나님의 일과 경영에 참여토록 하는 것입니다.

예언 사역자들에게 말씀드립니다. 예언 사역은 성령에 의존하지 않고는 잠시도 할 수 없는 사역입니다. 만일 계시를 통해 사역 대상자에 대한 지식의 말씀이 주어지지 않는다면 사역 자체를 할 수 없습니다. 따라서 사역자들은 항상 두렵고 떨림으로 하나님을 의지할 수밖에 없고, 늘 하나님의 마음이 무엇이며 하나님의 시각이 무엇인가에 집중해야 합니다. 순수한 하나님의 말씀(계시)만을 운반하는 예언사역자가 되어야 합니다.

13장 예언하는 자의 영을 분별하는 비결

(살전 5:20-21)"예언을 멸시치 말고 범사에 헤아려 좋은
것을 취하고"

하나님은 성도들에게 점치게 하는 영의 미혹에 속지 않기를
소원하십니다. 교회 안에도 점치게 하는 영의 역사가 있기 때문
입니다. 무당에게 가서 점치는 것만을 말하는 것이 아닙니다. 교
회 안에 예언하여 주는 무당이 있다는 것입니다. 예수 무당이라
고 하기도 합니다. 성도에게 점치는 영이 역사하면 예언을 듣는
것을 즐겨합니다. 또 예언의 은사가 있다고 자랑하면서 다른 성
도들에게 접근하여 예언하려고 합니다. 우리가 분명하게 알아야
할 것은 하나님은 내일 일을 염려하지 말라고 말씀했습니다. 그
리고 예언은 본인이 직접 하나님께 기도하여 들어야 합니다.

점을 보는 사람은 마치 연속극에 빠지듯이 계속 점집을 들락
거리게 됩니다. 이처럼 이런 점치는 영을 가진 사람과 접촉하게
되면 계속 관계를 맺게 됩니다. 그 영향에서 벗어날 수 없게 되
어 속박을 당하게 됩니다. 그들에게 얽매여 그리스도 안에서 누
릴 수 있는 자유 함이 사라지게 되고, 그들의 지시를 일방적으
로 따를 수밖에 없게 되는 상황에 이르게 되는 것입니다.

목회자라고 해서 여기에서 예외가 없습니다. 목회자가 이런

영에 사로잡히게 되면 성도들을 "해바라기성도"로 만들게 됩니다. 오직 목회자만 바라볼 것을 요구합니다. 그 어떤 곳에도 가지 말고 그 어떤 설교도 듣지 말고, 그 어떤 집회도 참석하지 말고, 오로지 교회 안에만 머물도록 강요합니다. 오로지 자기의 가르침 이외에는 그 어떤 가르침에도 관심을 두지 말 것을 강요하는 것입니다. 이런 태도는 이단의 영이 일반적으로 취하는 태도와 같지 않습니까? 이단의 영은 성도들을 고립되게 만듭니다. 자신들이 주장하는 교리 이외에는 그 어떤 것도 용납하지 않습니다. 성경보다는 교리서가 더 중요합니다. 점치게 하는 영에 사로잡힌 사람을 신실한 예언자와 구분할 수 있어야 하지만 일반 성도들은 이것이 쉽지 않습니다.

점치게 하는 영을 성경에서는 "사술의 영"이라는 말로 표현하기도 합니다. 비전성경 사전에 의하면 "사술"이란 마술이나 점 등을 이용하여 사람을 현혹시키는 술법을 말하며, 사술, 복술, 점 등을 사용하는 것은 하나님께서 기뻐하시는 방법이 아닙니다(레 20:27; 신 18:10-11)라고 설명하고 있습니다.

사술(sorceries)은 오늘날 교묘한 방법으로 위장하여 우리들 속으로 침투하고 있습니다. 악한 영은 본성적으로 속이는 일에 능하기 때문에 우리들이 쉽게 눈치 채지 못하도록 교묘하게 위장하는 것입니다. 설교자로 예언자로 위장합니다. 발람처럼 선지자의 위치에 있게 되면 많은 사람들이 속아 넘어갑니다.

예언을 하는 자신의 영을 분별하라고 하십니다. 우리는 모든 예언을 주의 깊게 분별함으로써(고전 14:29), 그것이 변질된 인간들에 의하여 행하여지는 것이 아닌지를 밝혀내야 합니다. 자신의 예언이 분별되기를 거부하는 사람은 예언을 하지 말아야 합니다. 자신의 분별법칙을 정하며, 교정을 통하여 발전해 나가야 하며, 배우려는 자세와 충고를 받아들이는 예언사역자가 되어야 합니다. 다른 은사도 인정할 줄 알아야 예언이 깊어집니다. 절대로 영적인 자존심을 버리는 것이 예언의 성장에 유익합니다.

첫째, 우리는 모든 예언에 대하여 '영분별의 은사'를 행사하여야 합니다. 성경에 의하면 예언의 말은 세 종류의 근원에서 올 수 있습니다(고전 2:10-16). ① 하나님의 영, 혹은 진리의 성령. ② 마귀의 영, 혹은 거짓의 영. ③ 사람의 영. 성도는 음성을 분별할 줄 알아야 합니다. 그래서 성령의 인도를 받아야 합니다. "무릇 하나님의 영으로 인도함을 받는 사람은 곧 하나님의 아들이라"(롬 8:14).

음성을 들려주는 실체가 하나님인지, 마귀인지, 사람인지(나, 타인)를 분별할 줄 아는 예언사역자가 되어야 마귀에게 속지 않습니다. 한 예언자가 성령으로 시작했다가 육으로 끝나는 경우도 있습니다. 우리는 말세에 살고 있기 때문에 우리는 이전의 어느 시대보다도 속임수의 영에 미혹되지 않도록 더욱 더 조심해야 할 필요가 있습니다. 어떤 사람들은 마귀의 기만하는 영으로 예언하여 신자들을 억압할 수 있습니다. 예언을 받을 때는 먼저 우리는 진리로 허리띠를 띠어야 합니다. 진리는 말씀입니다. 말씀으로 마음의 허리띠를 띠어야 됩니다. 우리가 예수님으로부터 계시를 받았다 환상을 봤다. 특별한 묵시를 받았다 하는 사람들이 많습니다.

더구나 교회에 소속하지 않고 이름도 주소도 없는 산기도원을 세워 놓고 기도처를 세워 놓고 신령하다고 엎드려서 기도하고 계시 받았다고 오는 사람마다 당신은 십일조를 도둑질했다. 당신은 무슨 죄를 지었다. 당신은 당장 돈을 얼마 가져와야 된다. 이러한 잘못된 무리들이 우리 한국에 수없이 많습니다. 이러한 것에 속아 넘어가면 패가망신합니다. 하나님 나라는 진리의 말씀 위에 서야 되는 것입니다. 진리로 허리띠를 띠어야 되는 것입니다. 하늘의 천사가 와서 말할지라도 말씀에 어긋나면 받아들이면 안 되는 것입니다. 마귀는 여러 가지 계시와 환상과 마귀 적인 예언을 가지고 옵니다. 언제나 우리는 말씀에 비추어 보고 말씀에 어긋나는 것은 받아들이면 안 되는 것입니다.

언제나 하나님의 말씀이 분별의 잣대가 되어야 합니다. "그러나 성령이 밝히 말씀하시기를 후일에 어떤 사람들이 믿음에서 떠나 미혹하는 영과 귀신의 가르침을 따르리라 하셨으니 자기 양심이 화인을 맞아서 외식함으로 거짓말하는 자들이라."(딤전 4:1-2). 후일에 어떤 사람들이 미혹하는 영과 귀신의 가르침을 쫓는 다고 말씀합니다. 마지막 때가 되면 마귀가 율법으로 성도들을 옭매여 끌고 가니, 분명한 분별의 능력으로 분별하고 항상 주의해야 합니다.

둘째, 예언은 성경말씀을 시금석으로 하여 검증되어야 한다. "먼저 알 것은 성경의 모든 예언은 사사로이 풀 것이 아니니"(벧후 1:20). 예언이라고 전하고 나눈 내용이 성경적이어야 합니다. 또한 말씀을 더럽히고 있는 것은 없는지도 알아봐야 합니다. "우리는 영적인 억양과 예언의 영이 미치는 효과를 판단해 보아야 합니다. 성령으로부터 오는 예언은 놀라게 하거나, 가혹하거나, 유죄 판결을 하거나, 혹은 비판적인 경우가 거의 없습니다. 주님은 종종 우리를 교정하여 회개하게 하시기 위해 예언을 사용하시며, 어떤 때에는 우리 삶에서 잘못된 특정한 부분을 지적해 내시기도 합니다. 그러나 하나님께서 우리에게 말씀하실 때에는 판결을 내리시지 않습니다. 그 대신 그분은 우리를 용서하시고 변화시켜 주기 위해 당신께 돌아오라고 부르십니다." 하나님은 우리가 하나님의 도구가 되기 위해 자신이 자신을 보고 고치고 하나님에게 순종하며 따라가기를 원하신다는 것입니다.

셋째, 예언은 그것이 하나님께서 이미 역사하고 계신 바와 일치하고 있는가의 여부에 의해 검증되어야 한다. 하나님은 음성으로만이 아니고 보이는 표징(보증의 역사)으로 우리를 인도하십니다. 그렇기 때문에 하나님이 보증의 역사로 인도하는 것 외에 다른 방향으로 인도하시지 않는다는 말입니다. 즉 하나님은 얼토당토한 일을 하라고 하시지를 않습니다. 그리고 급작스럽게 일을 조정하시지도 않는다는 말입니다. 예를 든다면 과일 장사를 하다가 잘되지 않아 신령하다는 사람을 찾아가 물어보았습니다. 신령하다는 사람이 한다는 말이 당신은 목회 사명이 있는데 다른 일을 해서 하는 일이 잘되지 않는 다는 것입니다. 그래서 목회 사명을 감당하기 위하여 과일 장사를 집어치우고 신학을 해야 한다고 말하는 것입니다. 결코 하나님은 이렇게 급작스럽게 하던 일을 변경하도록 역사하시는 하나님이 아닙니다. 이때에는 과일장사가 안 되는 원인을 찾아 해결하게 해야 하는 맞는 것입니다. 또한 예언으로 전하여 들은 그 말이 하나님께 영광이 되는지를 알아보아야 합니다.

넷째, 예언은 그리스도의 성품을 드러내는 것이어야 한다(빌 2:1-9). 때로 양의 탈을 쓴 늑대들이 자기들의 목적을 위해 하나님의 말씀을 조작하기도 합니다. 어떤 사람이 단지 성경의 장절을 인용한다는 이유만으로 그 예언이 정확한 것이라고 말할 수 없습니다. 바리새인들이 성경을 얼마나 많이 알고 있습니까? 그 바리새인들이 예수님을 십자가에 달려죽게 했습니다. 그러므로 반드시 분별이 요구됩니다. 분별의 법칙을 통하여 예언을 분별하는 습성을 들이시기를 바랍니다. 분별의 법칙은 예언사역자의 삶에 열매를 보면 됩니다. 성령으로 예언하는 사역자는 삶에서 열매가 좋습니다. 악한 것들은 좋은 열매를 맺지 못하기 때문입니다.

다섯째, 예수님의 모친 마리아처럼, 예언의 말씀들을 마음속에 간직하는 것이 최선의 길일 수도 있다. "예수께서 함께 내려가사 나사렛에 이르러 순종하여 받드시더라. 그 어머니는 이 모든 말을 마음에 두니라"(눅 2:51). 또한 예언 그 자체가 주님께서 다른 방식으로 이미 계시해 주신 것을 분명하게 확인해 주는 것이 아니라면, 당장에 어떠한 행동도 취하지 않는 것이 좋습니다. 무엇을 빨리 바꾸려고 하지마세요. 기다리세요. 환경으로 나타나는 보증의 역사가 나타날 때까지 기다려야 합니다. 하나님은 화평의 하나님 이십니다. 절대로 급작스럽게 일을 바꾸라고 지시 하시지를 않습니다.

여섯째, 예언의 은사를 받은 사람의 마음속에는 반드시 성령의 인치심을 받은 증거가 있어야 한다. 성령의 체험과 성령의 인도를 받아야 합니다. 그리고 만일 공개적인 자리에서라면, 다른 사람들의 인정을 받아야 합니다. "성령은 나의 내면에서 어떻게 증거 하시는가? 주님이 우리에게 말씀하실 때, 우리의 마음은 '그렇습니다. 그렇게 말씀하시는 분은 하나님 이십니다'라고 외치게 됩니다. 우리 마음에 그 말씀이 공감하는 것입니다. 이것이 바로 내가 '당신의 내면에서의 증거'라고 말하는 의미이다." 라고 합니다. 전해들은 예언이 하나님의 음성이 맞는다면 마음에서 성령이 감동으로 보증하여 받아들이게 한다는 것입니다.

일곱째, 예언을 하는 사람의 인품 자체가 그 예언에 합당한 것이어야 한다. "열매로 그들을 알리라"(마 7:20). "예언하는 말씀 자체가 정확하다 하더라도, 그들 자신이 갖고 있는 죄 성으로 인하여 부정적인, 혹은 악영향을 끼치는 비술적 능력이 흐를 수 있다고 믿습니다. 이 사람들에게는 점술에서 그 능력이 흘러나오는 지도 모르는 것입니다." 이는 잘못하면 무당이 점술을 하는 것과 같은 것일 수가 있다는 것입니다. 그러므로 주의하지 않으면 안 됩니다. 예언 사역자는 항상 성령으로 충만하여 심령을 치유해야 합니다. 그래서 심령을 깨끗하게 유지해야 합니다. 예언사역자의 치유는 정말로 중요합니다. 말씀과 성령으로 심령이 정화되어야 깨끗한 예언이 나오기 때문입니다.

여덟째, 영적인 은사를 사용함으로써 교회가 하나 되어 가고, 서로가 서로를 세워주고 있는가? 여기서 우리가 주의할 것은 경건의 모양만 있고 경건의 능력을 부인하는 자들은 균형이 잡히지 않았다는 것입니다. 하나님은 말만 하시는 하나님이 아니시고 말씀하시고 이루시는 하나님이십니다. 그들은 모든 것을 비판만하고 정죄 해버림으로써 성령을 소멸하며, 교회 안에서 누구도 세워주려 하지를 않습니다. 오로지 분열만 일으킬 뿐입니다. 성령은 수치를 덮어 주는 분이고 마귀는 수치를 드러내는 일을 합니다. 명심하시고, 분별하시기를 바랍니다.

아홉째, 우리는 이 은사를 과대평가해서는 안 된다. 왜냐하면 지금으로서는 "우리가 부분적으로 알고 부분적으로 예언할 뿐이며"(고전 13:9). 때가 이르러야 비로소 온전히 알게 될 것이기 때문입니다. 반대로 과소평가해서도 안 됩니다. "예언을 멸시치 말라"(살전 5:20).

1) 그래서 다음과 같을 때는 예언을 금해야 합니다. ① 도덕적인 문제가 있을 때. ② 감정이 흥분 할 때. ③ 개인적인 감정이 있을 때. ④ 교만한 마음이 생길 때. 이런 때는 예언을 하면 안 됩니다.

2) 거짓예언자는 이렇게 분별합니다. ① 그 태도가 우쭐거리며 교만합니다. "만일 어떤 선지자가 내가 전하라고 명령하지 아니한 말을 제 마음대로 내 이름으로 전하든지 다른 신들의 이름으로 말하면 그 선지자는 죽임을 당하리라 하셨느니라"(신 18:20).

② 자신들의 삶과 사역에서 좋지 못한 열매를 맺습니다. "이 땅에 간음하는 자가 가득하도다 저주로 말미암아 땅이 슬퍼하며 광야의 초장들이 마르나니 그들의 행위가 악하고 힘쓰는 것이 정직하지 못함이로다"(렘 23:10).

③ 지속적으로 그 예언이 부정확합니다. 인본주의로 예언을 하여 (신 18:22, 렘 23:10-32, 겔 13:10-19), 어쩌다가 겨우 맞더라도 그들의 가르침이나 예언이 주님 한 분만을 경배하게 하기보다 오히려 멀어지게 합니다(신 13:2). "만일 선지자가 있어 여호와의 이름으로 말한 일에 증험도 없고 성취함도 없으면 이는 여호와께서 말씀하신 것이 아니요 그 선지자가 제 마음대로 한 말이니 너는 그를 두려워하지 말지니라"(신 18:22).

3) 참 예언자는 ① 거짓예언자와는 달리 좋은 열매를 맺고 경건하며, ② 겸손하고 주께 순복하면서 경건을 격려합니다. ③ 그들의 가르침과 예언은 사람들을 주께로 인도하며, ④ 그들의

예언은 거짓 예언자보다 지속적으로 정확합니다. "미가야가 이르되 네가 골방에 들어가서 숨는 그 날에 보리라 이스라엘의 왕이 이르되 미가야를 잡아 성주 아몬과 왕자 요아스에게로 끌고 돌아가서 말하기를 왕의 말씀이 이 놈을 옥에 가두고 내가 평안히 돌아올 때까지 고생의 떡과 고생의 물을 먹이라 하였다 하라 미가야가 이르되 왕이 참으로 평안히 돌아오시게 될진대 여호와께서 나를 통하여 말씀하지 아니하셨으리이다 또 이르되 너희 백성들아 다 들을지어다 하니라"(왕상 22:25-28).

열 번째, 예언을 시험하는 몇 가지 도움을 주는 방법. 참 예언은 균형을 잡을 것입니다. "하나님의 아들 선견자 예후가 나가서 여호사밧 왕을 맞아 가로되 왕이 악한 자를 돕고 여호와를 미워하는 자를 사랑하는 것이 가하니이까 그러므로 여호와께로서 진노하심이 왕에게 임하리이다 그러나 왕에게 선한 일도 있으니 이는 왕이 아세라 목상들을 이 땅에서 없이하고 마음을 오로지하여 하나님을 찾음이니이다 하였더라"(역대하 19:2-3).

그것은 경고와 승인(approval) 양쪽을 다 포함합니다. 만약 우리가 지도자라면 우리의 마음속에 두세 가지 질문을 하는 것이 도움이 됩니다. 우리가 예언의 말씀을 들을 때 다음의 기준으로 시험하여 보시기 바랍니다.

① 이사야 8:20 성경과 일치합니까?

② 고린도전서 12:3 예수님을 영화롭게 합니까?

③ 고린도전서 14:3 덕을 세우며 권면하며 안위합니까?

④ 고린도전서 13:2 사랑을 베풀고 있습니까?

⑤ 로마서 8:16 성령과 함께 증거 합니까?

⑥ 고린도전서 14:32-33 어지러움이 아닌 화평이기에 정당한 제재를 받습니까?

⑦ 고린도후서 4:2 양심에 말합니까?

⑧ 로마서 12:6 주신 은혜를 따라 믿음의 분수대로 말합니까?

⑨ 예레미야 23:14 개인의 삶을 보태었습니까? 가증한 일을 행하여 돌이킴이 없이 하는 것이 아닙니까?

⑩ 신명기 18:22 말씀이 성취됩니까? 증험도 있고, 성취함도 있습니까? 어떤 예언가는 도박식 예언을 바라고 있다는 것을 기억하십시오! 도박식 예언이란 맞으면 좋고 안 맞아도 그만이고, 라는 식의 예언을 말하는 것입니다. 다니엘의 예언의 일부분, 예레미야, 스가랴의 예언들은 여전히 성취되지 않았으며, 어떤 예언은 오랫동안 성취되지 않고 있습니다. 그러나 그것들은 앞으로 이루어질 것입니다. 하나님은 그의 마음을 변경시키심을 기억하십시오.

요나서 3장 4절과 요나서 4장 2절, 그리고 이사야서 38장 1절과 5절에서 히스기야의 예언의 이야기를 읽어보십시오. 역시 출애굽기 32:10과 14절에서 모세의 경험을 보십시오. 이 경우 예언은 성취되지 않으나, 예언이 실패되었기 때문이 아니라, 하나님이 그의 자비로 사람들이 그들의 죄를 회개하였기 때문에 심판을 보류하신 것입니다.

14장 계시를 바르게 해석하여 적용하는 방법

(삿 7:13-14)"기드온이 그 곳에 이른즉 어떤 사람이 그 동무에게 꿈을 말하여 이르기를 내가 한 꿈을 꾸었는데 꿈에 보리떡 한 덩어리가 미디안 진으로 굴러 들어와서 한 장막에 이르러 그것을 쳐서 무너뜨려 엎드러뜨리니 곧 쓰러지더라. 그 동무가 대답하여 가로되 이는 다른 것이 아니라 이스라엘 사람 요아스의 아들 기드온의 칼날이라 하나님이 미디안과 그 모든 군대를 그의 손에 붙이셨느니라 하더라."

하나님의 예언이 나에게 제대로 적용되려면 첫째, 하나님의 예언의 음성을 들어야 합니다. 둘째 그 의미가 제대로 해석되어야 합니다. 마지막으로 제대로 적용되어야 합니다. 이 세 가지가 제대로 맞아 떨어져야 하나님의 예언의 음성이 열매를 맺습니다.

계시를 해석한다는 것은 "감추어진 것을 드러내다. 열어서 보여주다." 하나님의 말씀은 계시복음입니다. 이 말은 하나님의 말씀은 "계시복음"이기 때문에 계시를 받은 자, 즉 하나님의 생명으로 거듭나 "영안"이 열린 자들만이 볼 수 있는 말씀이라는 뜻입니다. 하나님은 "영"이시고 인간들은 "육"이기 때문에 "영"의 세계는 "영"으로 거듭난 하나님의 아들들만이 볼 수 있기 때문입니다. 계5장 4-5절에 "이 책을 펴거나 보거나 하기에 합당한 자가 보이지 않기로 내가 크게 울었더니 장로 중에 하나가 내게 말하되 울지 말라 유대 지파의 사자 다윗의 뿌리가 이기었으니 이 책과 그 일곱 인을 떼시리라 하더라," 일곱인으로 봉했다는 것은 아무나 볼 수 없게끔 하나님께서 자물쇠로 채워 놨다는 말씀입니다 .

사도바울은계시를 받기 전에는 최고 학부를 나온 성경학자로서 율법으로는 전혀 흠이 없는 완벽한자로 성경을 가르치는 자였다고 자신을 소개 하면서 계시를 받은 후에는 자신이 배운 신학 학문은 아무런 가치가 없다는 것을 스스로 깨닫고 자신의 신학배경을 배설물로 버렸다고 고백합니다(빌3:8). 하나님의 말씀은 학문으로 배워서 아는 것이 아니라는 것입니다. 그러면서 (갈1:11-12)"형제들아 내가 너희에게 전한 복음은 사람의 뜻을 따라 된 것이 아니라. 이는 내가 사람에게서 받은 것도 아니요, 배운 것도 아니요, 오직 예수 그리스도의 계시로 말미암은 것이라" 오늘날 신학교에서 배운 목사들의 지식은 생명을 살릴 수 없는 배설물이라는 것입니다.

왜냐하면 생명이 없는 목사들의 말씀 가지고는 죽어있는 영혼을 살릴 수 가 없는 것입니다. 하나님의 말씀은 혈통(씨)으로 낳고 낳으면서 계시를 받는 것이지 배우는 것이 아니라는 것입니다. 성경에 등장하는 선지자들이나 예수님의 제자들이 모두 계시의 복음으로 성경을 기록한 것이기 때문입니다. (마11:27) "계시를 받은 자가 아니면 아버지를 알자가 없느니라" 하나님의 말씀은 아무나 볼 수 있는 것이 아니라, 하나님의 생명으로 거듭나 영안이 열린 자들만이 볼 수 있는 말씀이라는 뜻입니다. 이 때문에 예수님께서 니고데모에게 네가 거듭나지 않으면 하나님의 나라를 볼 수 없다고 말씀하시면서 "육"으로 난 것은 "육"이요 "성령(영)"으로 난 것은 "영"이라 말씀하신 것입니다.

또한 예수님께서 유대종교 지도자들에게 육으로 난 너희는 귀가 있어도 듣지 못하고 눈이 있어도 보지 못하고 마음이 있어도 깨닫지 못한다고 말씀하신 것도 이 때문입니다. 이 때문에 다윗이 시편 119편 18절을 통해서 "내 눈(영안)을 열어서 주의 법에 기이한 것(말씀 속에 감추어 져 있는 영적인 비밀)을 보게 해달라고" 하나님께 기도를 하고 있는 것입니다. 예수님은 마 11:25 계시에 대하여 이렇게 말씀하고 있습니다. 그때에 "예수께서 대답하여 가라사대 천지의 주재이신 아버지여 이것(말씀)을 지혜롭고 슬기 있는 자들(자칭아들)에게는 숨기시고 어린아이(회개하여 깨끗하게 된 자)들에게는 나타내심을 감사하나이다. 옳소이다. 이렇게 된 것이 아버지의 뜻 이니이다. 내 아버지께서 모든 것을 내게 주셨으니 아버지 외에는 아들을 아는 자가 없고 아들과 또 아버지의 소원대로 계시(영안)를 받은 자 외에는 아버지(말씀)를 아는 자가 없나이다." 사도바울이 바로 계시가 열린 자이며 또한 하나님의 아들로 거듭난 사도들도 계시를 받은 자들입니다. 동방의 의인이라는 욥은 욥42장 5절에서 이렇게 말씀하고 있습니다. "전에는 내가 주께 대하여 귀로 들기만 하더니 이제는 눈으로 뵈옵나이다." 동방의 의인이라는 욥도 계시를 받기 전에는 자신이 소경이었다는 것을 고백하는 것입니다 계시란 소경이 눈을 번쩍 뜨는 것과 같은 것입니다. 이렇게 하나님의 아들로 거듭날 때 하나님의 계시의 말씀을 보게 되는 것입니다.

특별하게 계시의 출처를 정확하게 분별해야 합니다. 귀신들은 될 수만 있으면 성도들을 미혹하려고 하기 때문입니다. 예수를 믿고 성령으로 거듭난 크리스천이라고 해도 세대에 역사하는 악령을 처리하지 않으면 성령의 인도를 받지 못하게 방해합니다. 하나님의 음성을 듣지 못하게 하거나 교묘하게 위장하거나 속입니다. 영들을 분별하는 노력을 계속 해야 하는 것입니다. 미숙한 예언자나 성숙하지 못한 목회자는 이런 영에 휘말릴 위험이 아주 높은 사람들입니다. 자신의 심령을 진리의 말씀과 성령으로 정화해야 합니다. 이런 사람들은 우리가 흔히 말하는 "양신 역사"의 과정을 거치게 되는데 이 과정에서 악한 영을 쫓아내고 성령으로 충만을 받아 성숙의 과정으로 나간다면 다행입니다. 그러나 그렇지 못하면 결국에는 악한 영에 사로잡혀서 교회에 많은 해를 입히게 되는 것입니다. 이들을 제대로 분별하는 일이 쉽지 않을 뿐만 아니라, 자신 안에 역사하는 악한 영에게 속으면 그 속임수에서 쉽게 빠져나올 수 없게 됩니다.

사울 왕에게 악신이 임하자 그는 자신의 행위를 계속 변명하기에 바빴습니다. 사무엘 선지자의 지적에도 불구하고 그는 계속 자신의 행위를 변명했습니다. 회개하고 축사하는 적극적인 치유가 없으면 그는 그 영으로부터 결코 벗어날 수 없게 됩니다. 미혹의 영에 사로잡힌 사람들의 특징은 변명한다는 것입니다. 그리고 광명의 천사로 자신을 위장하고 계속 그 일을 한다는 것입니다. 최근 타락한 교회 지도자들이나 정치 지도자들이 이런 저런 변명으로 자신이 억울하다고 계속 호소하는 모습을 봅니다.

첫째, 해석. 예언의 음성을 들었으면 해석에 각별히 유의해야 합니다. 꿈이나 환상의 경우 특히 유의해야 합니다. 기도를 통해 하나님께 그 의미를 물어보거나 다른 사람에게도 문의해 보아야 합니다. 어느 사람이 자신이 출석하는 교회의 장로에 대한 환상을 보았는데, 그 장로 위에 먹구름이 보이고 금고 속에 돈이 흩어져 있는 장면이었다고 합니다. 그 장로는 재정 장로이므로 혹시 교회의 공금을 유용한 것이 아닌가 하는 의심을 가졌다고 합니다. 그런데 나중에 장로가 운영하는 사업체에 도둑이 들어와 금고 속의 돈을 훔쳐간 일이 생겼습니다. 이처럼 환상의 해석은 특히 여러 갈래이므로 해석에 신중을 요합니다.

예언의 영을 받아서 오랜 세월동안 하나님으로부터 훈련받는 힘든 과정을 소화하지 않고, 미숙한 예언자가 되어 예언을 남발하는 사람들이 있는 것입니다. 이들에게는 예언의 영 대신에 점치게 하는 영이 주관하게 되어 아무에게나 예언해주려고 접근하게 됩니다. 예전에 삼각산에 많은 사람들이 기도하기 위해서 찾을 때 그곳에 그런 사람들이 많았습니다.

그리고 사람들이 많이 몰리는 기도원에도 많이 있기 때문에 기도원에서는 이런 사람들을 각별히 주의할 것을 당부하기도 했습니다. 이들은 교묘한 수단으로 여성 성도들에게 접근해서 예언을 해줍니다. 이들은 어떤 대가를 바라는 것이 아니라, 다만 예언하고 싶어 하는 것입니다. 미혹하는 영, 속이는 영, 점치게 하는 영은 예언함으로써 말할 수 없는 즐거움을 느끼게 합니다.

마약 중독자가 약물에 도취되었을 때는 황홀하지만 깨고 나면 비참함을 느끼지만, 시간이 지나면 다시 약물을 접하지 않을 수 없는 가혹한 고통을 겪습니다. 흡연자 역시 마찬가지로 흡연하면 머리도 무겁고 가래도 생기지만, 시간이 지나면 다시 충동에 휘말려 견딜 수 없습니다. 이를 "금단현상"이라고 합니다.

이런 현상 때문에 다시 흡연하게 되듯이 점치게 하는 영에 사로잡히면 점을 치지 않고는 견딜 수 없는 압박을 경험하게 되는 것입니다. 그래서 예언해줄 사람을 찾아다니는 것입니다.

자신의 눈에 보기에 만만한 여성들을 대상으로 접근해서 예언을 해 주는 것입니다. 이들 안에 있는 영은 점치게 하는 영이므로 샤먼들이 족집게처럼 지나간 일을 알아맞히듯이 그렇게 신통력을 발휘하기 때문에 속아 넘어가는 것입니다. 그들의 입에서는 하나님의 말을 하고 있지만 실상은 "광명한 천사"로 위장한 것일 뿐입니다. 이런 사람들은 더 많은 기도를 하고 더 많이 신령한 것처럼 보입니다. 우리는 해석을 정확하게 해야 합니다. 절대로 자신의 생각을 가지고 해석을 해서는 안 됩니다. 성령의 임재가운데 말씀과 성령으로 해석을 해야 합니다. 그래야 오류가 없습니다.

둘째, 적용

1) 성취의 방법. 더군다나 환상이나 음성이 분명하더라도 성취의 방법이나 시기(timing)의 해석 문제가 쉬운 일이 아닙니다. 아브라함이 75세 때에 하나님은 아브라함의 씨를 통해 큰 민족이 일어날 것을 말씀하셨지만(창 12:2-3), 10년이 지나도록 아들이 없었습니다(창 16:3). 그래서 조바심이 난 아브람과 사래는 인위적인 방법으로 아들을 얻었지만, 약속의 자녀가 아니기 때문에 오히려 골칫덩어리만 만든 셈입니다. 하나님의 약속의 말씀은 장장 25년 후에야 성취되었습니다(창 21:5). 아브라함의 경우는 하나님의 음성과 뜻에는 파란 불이 켜졌지만 방법에 빨간불이 켜진 셈입니다. 계시, 해석은 맞았지만 적용이 틀린 셈입니다.

2) 시기(timing). 또한 시기가 중요합니다. 음성을 들을 때 '즉시,' '곧,' '내가 하리라'는 시간성의 단어에 유의할 필요가 있습니다. 하나님의 음성은 개인, 단체, 국가 및 우주적인 것에 따라 같은 단어라도 시간성이 달라질 수 있습니다. 예수님은 계시록에서 "내가 진실로 속히 오리라"(계 22:20)고 거의 2천 년

전에 말씀하셨지만 아직 오시지 않았습니다. 사람들이 너무나 조급하게 서둘러서 예언의 말씀을 약화시키거나, 무효화시키거나 또는 성취를 지연시키는 경우가 많이 있음을 보게 됩니다. 일반적으로 개인에 대한 음성일 경우 '즉시'는 하루에서 몇 달 정도입니다. '곧'은 1년에서 10년 정도입니다. '지금' 혹은 '오늘'은 1년에서 40년 정도입니다. '내가(하나님) 하리라'는 전 생애에 걸쳐 이루어진다고 할 수 있습니다. 그러나 문자 그대로 즉각적인 순종을 요구하실 때도 있습니다. 하나님은 모세를 40년 후에 들어 쓰셨고, 요셉에게 꿈을 보여주신지 13년 후에, 다윗을 왕으로 기름을 부으신지 약 13여 년 후에 왕위에 오르게 하셨습니다.

① 예언적 완료형. 또한 어떤 경우에는 일이 이루어지지 않았음에도 불구하고 "내가 그 일을 이미 했노라"라는 식의 음성을 듣는 경우가 있습니다. 언젠가 내가 원하는 기도가 있어 간구했는데 하나님은 "내가 이미 그 일을 시행했노라"라고 말씀하셨습니다. 혹시 내가 잘못 들었는가, 생각해서 다시 물어봐도 계속 이런 식으로 말씀하셨습니다. 이런 것을 성경에서는 '예언적 완료형' 또는 '예언적 과거형'이라고 합니다. 앞으로 이루어질 일이 너무나 확실하기 때문에 이미 이루어진 것처럼 완료형이나 과거형으로 말씀하시는 것입니다(사 40:1-2; 42:9 등).

② 크로노스와 카이로스. 더 나아가서 성경이 말하는 시간에는 두 종류가 있습니다. '크로노스'와 '카이로스'입니다. 크로노

스는 우리가 말하는 달력상의 시간입니다. 그러나 카이로스는 하나님이 작정하신 때입니다. 카이로스는 달력상의 때와 다릅니다. 하나님이 보시기에 우리의 달력상의 때는 하루가 천년 같고 천년이 하루 같습니다. 하나님의 때인 카이로스는 우리의 순종 여부, 준비 여부에 따라 달력상의 때인 크로노스와는 달리 상당히 폭이 넓고 융통성이 있습니다. 그러므로 우리가 시간성을 따질 때 크로노스에만 집착할 것이 아니라, 하나님의 카이로스에도 관심을 가져야 합니다. 어떤 약속은 먼 것 같지만 우리가 하나님의 뜻에 순종하고 준비되어 있으면 생각보다 빨리 이루어질 수 있고, 어떤 약속은 가까운 것 같지만 불순종하고 준비되어 있지 않으면 마냥 질질 끌기만 합니다.

예언 사역자인 그래엄 쿡은 "하나님은 (성취의) 시기가 아니라 (인격의) 성장을 측정하신다."고 말했습니다. 즉, 하나님이 원하는 수준으로 성장이 되어야 예언이 성취된다는 뜻입니다. 원래 하나님은 출애굽한 백성들의 광야 훈련으로 일 년으로 예정하셨지만, 그들이 번번이 불순종한 결과 그들은 40년 동안 광야에서 쳇바퀴 도는 생활을 하다가 멸망해갔습니다.

3) 점진적으로 드러나는 말씀. 하나님은 아브라함이 75세 일 때 말씀을 주셨습니다(창 12:1-5). 그가 가나안 땅에 도착했을 때 하나님은 두 번째 말씀을 주셨습니다(창 12:7). 이것은 첫 번째 말씀에 대한 확인이라고 할 수 있습니다. 세 번째 말씀은 (창 13:14-17) 첫 번째 말씀을 재 강조하신 말씀입니다.

그는 그 후 83세에 네 번째 말씀(창 15장)을 받았고, 99세에 다섯 번째 말씀을 받았습니다(창 17장). 이때 그는 "내 앞에서 흠이 없이 행하라"는 새로운 말씀을 받았습니다. 시간이 갈수록 내용이 구체화되거나 새로운 말씀이 첨가됨을 알 수 있습니다. 이처럼 미래에 대한 하나님의 음성은 시작 단계에서는 구체적이라기보다는 일반적, 원칙적인 언어로 들려주시는 경우가 많습니다. 예를 들어, "내가 너의 사역의 문을 활짝 열어 주리라." "내가 너를 참으로 복되게 하리라." 그래서 비슷한 상황이 전개되면 이 말씀이 금방 실현된 것으로 생각하여 조급하게 행동을 취했다가 이루어지지 않거나 낭패를 볼 수 있습니다. 미래에 대한 말씀은 한꺼번에 모든 것을 구체적으로 다 알려주시는 것이 아니라, 점진적으로 진행되는 경우가 많기 때문입니다. 하나님은 항상 하나님에게 집중하기를 원하십니다. 또, 하나님에게 자동적으로 집중하도록 상황을 이끌어 가십니다.

4) 모자이크의 조각처럼 부분적인 음성. 또한 하나님은 여러 통로를 통해 "여러 다른 말씀"을 주시는 경우가 있습니다. 나에게 대해서도 어떤 사람은 "목회자를 가르치는 사역을 할 것이다." 또 다른 사람은 "성령으로 치유사역을 할 것이다"라고 말했습니다. 또한 내가 직접 받은 말씀은 "성도들을 치유하는 사역과 가르치는 사역"이었습니다. 이런 것은 전혀 다른 것 같지만 여러 다른 조각을 맞추면 모자이크와 같이 큰 하나가 될 수 있습니다. 전혀 다른 종류의 음성을 들어도 틀린 것이 아니라, 전

체의 부분이 될 수 있다는 말입니다. 하나님은 우리에게 필요한 "모든 것"을 알려주시지는 않습니다. "소경이 어두운데서 더듬는 것과 같이 네가 백주에도 더듬고 네 길이 형통치 못하여 항상 압제와 노략을 당할 뿐이니 너를 구원 할 자가 없을 것이며"(신 28:29). 고로 문제를 해결하기 위하여 하나님을 자동적으로 찾게 하십니다. 하나님에게 주목하게 하십니다. 하나님의 음성은 부분적입니다. 하나님은 처음부터 완벽하게 말씀하시지 않습니다.

5) 합당한 그릇으로 변화시키심. 하나님은 또한 우리에게 주신 말씀이 이루어져 가는 동안 우리를 하나님의 사람으로 변화시키십니다. 우리가 그 말씀이 이루어지기를 사모하고 기도하며, 기다리는 동안 하나님의 사람으로 변해 가는 것입니다. 그리고 하나님이 원하시는 그릇으로 준비되었을 때 비로소 그 말씀이 이루어집니다. "그러므로 누구든지 이런 것에서 자기를 깨끗하게 하면 귀히 쓰는 그릇이 되어 거룩하고 주인의 쓰심에 합당하며 모든 선한 일에 예비함이 되리라"(딤후 2:21).

기다리는 기간은 사람에 따라 그릇에 따라 다릅니다. 미래에 대한 말씀이 이루어지기까지 모세는 40년을 기다렸고, 요셉은 13년을 기다렸고, 다윗도 13여 년을 기다렸습니다. 더군다나 하나님은 힘든 일이나 장애물에 대해서는 잘 말씀해주시지 않습니다. 하나님은 요셉에게 형제들과 부모가 자기에게 절하는 꿈을 보여주셨지만, 앞으로 어떤 장애가 놓여있다는 말씀은 해주시지 않았습니다. 비록 하나님은 다윗이 청소년일 때 왕으로 기름을 부으셨지만, 앞으로 어떤 고난이 닥쳐올 것인가에 대해서는 전혀 언급하시지 않았습니다. 그 꿈을 이루어 가는 동안 그들은 하나님이 원하시는 합당한 그릇으로 준비되고 연단되어 갔습니다.

물론 예외는 있습니다. 예수님은 베드로가 어떤 죽음을 당할 것인가를 말씀하셨고, 바울이 어떤 고난을 당할 것인가를 미리 말씀해 주셨습니다(요 21:18-19). 이처럼 우리는 미래에 대한 어떤 말씀을 받기만 하면 가만히 앉아 있어도 자동적으로 이루어진다는 운명론적인 생각에서 벗어나야 합니다. 이런 점에서 하나님의 음성은 미래를 알려주는 점술과 다릅니다.

6) 영적인 수준에 따라 음성이 들리는 통로가 다르다. 제가 지난 10여 년 간 기도한 후 임상적으로 응답을 받는 형태를 보면 다음과 같습니다.

① 보이는 환상은 믿음이 희미하고 약할 때 보여주셨습니다.

② 들리는 음성은 분별력이 약할 때 들려주셨습니다.

③ 들리는 찬양은 믿음과 분별력이 약할 때 찬양을 불러주셨습니다.

④ 꿈으로 보여주시는 경우는 영적 수준이 조금 발전되었을 때 꿈으로 보여주셨습니다.

⑤ 감동으로 알게 하실 경우는 하나님의 음성에 대해 조금 알 때 감동으로 알게 하셨습니다.

⑥ 보증의 역사로 알게 하실 경우는 하나님의 음성에 대해 조금 더 알 때 이었습니다.

이를 알고 부단하게 말씀과 성령으로 충만하여 하나님으로부터 오는 계시를 잘 해석하고 적용을 잘하여 하나님의 인도를 따라가시기를 바랍니다. 그러므로 특히 예언 은사를 받은 사람들이 명심해야 할 사항이 있습니다.

첫째, 누구에게나 참고 견뎌야 할 성장의 과정이 있다는 점입니다. 우리의 은사를 무르익게 하려면 하나님의 시간과 때에 온전히 순복해야 합니다. 이러한 과정을 거치는 동안, 불안해하거나 하나님이 심어 두신 것을 무시하지 말아야 합니다.

둘째, 하나님이 우리의 은사를 개발하실 때 자신의 수준을 넘는 사역은 피해야 합니다. 하나님이 주신 은혜로 기꺼이 자신의 은사를 사용하되, 겸손한 자리에서 단순한 방식으로 사역해야 합니다. 요셉이 그러했듯이, 왕 앞에 설 준비가 되어 있지 않았다면 먼저 밑바닥에서 자신의 은사를 계속 갈고 닦아야 합니다.

셋째, 성장하는 동안 인내하는 법을 배웠다면 이제 자신과 교회를 위한 사역이 훨씬 쉬워집니다. 대중 앞에 나와 사역하거나 유명한 사람들에게 예언하는 일을 부담스러워하지 않습니다.

마지막으로, 교회 밖에 있는 사람들을 치유하여 세우는 일에 자신의 은사를 사용한다면 매일 자신의 예언의 은사는 발전하고 사역은 활짝 피어날 것입니다.

15장 예언이 들리는 통로를 뚫는 비결

(요16:13)"그러나 진리의 성령이 오시면 그가 너희를 모든 진리 가운데로 인도하시리니 그가 스스로 말하지 않고 오직 들은 것을 말하며 장래 일을 너희에게 알리시리라"

하나님의 계시를 받는 통로를 뚫는 것이 중요합니다. 하나님과 관계가 열려야 계시의 통로가 뚫리기 때문입니다. 예언을 받을 수 있는 통로는 여러 가지가 있습니다. 예언을 받을 수 있는 통로는 음성, 감동, 느낌, 환상, 깨달음, 꿈 등이 있습니다.

한 가지만 열리는 것보다는 여러 가지 통로로 열리는 것이 훨씬 좋습니다. 왜냐하면 한 가지만 열렸을 경우, 악한 영의 영적 공격으로 인해 그 통로가 닫히게 되면 더 이상 계시를 받을 수 없지만, 통로가 여러 가지 일 경우 다른 통로를 통해서 예언을 받을 수 있기 때문입니다. 그러나 한 가지 통로가 어둠의 세력에 덮일 경우 다른 통로의 기능도 떨어지게 됩니다. 어둠의 세력은 다른 통로에도 약간의 영향을 미치기 때문입니다. 이런 경우에는 덮이지 않은 통로를 통해서 약하게 계시를 받게 됩니다. 이때에는 공통적으로 전해지는 통로를 통해서 들리는 계시를 전하면 됩니다. 또 몇 개의 채널이 열려있게 되면 계시를 받을 때 종합적으로 받을 수 있고, 구체적으로 전하게 되며, 현재 자신이 한 개의 통로를 통해서 받았던 계시를 확인해 보고, 확신을 가질 수가 있어서 좋습니다.

예언의 은사를 받고 한동안 예언하기 전에 성령의 이끌림을 받는 방언기도를 미리하면서 자신 안에 어두움의 그림자를 거두어내는 작업을 하는 것이 좋습니다. 내 안에 어두움이 많이 있을 경우 예언이 잘못될 경우가 많기 때문입니다.

예언은 성도들을 성장하게 하고, 권면하고, 위로하며, 견책하는 역할을 합니다. 성령님의 예언은 견책이 나올지라도 우리들을 좋은 방향으로 변화시키기 위함입니다. 그러나 마귀 예언은 자존심을 상하게 하거나 낙심하게 해서 좌절시킵니다.

예언자는 공개적으로 예언을 하거나 다른 사람들이 듣고 있을 때는 상대방에게 난처하거나 자존심이 상할 수 있는 말은 절제하고 예언을 마치고, 그 개인에게 조용하게 말해주는 것이 좋습니다. 예언의 음성이 들리는 통로는 대략 이렇습니다.

첫째, 성령으로 영안이 열린 경우입니다.

1) 그림이 보인다. 영안이 열리면 그림을 이마 한가운데를 통해서 보게 됩니다. 이때 눈은 그 기능이 육적인 허상처럼 멈추고, 육의 눈으로 보였던 사물은 사라지고, 영의 세계가 아무런 장애 없이 펼쳐지게 됩니다. 눈을 감고 기도하면 보이는 경우가 많습니다. 저의 경우 얼마전만해도 눈을 지그시 감고 보는 경우가 많았습니다. 영적으로 발전된 지금은 눈을 뜨고 보는 경우가 많습니다. 영안이 열리면 눈을 뜬 상태에서 볼 수도 있는 것입니다. 이렇게 주님께서 허락하시면 눈을 뜨고도 영의 세계를

볼 수가 있습니다. 이것은 눈을 감고 보는 경우보다 더 높은 경지입니다. 이 경우 상대방이나 어떤 물체가 가시적으로 앞을 가리고 있어도 그 장애는 문제가 되지 않고, 그 장애물이 없고, 그 자리가 텅 빈 것처럼 계시적인 상황만을 받을 수가 있습니다.

나타나는 장면은 흑백인 경우와 칼라인 경우가 있습니다. 칼라로 받았던 예언 사역자가 악한 영의 영적공격으로 인해 영이 맑지 않은 경우 흑백으로 흐릿하게 보이기도 합니다. 형태도 명확하지 않고 안개가 덮인 것처럼 흐릿하게 보입니다. 그러므로 예언자는 무엇보다 자기 내면관리에 힘써야 합니다. 또 전체를 흑백으로 보여주시면서, 주님께서 특별하게 중요하다거나 강조하고 싶으신 부분은 칼라로 보여 주시기도 합니다.

고정된 한 장면으로 보이기도 하고, 동영상처럼 움직이면서 이야기로 이어지는 경우도 있습니다. 초기 단계에서는 고정된 한 장면을 주시는 경우가 많습니다. 하지만 하나님께서 주시는 계시는 한 장면에 불과 할지라도 거기에는 상징적으로 내포되어있는 의미가 많습니다. 빠른 속도로 상황이 변해가는 장면일지라도 어떤 한 장면에 대해 궁금해 하며, 더 상세히 알고 싶어 하는 마음을 주님께서 감지하시고, 주님이 허락하시는 경우는 더 세밀하게 보여주시기도 합니다.

2) 글씨로 적혀진다. 대체적으로 검은 바탕에 하얀 글씨로 적혀집니다. 그러나 예언사역자 마다 다른 형태로 적힐 수가 있습니다. 간혹 강조하고자 하는 부분은 더 큰 글씨로 적혀지기도

합니다. 조사는 작은 글씨, 본 내용은 큰 글씨로 적혀지는 것이 보통입니다. 마치 TV 자막에 나오는 것같이 글씨가 눈에 보입니다. 우리 교회에서 예언사역 집중훈련을 하신 분들 중에 TV 자막이 나오는 것같이 글씨가 눈에 보여서 읽어준다고 하는 간증하는 분들이 있습니다.

인천에서 목회하시는 목사님의 간증입니다. 할렐루야! 저는 2008년 11월경에 국민일보에 예언하며 하나님의 음성을 듣는 훈련이란 광고를 보고 병원심방을 가면서 운전하는 자동차 안에서 하나님께 기도하기를 하나님 등록비가 없는데 갈까요? 가지말까요? 하고 기도를 드렸는데 하나님은 자동차 안에서 크신 음성으로 은사를 돈으로 살 수 있겠느냐 하시면서 기도응답을 주셨습니다. 저는 즉시로 결정을 하고 접수를 하여 12주 훈련을 하면서 내적치유를 많이 받고 예언기도 실습하는 중에 참여하신 목사님과 함께 서로 기도를 하는데 환상이 밝히 열리는 것을 체험했습니다. 그 후부터 예언할 때 기도하면 환상이 잘 열려서 환상을 보면서 예언을 합니다.

1년이 지나도록 매주 금요기도회에 성도들에게 방언으로 기도를 해줄 때마다 컬러로 동영상을 보듯이 환상이 열리고 주시는 말씀이 자막으로 기록될 때도 있으며 음성도 듣게 되므로 그대로 예언을 하면 그 예언대로 성도들의 앞길이 열리고 이루어지는 역사가 나타나고 있으며 성도들도 더욱 사모하여 금요 기도회를 기다리게 됩니다.

2010년 3월 22-25일 기간에도 훈련에 또 참여하여 내적치유도 받고 참여하신 목사님들과 함께 실습 기도를 하는데 환상이 잘 열리며 예언도합니다. 특별히 강요섭 목사님의 안수기도는 받을 때마다 뜨겁게 느끼고 성령의 불세례를 체험하게 되며, 사모님의 예언기도는 심령을 환히 보시는 정확한 예언입니다.

저와 같이 사모하신 분들은 꼭 오셔서 예언 사역자에게 가장 중요한 내적치유도 받으시기 바랍니다. 훈련에 참석하여 말씀의 귀한 은혜와 깊은 예언을 발전시키시기를 바랍니다. 제가 체험한 바로는 예언 사역자는 훈련으로 성숙이 됩니다. 항상 성령으로 충만하고 신령한 예언 사역자가 다 되시어 하나님에게 귀하게 쓰임 받기를 바라는 마음입니다.

둘째, 음성이 들리는 경우입니다. 아무리 시끄러운 곳에서도 들립니다. 육의 귀로 들리는 것이 아니고, 영의 귀로 듣는 것이기 때문에 성령의 이끌림에 집중할 경우주위의 소음은 크게 문제가 되지 않는 것입니다. 하지만 예언 사역자 앞에서 떠드는 것은 도움이 되지 않습니다. 예언 사역자가 더욱 집중하기 위해서 노력해야 하기 때문입니다. 그리고 예언 사역자가 떠드는 소리에 끌려 마음이 흐트러져서 계시를 못 받을 수도 있습니다. 목소리는 남자 목소리 같기도 하지만, 남자 목소리인지 여자 목소리인지 엄밀하게 분간하기 어려운 경우도 있습니다. 울리는 소리로 들리는 경우가 보통입니다.

예를 든다면 제가 목회에 대하여 기도할 때 들리는 음성으로 알려주셨습니다. "앞으로는 영성이다. 영성! 영성! 21세기는 영성이다. 영성! 영성!" 저는 이 음성을 듣고 지금까지 좌로나 우로나 치우치지 않고 영적인 사역을 하고 있습니다.

셋째, 꿈으로 보여주시는 경우입니다. 꿈으로 받는 계시의 경우 자신의 의지가 거의 들어가지 않기 때문에 정확도가 높지만 하나님께서 주시는 것만 일방적으로 받고 내가 필요로 하는 경우 즉시 뜻을 받기 어려운 경우도 있습니다.

저는 원래 경기도 시흥시 정왕동(시화)에서 교회를 개척하여 목회를 시작했습니다. 그런데 갑자기 하나님의 역사로 경기도 시흥시 정왕동(시화신도시)에서 서울로 교회를 이전하게 되었습니다. 하나님의 은혜로 출세하게 된 것입니다. 그런데 갑자기 교회가 이전하게 되므로 여러 가지 문제가 있었습니다. 그 문제 중에 가장 큰 문제가 사택을 서울로 이전하지 못하는 것입니다. 왜냐하면 교회 안에서 살다가 하나님이 물질을 해결하여 주시므로 사택을 얻어 밖으로 나가게 되었습니다. 그런데 계약을 일 년을 했는데 육 개월 만에 교회가 서울로 이전하게 되니 문제가 생긴 것입니다. 그런데 더욱 큰 문제는 나중에 알게 된 사실인데 아파트 주인이 아파트 현 시세 가격보다 더 많은 돈을 제 2금융권에서 우리도 모르게 대출을 받은 것입니다. 그래서 집을 내 놓아도 누가 들어올 수가 없는 것입니다. 진퇴양난이 된 것입니다. 이 부동산 저 부동산에 다 내어놓아도 누구하나 전화하는 사람이 없고 집을 보러 오는 사람이 없는 것입니다.

교회는 이미 서울로 이전하여 시화에서 서울로 출퇴근을 해가면서 성령치유 사역과 주일 예배를 드리게 되었습니다. 저는 계속 하나님에게 기도를 했습니다. 그러다가 어느덧 세월이 흘러 계약한 일 년이 다 지나고 한 달 밖에 남지 않았습니다. 그래서 다시 집 주인에게 돈을 준비하여 계약일이 되면 달라고 했더니, 주인이 하는 말이 자기들에게는 돈이 하나도 없으니 집을 내 놓고 집이 나가면 받아서 가라는 것입니다. 세상말로 내 배를 째라는 것입니다. 그래서 어떻게 합니까, 목마른 사람이 샘을 판다고 우리가 해결하여 나가야 되기 때문에 하나님에게 영으로 기도를 했습니다. 하나님 꼭 집이 나가서 서울로 사택을 이사하게 해서, 하나님이 살아 역사하심을 체험하게 해달라고 계속 기도를 했습니다. 그렇게 약 20여 일을 기도했습니다. 이제 계약일이 십일 밖에 남지 않은 것입니다. 그런데 더 큰 문제는 우리 사모는 믿음이 너무 좋아서 하나님이 해결하여 주실 것이라고 믿고 서울에 집을 덜컥 계약을 해버렸습니다. 시화의 집 계약일보다 한 달이 넘은 기간을 두고 집을 계약한 것입니다. 이제 문제는 더 커졌습니다. 그렇게 간절하게 기도를 해도 집을 보러오거나 나가지를 않았습니다. 부동산에서는 집이 나가기가 상당히 어려울 것이라는 것입니다. 그래도 하나님이 반드시 해결하여 주신다는 믿음을 가지고 기도를 계속했습니다. 서울 집을 계약한 기간을 20일 앞두고 제가 한 꿈을 꾸었습니다. 꿈에 보니 제가 사는 아파트 현관 앞에 어린이 놀이터가 있었는데 그 어린이 놀이터에 파란 뱀, 빨간 뱀, 여러 마리가 돌아다니는 것입니다. 그래서 전부 삽으로 완전하게 때려잡아서 구덩이를 파고 묻어 버렸습니다. 그러고 나서 하루가 지났습니다. 전화가 왔습니다. 집을 보러 간다는 것입니다. 그래서 우리가 집회를 끝내고 가면 저녁이니 밤에 오라고 했습니다. 와서 집을 보고 저 전라도 광주에서 서울로 올라오는데 광주의 집을 20일 후에 비워 주어야 되기 때문에 우리 집을 그 때까지 비워 주겠냐는 것입니다. 20일 후면 우리가 서울의 집 계약을 한 날입니다. 그래서 그렇게 할 수 있다고 해서 계약을 해서 정확한 날짜에 서울로 이전을 하게 되었습니다. 그래서 제가 하나님에게 성령의 임재 하에 영으로 기도하며 물어보았습니다. 왜 집이 그전에는 나가지를 않았습니까? 그랬더니 이렇게 감동을 주셨습니다. "밖에서 역사하는 마귀와 귀신들이 사람이 들어오지 못하게 막고 있어서 보러 오지를 못했다." 그렇게 감동하시는 것입니다. 그런데 네가 영으로 기도를 하며 방해하는 마귀에게 대적하며 기도하여 아파트 앞에서 집을 보러오지 못하게 방해하던 귀신들을 다 처치하니 집이 나가게 된 것이라고 감동을 주셨습니다.

넷째, 마음으로 느끼게 되는 경우입니다. 전혀 모르는 일이지만 상대의 마음의 상태가 그대로 전해집니다. 예를 들자면 상대방의 마음의 상태가 마음으로 보여 지기도 합니다. 전혀 모르는 사람일지라도, 오래된 친구의 성격이나 심적 상태가 떠오르고 이해를 하도록 자신의 마음 안에 포개집니다. 포개진다는 것은 그 사람의 마음상태가 자신에게 느끼어 진다는 것입니다.

예를 든다면 이렇습니다. 상대방이 서러움이 있을 경우 서러움이 느껴집니다. 상대방의 마음이 답답할 경우는 답답함이 느껴집니다. 상대방의 마음에 우울함이 있을 경우 우울함이 느껴집니다. 상대방의 마음이 닫힌 경우는 말문이 막힙니다. 상대방의 마음에 평안함이 있을 경우는 평안함이 전이 됩니다.

다섯째, 기도하는 중에 나도 모르게 말이 나오는 경우입니다. 통성으로 기도를 하는 중에 나도 모르게 툭 던져지는 말은 계시의 경우가 높고 대체적으로 맞습니다. 기도하는데 갑자기 속에서 말이 튀어나오는 경우를 말합니다.

제가 얼마 전에 예언 사역자 훈련을 진행하는데 성령께서 자꾸 왜 머뭇거리느냐. 하고 감동을 주는 것입니다. 그래서 여기 하나님이 하라는 대로 하지 않고 머뭇거리는 사람이 누굽니까? 그랬더니, 한 남자 목사님이 접니다. 그러는 것입니다. 자기가 하나님에게 응답은 받았는데 담대함이 없어서 머뭇거리고 있다는 것입니다.

여섯째, 입술을 열어 주셔서 무슨 말이 나올지 모르지만 입을 맡기면 예언이 나오는 경우입니다. 저의 경우 설교를 할 때나, 상담을 할 때나, 예언을 할 때나, 성령의 임재 하에 깊은 경지에 들어가서 약간 눈을 감으면 나도 생각하지 못한 말이 나오는 경우가 있습니다.

그래서 우리가 예언이나 상담이나 설교를 할 때는 자신이 성령의 깊은 임재 하에 들어가 최대한 무의 경지에 들어가야 합니다. 그러기 때문에 예언을 하는 사역자는 안정된 심령이 되어야 합니다. 무슨 일이 있더라도 당황하거나 불안해하지 말아야 합니다. 성령하나님이 함께하고 있다는 담대함이 있어야 합니다. 이는 평소 훈련으로 몸에 익혀야 합니다. 마치 모세가 홍해 가에 왔을 때와 같이 잠잠하고 심령이 영의 상태가 되어야 합니다. 그래야 정확한 하나님의 계시를 받을 수가 있습니다.

일곱째, 환상으로 보이는 경우입니다. 영안을 열어 환상을 보며 상대의 심령을 고치는 성도요, 예언 사역자가 되기를 바랍니다. 이 신비한 영의 세계는 누구나 예수 그리스도로 마음으로 믿고 입으로 예수를 그리스도를 주인으로 시인을 하면, 그분의 영인 성령의 도우심으로 영적의 신비한 세계를 자신의 영적인 수준에 따라 단계적으로 볼 수가 있습니다. 이것을 다른 말로 말한다면 성령으로 보았다라고 말할 수도 있습니다. 단계적으로 볼 수 있다 함은 말씀과 성령으로 전인격이 변화되는 수준에 따라 보여 주시는 것입니다.

① 열린 환상 : 열린 환상이란 마치 화면을 보는 것 같이 자신의 눈앞에서 바로 일어나는 일처럼 장면이 보이며, 그것은 신성하고, 글자 그대로 눈을 실제로 뜨고 보기도 하며, 영으로 보기도 합니다. 이런 것이 열린 환상입니다. 사도행전에 나오는 스데반과 같은 경우입니다. "스데반이 성령 충만하여 하늘을 우러러 주목하여 하나님의 영광과 및 예수께서 하나님 우편에 서신

것을 보고 말하되 보라 하늘이 열리고 인자가 하나님 우편에 서신 것을 보노라 한 대"(행 7:55-56).

② 닫힌 환상 : 닫힌 환상이란 눈을 감고 보는 환상으로 사진 혹은 움직이는 사진과 같은 것입니다. 성령 충만한 상태에서 영으로 기도할 때 사진같은 화면이 보이는 것을 말하는 것입니다. 예를 든다면 무덤, 땅, 사람, 짐승, 광야, 바다, 호수 같은 영상 등이 보이기도 합니다. 눈을 감고 비몽사몽간에 보이기도 합니다.

③ 그림 같은 환상 : 당신의 마음이나 영 안에 마치 스틸 사진처럼 그림이 번쩍이는 것입니다. 사람 얼굴이나 짐승이나 물체가 보이는 것을 말합니다. 제가 시화에서 목회할 때 저와 잘 아는 목사님이 여러분들을 모시고 오셔서 치유와 능력을 받았습니다. 그런데 어느 분을 안수하는데 사나운 개가 보이는 것입니다. 그래서 이 "더러운 혈기영아 예수 이름으로 명하노니 떠나갈찌어다." 하니 한동안 발작과 괴성을 지르다가 떠나갔습니다. 그런데 그분이 말하기를 축사를 받고 난 다음부터 그렇게 많던 혈기가 사라졌다는 것입니다. 그래서 제가 떠나간 귀신은 다시 들어오려고 호시탐탐 노리고 있으니까, 항상 심령관리를 잘하시라고 조언하였습니다.

④ 파노라마식 환상 : 영화의 스크린 같은 환상의 그림들이 움직이는 것을 보는 것을 말합니다. 우리는 또한 환상과 황홀경의 꿈을 꾸기도 합니다. 이따금 환상의 그림들이 칼라나 기호,

상징, 혹은 숫자들로 보이는데 이것들은 반드시 해석되어야 합니다. 일반적으로 꿈의 상태로 나타납니다. 기도 하다가 하늘에서 무엇이 내려오는 것을 보았다. 등등을 말하게 됩니다. 필자가 몇 년 전에 김이라는 목사님이 40일 금식을 하시고 나서 보호식을 잘못하여 위장에 큰 불치의 병이 생겨서 고치지를 못하고 저를 찾아와 기도를 해달라고 하셨습니다. 그래서 제가 성령의 임재 하에 기도를 하니 망망한 바다에 한척의 배가 떠있는데 시간이 흐를수록 배가 가라앉는 것입니다. 당신은 이럴 때 어떻게 대답을 해주겠습니까? 제가 할 수 없어서 하나님이 고쳐주신다고 대답을 하고 안수기도를 해드렸습니다. 결과는 당신이 판단하기를 바랍니다. 그리고 최근에 저의 교회에 와서 치유를 받던 자매가 하루는 저에게 이런 간증을 하는 것입니다. "저는 원래부터 몸이 약하여 두통이 심하고 머리에 잡념이 많아 고생을 많이 했습니다. 그런데 제가 며칠 전에 안수 받고 기도하다가 환상을 보았는데 제가 머리에 붕대를 칭칭 감고 있었는데 어떤 하얀 옷을 입은 분이 오시더니 이제 머리가 다 나았으니 붕대를 감을 필요가 없다고 하시면서 붕대를 풀어주시는 것입니다.

그런 일이 있고 나서 그렇게 아프던 어지럼증과 두통이 사라졌습니다. 목사님이 안수를 많이 해주시고 내적치유를 받으니 완전하게 치유가 되었습니다. 하나님에게 영광을 돌립니다."

⑤ 환몽 : 비몽사몽간이나 꿈에 보았는데, 그것이 현실로 일어나는 것입니다. "이튿날 그들이 길을 가다가 그 성에 가까이

갔을 그 때에 베드로가 기도하려고 지붕에 올라가니 그 시각은 제 육 시더라. 그가 시장하여 먹고자 하매 사람들이 준비할 때에 황홀한 중에 하늘이 열리며 한 그릇이 내려오는 것을 보니 큰 보자기 같고 네 귀를 매어 땅에 드리웠더라. 그 안에는 땅에 있는 각종 네 발 가진 짐승과 기는 것과 공중에 나는 것들이 있더라. 또 소리가 있으되 베드로야 일어나 잡아먹어라. 하거늘 베드로가 이르되 주여 그럴 수 없나이다. 속되고 깨끗하지 아니한 것을 내가 결코 먹지 아니하였나이다. 한대 또 두 번째 소리가 있으되 하나님께서 깨끗하게 하신 것을 네가 속되다 하지 말라 하더라. 이런 일이 세 번 있은 후 그 그릇이 곧 하늘로 올려져 가니라"(행 10:9-16).

여덟째, 성령의 깊은 임재(입신)의 상태에서 보이는 경우입니다. 성령의 깊은 임재란 영과 육신이 어느 정도 분리되어 혼의 기능이 잠잠하여지고, 영적 기능만이 활동하고 있는 상태로서 영 안에 완전하게 깊이 몰입되어 있는 상태를 말하는 것입니다. 우리의 심령에 임재하시는 성령의 사역에 대한 확실한 이해가 있어야 교회와 우리의 심령에서 성령님이 마음 놓고 역사하게 될 것입니다.

이러한 현상에 대한 몰이해와 두려움은 성령이 자유스럽게 역사 하는데 장애요인이 되고 자신의 내부에서 성령의 역사를 거스르는 요인이 되고 있음을 알게 되었습니다. 그러므로 자신도 모르게 성령의 역사를 억제하게 됩니다. 그래서 임재하시는 내적인 성령의 흐름과 역사에 대한 영적 지각이 둔해지고 육신적이거나 지적으로만 믿게 되고 심령으로 섬기는 법을 알지 못하게 됩니다.

아홉째, 성경구절이 떠오는 경우입니다. 필자의 경우 설교를 할 때나 상담을 할 때나 예언을 할 때나 성령의 임재 하에 깊은 경지에 들어가서 약간 눈을 감으면 나도 생각하지 못한 말씀이 떠오릅니다. 예를 든다면 설교를 할 때 갑자기 성경 말씀이 튀어 나옵니다. 예언을 할 때 생각지도 못한 말씀이 떠올라 적용하게 하십니다.

열째, 찬송이나 찬양이 나오는 경우입니다. 성령의 깊은 임재가운데 갑자기 심령에서 찬양이 올라옵니다. 예언의 말씀을 전하는데 갑자기 찬양이 나오는 경우를 말하는 것입니다. 예언을 들으려고 하는데 찬양이 나옵니다. 찬양이 응답인 것입니다. 하나님의 응답을 받으려고 기도하니 찬송이 올라옵니다.

열한 번째, 사람을 보면 자꾸 말을 해주고 싶은 경우입니다. 어떤 사람을 놓고 기도를 하면 자꾸 성령께서 가서 말을 해주라고 강하게 감동을 하는 경우가 있습니다. 예를 든다면 제가 우리 교회 집사의 직장을 놓고 기도를 했습니다. 한 동안 기도를 했습니다. 그러던 어느 주일날 그 집사를 보는 순간에 저에게 이렇게 감동하시는 것입니다. "이번에는 될 것이다" 그래서 바로 그 집사에게 집사님 이번에는 취직이 될 것입니다. 했습니다. 그 말대로 취직이 되었습니다.

16장 예언의 용어를 바르게 숙지하라

(고전 14:3-5)"그러나 예언하는 자는 사람에게 말하여 덕을 세우며 권면하며 안위하는 것이요. 방언을 말하는 자는 자기의 덕을 세우고 예언하는 자는 교회의 덕을 세우나니, 나는 너희가 다 방언 말하기를 원하나 특별히 예언하기를 원하노라 방언을 말하는 자가 만일 교회의 덕을 세우기 위하여 통역하지 아니하면 예언하는 자만 못하니라…"

예언 사역자가 되기 위해서는 예언적인 용어를 성경적으로 해석할 줄 알아야 합니다. 하나님의 생각과 사람의 생각은 다릅니다. 하나님이 생각하는 길과 자신이 생각하는 길이 다릅니다. 그러므로 우리는 하나님의 뜻을 알 수 있도록 영적인 사고를 하는 것이 좋습니다.

그동안 성령사역과 체험을 통하여서 필자는 때에 관한 하나님의 용어가 우리의 용어와 상당히 다르다는 것을 알아냈습니다. 그분은 절대로 서두르시지 않고 항상 시간을 지키십니다. 그러나 자주 우리는 그 분의 행하시는 것이 우리의 생각보다 느리다고 느끼고 있습니다. 성경에 등장하는 위대한 인물조차 하나님께 대한 조바심 때문에 차분하게 예언의 성취를 기다리지 못하고 큰 실수를 저질렀습니다. 아브라함의 경우가 그렇습니다. 그는 시간이 촉박하다고 생각한 나머지 하나님의 말씀이 성취되기 위해 하나님을 "도와 드리려고" 시도를 했습니다. 바로 이스마엘 사건입니다(창세기 16장). 우리가 예언의 성취를 하나님의 예정표보다 앞장서서 나가게 되면 항상 육의 열매를 얻게 되고 그것은 결국 진정한 예언의 약속의 열매와 상반됩니다.

사울 왕의 경우도 역시 여기에 걸렸습니다. 하나님께서 사무엘 선지자를 통한 약속을 정확한 시간에 이행하지 못하게 되지나 않을까 하고 불안해했습니다. 그래서 그는 부득이 "불순종할 수밖에 없었고" 그래서 사무엘이 도착하기를 느긋하게 기다리지 못하고 방방 뛰다가 결국 대신 제사를 드려 버렸습니다. 사울은 그렇게 성급했기 때문에 이스라엘 왕으로서의 기름 부음을 잃었고 뿐만 아니라 장차 그의 후손들이 이스라엘의 왕위를 계승하게 되리라는 하나님의 예언의 말씀은 수포로 돌아가 버리지 않았습니까?(사무엘상 13-18).

예수께서 친구인 나사로가 위독하다는 전갈을 들으신 후 즉각 움직이지 않으시고 무려 4일간을 기다리셨던 사실을 기억하십니까? 제자들은 예수께서 너무 늦으셨다고 생각했습니다. 마리아와 마르다 자매도 예수님이 좀더 빨리 오셨더라면……. 하고 아쉬워했습니다. 이제는 나사로가 죽었기 때문에 아무런 소망이 없다고 예수께 원망 어린 말씀을 드렸습니다. 그러나 너무 늦었는지 그렇지 않은지는 항상 예수님이 판단하십니다. 우리의 생각에도 예수님이 너무 늦게 오시지 않으셨나 하고 여기셨겠지만, 그러나 예수님은 죽은 자를 살려내십니다.

당장 사면초과에 걸려 있어도, 환란과 풍파가 몰아쳐도, 사업이 파산선고에 몰려 있어도, 사역의 기회가 사라졌을지라도, 의사가 전혀 희망 없는 진단을 내렸어도, 폭풍이 당신의 가정을 향하여 곧장 몰아쳐도, 예수님은 그 상황에서 바로 그 시간에 구원해 주시기 위해 그곳에 계시거나 다시 일으켜 세우시거나 아니면 부활시키실 것입니다. 하나님께서 예정표를 가지고 계시다는 것을 아는 것은 그 분의 예언의 약속을 이루어 주심을 믿고 신실하심을 믿고 나아가는 성도들에게 격려가 됩니다. 그렇더라도 성도들이 인내하는 과정에 있을 때에는 심한 좌절감을 갖게 될 수도 있습니다. 나는 지금 급해서 어떤 일이 빨리 이루어져야 하는데 누가 와 가지고 "…염려 마세요, 하나님이 정한 때에 다 이루어질 거예요…" 라고 말하면 그처럼 실망될 때도 없을 것입니다.

왜 그럴까요? 내 생각, 내 믿음이 하나님을 억지로 나의 시간 예정표에 맞추어 주실 것으로 여겼기 때문에 그런 의견을 원망하고 거부하는 것입니다. 지금 암만 머리를 짜내어 생각해 봐도 나는 당장 그게 필요한데…. 누가 나보다 내가 원하는 것을 더 잘 알 리가 있는가? 라는 태도입니다. 내일은 아무리 생각해도 너무 늦을 것 같습니다. 그럼에도 불구하고 삼십 여년이 지난 뒤에 보면 하나님의 하시는 일은 어떤 시간과 때를 갖고 계신다는 것을 알게 됩니다. 하나님의 예정표는 육적인 사람의 이

치에는 언제나 맞지 않을 수도 있습니다. 우리의 생각은 '왜' 라고 외치고 싶습니다. 그러나 하나님의 예정표는 모든 것이 합당한 질서로 이루어지도록 성숙함과 충만함을 필요로 한다는 것을 저는 배우게 되었습니다. 다음의 성경 구절은 이러한 사실을 분명히 해 줍니다.

"때가 차매, 하나님이 그 아들을 보내 사(갈라디아서 4:4)" "그가 모든 사람을 위하여 자기를 속제물로 주셨으니, 기약이 이르면 증거할 것이라(디모데전서 2:6)" "기약대로 그리스도께서 경건치 않은 자를 위하여 죽으셨도다(로마서 5:6)" "그리스도안에서 때가 찬 경륜을 위하여 예정하신 것이니, 하늘에 있는 것이나 땅에 있는 것이 다 그리스도 안에서 통일되게 하려 하심이라(에베소서 1:10)" "천하에 범사가 기한이 있고 모든 목적이 이룰 때가 있나니… 때를 따라 아름답게 하셨고(전도서 3:1,11,17)" "때와 기한은 아버지께서 자기의 권한에 두셨으니, 너희의 알바아니요, 오직 성령이 너희에게 임하시면 너희가 권능을 받고(사도행전 1:7-8)" "곧 요셉의 예언의 말씀이 응할 때까지라, 그 말씀이 저를 단련하였도다(시편 105:19)" "우리가 선을 행하되 낙심하지 말찌니 피곤하지 아니하면 때가 이르매 거두리라(갈라디아서 6:9)" 이 장에서는 바르게 예언을 전하고 이해하기 위하여 예언적인 용어를 이해하기를 바랍니다.

첫째, 홀연히, 혹은 곧. 하나님께서 "홀연히" 혹은 "곧" 이라는 단어를 쓰셨을 때 우리는 그 말을 성서적인 조명 하에서 이해할 필요가 있습니다. 표면상으로는 어떤 급속한 사건이 저절로 일어난 것으로 보입니다. 그러나 그 이면 속을 자세히 살펴보면 급속하게 나타남을 초래한 것은 오랫동안에 걸친 준비가 있음을 알 수가 있습니다.

예를 들어 사도행전 2:22절은 우리에게 "홀연히 하늘로부터 급하고 강한 바람 같은 소리가 있어 저희 앉은 온 집에 가득하며."를 설명해 줍니다. "홀연히"라는 어휘 때문에 우리는 이것이 아무도 준비해 놓은 적이 없었거나 아니면 믿어 본적이 없었던 것이 하나님께로부터 온 예기치 않은 이변으로 생각하기 쉽습니다.

그러나 사실인즉, 예수의 사도들을 포함한 120명의 예수님을 따르던 사람들이 예수께서 그들에게 예루살렘에 돌아와서 아버지께서 약속하신 것을 기다리도록 말씀하신 것이고 이후로 성령의 초자연적인 강림을 위하여 계속 기도하여 왔고, 기다려 왔고 또 믿어 왔던 바였습니다(사도행전 1:4-5).

" '홀연히' 오순절 날에 저희가 다 성령의 충만함을 받고 성령이 말하게 하심을 따라 다른 방언으로 말하기를 시작 하니라." 그러나 이일은 하나님의 시간표에 따라서 또 인간의 준비와 상태에 따라서 생겨났습니다.

사도들은 3년 반에 걸친 준비를 하였고, 또 그리스도가 승천하신 이후로 충실하게 기다리고 있었습니다. 오순절 날 해가 뜨게 될 무렵에는, 이 따르던 사람들은 하나님을 곧장 찾고 있었으며, 그들의 관계는 제대로 올바른 위치에 있었고, 또 하나님의 때가 차게 되었습니다. 그래서, "홀연히"아버지의 약속이 이루어졌고, 그들은 하늘로부터 권능을 받게 되었습니다.

오순절 날이 이미 이르매… 홀연히! "곧"이라는 어휘는 예수님께서 비슷한 뜻으로 사용하셨습니다. 그가 하나님의 나라의 세우심을 씨를 뿌림에 비유하셨을 때, 그는 이 시대의 끝에 가서 "곧" 추수하심을 말씀하셨습니다(마가 4:26-29). 그렇더라도 추수는 오직 씨를 뿌린 후에 땅속에서 감추어진 채로 움이 트게 되고 싹이 나며 그리고 마침내 충실한 곡식을 맺게 된 후에야 추수를 하게 됩니다. 열매가 충분히 익으면 그때는 농부가 "곧"와서 추수를 합니다. "홀연히"와 "곧"이라고 불려지는 어휘들은 실제로 점진적인 성장과 준비에 기반을 둔 것입니다.

하나님께서는 우리 속에 하늘나라의 씨앗, 묵시, 하나님의 섭리로 감동된 사역이나 계획을 심으셨습니다. 하나님께서는 그것을 다른 사람들이나 혹은 심지어 우리 자신의 큰 관심을 모으지 않은 채로 성장시켜 주십니다. 우리가 계속 기도하고 또 기다리지만 이렇다 할 초자연적인 일들이 일어나는 것 같지 않습니다. 그것은 전혀 인정해 주시지 않고, 받아 주시지 않고, 또 후원해 주시지 않은 것처럼 보입니다. 그러나 홀연히, 그것이 충분한 성장을 이루게 되었을 때 주인공과 사역과 하나님의 목적이 준비되었을 때 그 뒤에야 곧 하나님께서 그것이 맹활약과 성취를 이루게 하심으로써 추수하십니다. 그때에는 교회에서와 또 세계에 강하게 나타나게 됩니다.

결론적으로, 우리는 어느 때 하나님께서 계시를 성취시키시며, 또 어느 때 우리에게 주셨던 사역이 나타나도록 역사 하실 것인가에 대하여 염려해서는 안 됩니다. 우리가 할 일은 계속해서 씨에 물을 주며 또 흙에서 잡초를 제거하는데 있습니다. 우리는 그저 우리가 해야 할 일을 계속해 나가면서 사역을 믿고, 그것의 성취를 시인하면서, 추수하는 방향으로 전진해 나가야 합니다. 오직 주인 되는 농부만이 적당한 시간을 알고 계시며 또 만사가 그의 제정해 놓으신 시간에 이루어질 때는, 우리의 사역이 견고히 유지될 것이며, 우리의 생명이 보존될 것이며, 그리스도가 영광을 받게 되실 것이며, 성도들에게 덕이 될 것이며, 그리고 세계가 하나님과 화해하게 될 것입니다.

둘째, 성취의 방법이나 시기. 더군다나 환상이나 음성이 분명하더라도 성취의 방법이나 시기의 해석 문제가 쉬운 일이 아닙니다. 아브라함이 75세 때에 하나님은 아브라함의 씨를 통해 큰 민족이 일어날 것을 말씀하셨지만(창 12:2-3), 10년이 지나도록 아들이 없었습니다(창 16:3).

그래서 조바심이 난 아브라함과 사래는 인위적인 방법으로 아들을 얻었지만 약속의 자녀가 아니기 때문에 오히려 골칫 덩어리만 만든 셈이 되었습니다. 하나님의 약속의 말씀은 장장 25년 후에야 성취되었습니다(창 21:5). 아브라함의 경우는 하나님의 음성과 뜻에는 파란 불이 켜졌지만 방법(적용)에 빨간 불이 켜진 셈입니다. 계시, 해석은 맞았지만 적용이 틀린 셈입니다.

셋째, 시간성. 또한 시간성이 중요하다. 음성을 들을 때 "즉시," "곧" "시행 하리라"는 시간성의 단어에 유의할 필요가 있습니다. 하나님의 음성은 개인, 단체, 국가 및 우주적인 것에 따라 같은 단어라도 시간성이 달라질 수 있습니다. 예수님은 계시록에서 "내가 진실로 속히 오리라"(계 22:20)고 거의 2천 년 전에 말씀하셨지만 아직 오시지 않았습니다. 지금, 오늘날, 대체로 우리는 이 용어를 '24시간 이내'라고 생각하기 쉽습니다. 그러나 예언적 용어는 그렇지 않다고 볼 수 있습니다. 사울의 경우 38년 후(삼상 13:1-4), 다윗이 왕 됨이 13년(삼상 15:28), 예수님께서는 '속히 오리라'를 종말의 때까지입니다.

그러므로 예언적 용어 중에서 '곧'은 하루에서부터 삼 년까지를 의미합니다. "매우 속히"는 일 년에서 10년까지를 의미합니다. "지금, 오늘"은 일 년에서 40년까지를 의미합니다. 분명한 시간을 지정함이 없이 "내가 할 것이다."는 만일 그 사람이 순종하게 되면 하나님은 그 사람의 일생 중에 어느 때인가 행하실 것임을 뜻합니다. 사람들이 너무나 조급하게 서둘러서 예언의 말씀을 약화시키거나, 무효화시키거나 또는 성취를 지연시키는 경우가 많이 있음을 봅니다.

일반적으로 개인에 대한 음성일 경우 "즉시"는 하루에서 몇 달 정도입니다. "곧"은 1년에서 10년 정도입니다. "지금"혹은 "오늘"은 1년에서 40년 정도를 말합니다. "내가(하나님)… 하리라"는 전 생애에 걸쳐 이루어진다고 할 수 있습니다. 그러나 문자 그대로 즉각적인 순종을 요구하실 때도 있습니다. 하나님은 모세를 40년 후에 들어 쓰셨고, 요셉에게 꿈을 보여 주신지 13년 후에, 다윗을 왕으로 기름 부은 지 약 13여 년 후에 왕위에 오르게 하셨습니다. 또한 어떤 경우에는 일이 이루어지지 않았음에도 불구하고 "내가…을 이미 했노라"라는 식의 음성을 듣는 경우가 있습니다. 많은 성도들이 내가 원하는 기도가 있어 간구했는데 하나님은 "내가 이미 그 일을 시행했노라"라고 말씀하셨습니다. 혹시 잘못 들었나. 해서 다시 물어봐도 계속 이런 식으로 말씀하셨습니다.

이런 것을 성경에서는 "예언적 완료형" 또는 "예언적 과거형"이라고 합니다. 앞으로 이루어질 일이 너무나 확실하기 때문에 이미 이루어진 것처럼 완료형이나 과거형으로 말씀하시는 것입니다(사 40:1-2; 42:9 등). 더 나아가서 성경이 말하는 시간에는 두 종류가 있습니다. "크로노스"와 "카이로스"입니다. 크로노스는 우리가 말하는 달력상의 시간입니다.

그러나 카이로스는 하나님이 작정하신 때입니다. 카이로스는 달력상의 때와 다릅니다.

하나님이 보시기에 우리의 달력상의 때는 하루가 천년 같고 천년이 하루 같습니다. 하나님의 때인 카이로스는 우리의 순종 여부, 준비 여부에 따라 달력상의 때인 크로노스와는 달리 상당히 폭이 넓고 융통성이 있습니다.

그러므로 우리가 시간성을 따질 때 크로노스에만 집착할 것이 아니라, 하나님의 카이로스에도 관심을 가져야 합니다. 어떤 약속은 먼 것 같지만 우리가 하나님의 뜻에 순종하고 준비되어 있으면 생각보다 빨리 이루어질 수 있고 어떤 약속은 가까운 것 같지만 불순종하고 준비되어 있지 않으면 마냥 질질 끌기만 합니다. 원래 하나님은 출애굽한 백성들의 광야 훈련으로 일년으로 예정하셨지만, 그들이 번번히 불순종한 결과 그들은 40년 동안 광야에서 쳇바퀴 도는 생활을 하다가 멸망해갔습니다.

넷째, 점진적으로 드러나는 말씀. 하나님은 아브라함이 75세 일 때 말씀을 주셨습니다(창 12:1-5). 그가 가나안 땅에 도착했을 때 하나님은 두 번째 말씀을 주셨습니다(창 12:7). 이것은 첫 번째 말씀에 대한 확인이라고 할 수 있습니다. 세 번째 말씀은(창 13:14-17) 첫 번째 말씀을 재 강조하신 말씀입니다.

그는 그 후 83세에 네 번째 말씀(창 15장)을 받았고 99세에 다섯 번째 말씀을 받았습니다(창 17장). 이때 그는 "내 앞에서 흠 없이 행하라"는 새로운 말씀을 받았습니다. 시간이 갈수록 내용이 구체화되거나 새로운 말씀이 첨가됨을 알 수 있습니다. 이처럼 미래에 대한 하나님의 음성은 시작 단계에서는 구체적이라기보다는 일반적, 원칙적인 언어로 들려주시는 경우가 많습니다. 예를 들어, "내가 너의 사역의 문을 활짝 열어주리라." "내가 너를 참으로 복되게 하리라." 그래서 비슷한 상황이 전개되면 이 말씀이 금방 실현된 것으로 생각하여 조급하게 행동을 취했다가 이루어지지 않거나 낭패를 볼 수 있습니다. 미래에 대한 말씀은 한꺼번에 모든 것을 구체적으로 다 알려주시는 것이 아니라, 점진적으로 진행되는 경우가 많기 때문입니다.

다섯째, 특수한 상황을 암시해 주는 용어들

① 인내: 개인적 예언이 우리에게 크나 큰 인내심을 갖게 되리라고 약속할 때, 우리는 인내심이 자랄 수 있는 땅은 환란이라는 로마서 5:3의 말씀들을 기억해야만 되겠습니다. 하나님은 우리가 성령의 능력으로 소망을 갖고 승리의 체험을 주시기 위해 세상을 진동시키는 상황 즉, 문제, 압력, 시험, 시간 지연 등을 허용하시사 가슴을 아프게 하고 마음을 흩어지게 하십니다. 그리고 소망은 또다시 믿게 되는 것을 부끄러워하지 않게 만들어 줍니다. 왜냐하면 하나님의 사랑은 인내의 결실이며 성령으로 인하여 우리의 심령 속에서 흘러나오는 것이기 때문입니다.

② 지혜: 하나님께서 예언으로 우리에게 지혜를 주시겠다고 말씀하셨을 때에는 그것은 우리의 재간으로는 도저히 해결할 수 없는 어떤 문제들과 상황을 허용하실 것이라는 뜻입니다. 이렇게 해서 우리를 억지로라도 하나님의 지혜를 끌어다 주시

게 되며, 하나님께 그의 약속을 성취시키실 기회를 드리게 됩니다. 결국 우리는 인간의 지혜의 모든 근원들이 다 끝장이 나고 또 문제를 해결할 길이 없는 것으로 입증되기 전까지는 하나님의 지혜를 진실로 필요로 할 리가 만무합니다.

③ 사랑: 예언의 말씀이 우리가 하나님의 신령한 사랑을 나타내게 될 것이라고 우리에게 알려줄 때에는 우리가 어떤 사랑하지 못할 사람들을 겪어 나가게 될 것을 의미합니다. 그들은 우리의 모든 인간적인 사랑을 망치는 일을 행할 것이며 그래서 우리가 해야 할 오직 한 방법은 가장 사랑하지 못할 사람까지라도 사랑해야만 하는 하나님의 "아가페"적인 수준으로 사랑하도록 우리를 끌고 가는 것입니다. 그러한 사람은 대체로 가장 당신과 가깝게 지내고 또 다정한 인물일 것입니다. 그러므로 거부하고 원망하는 대신에 회개하고 또 그 사람을 위해 하나님의 사랑을 받아야 할 것입니다.

④ 믿음: 우리는 세 가지 종류의 믿음을 소유할 수 있습니다: 즉, 구원받는 믿음, 믿음의 은사와 믿음의 성령의 열매입니다. 우리가 예언 내용에서 위대한 믿음을 갖게 되리라는 것을 들었을 때에는, 믿음의 열매를 맺는 땅은 어떤 기적을 요하는 재난 직전에 처한 삶인 것을 인식해야 됩니다. 만일 우리가 하나님에 의해서 우리 스스로의 수단으로 우리의 쓸 것을 채울 수 없는 처지에 절대로 들어간 적이 없다면, 우리는 결코 믿음의 열매를 맺지 못하게 될 것입니다.

⑤ 세우다, 넓히다, 늘리다.: 어떤 때는 하나님께서, "내가 세우고, 넓히고, 늘릴 예정이다."라고 말씀하십니다. 그러나 더 많이 세우자면 더 큰 건물을 위한 더 깊은 기초공사를 쌓아야 됩니다. 그러면 그것은 우리가 먼저 오래된 건물을 헐어 내고, 오래된 제한된 기초공사를 파헤치고, 그런 후 단층짜리 사역 대신에 10층짜리 사역에 맞는 새 기초공사를 쌓아야 함을 뜻합니다. 그러므로 이러한 용어들은 사역의 어떤 뿌리를 뽑고 또 어떤 자기 스스로를 발전시킬 만한 체험들을 내포하고 있습니다.

⑥ 위대한 추수: 하나님께서 개인적 예언으로 우리에게 위대한 추수를 주시겠다고 선포하셨을 때는, 예언적 과정은 우리가 그 말씀을 받을 때에 처해 있는 상태에 따라서 진행될 것입니다. 만일에 한 농부가 이와 같은 예언을 받았다면 그는 아마도 실제적인 경험으로 미루어 보아 무엇을 기대하는가를 알게 될 것입니다. 예를 들어서, 미국의 중서부 지방에 사는 한 옥수수 농사를 짓는 농부를 생각해 보십시오. 만일 그가 이러한 예언의 말씀을 옥수수 밭을 갈고 난후 8월 달에 받았다면 그는 하나님께서 충분한 비를 내리셔서 옥수수가 자라도록 하고 또 폭풍으로부터 보호해 주셔서 적당한 시기에 그가 거둘 수 있도록 신뢰하는 것 외에는 그가 할 수 있는 일이 전혀 없다는 것을 알고 있을 것입니다. 그렇지만, 만일 그가 정월달에 그 예언의 말씀을 받았다면, 그 말씀이 성취되기 위해서 그가 해야 할 일이 많은 것을 알게 될 것입니다. 그는 묵은땅을 뒤집어엎어야 하며, 줄

을 바르게 맞추고 씨를 뿌리기 위해서 밭을 준비해야 하며, 씨를 뿌리고, 비료를 주고, 김을 매고, 규칙적으로 물을 주고, 또 병충해에 대비하여 약을 뿌려야 할 것입니다. 농작물이 익을 때에는 곧 추수하도록 해야 할 것입니다.

영적 추수에 대한 예언의 말씀도 똑같은 헌신, 열심, 협조와 반응을 요하게 됩니다. 행함이 없는 믿음은 죽은 것이므로 시인한 것은 소유했다는 뜻이 아닙니다. 예언한 후에 순종이 동시에 따르지 않은 채 그저 선포하는 것만으로는 약속을 성취하지 못하게 될 것입니다. 만일 우리가 위대한 사역에 관한 우리에게 주신 개인 예언의 하나님의 약속을 진실로 믿는다면 우리는 지금 그 말씀에 협조하기 시작하여야 되겠고 그래야만 우리는 알맞은 때에 그 성취를 위한 준비를 갖추게 될 것입니다.

⑦ '내가 할 것이다.' 하시거나 혹은 '네가 할 것이다'에 상관없이 하나님께서는 항상 "우리가 할 것이다."를 의미하십니다. 우리는 이 지상에서 실행하고 있는 인간적 존재가 될 것이며, 그분은 하늘에서 기적을 행하시는 보이지 않는 능력이 되실 것입니다.

이러한 모든 예언적 용어를 이해하는 것이 믿음과 예언이 완벽한 결과를 얻기 위한 또한 예언 과정에서 동반하는 인내심을 위한 중요한 결정적 요소입니다.

17장 영감으로 예언을 하려고 하라

(고전 14:3-5)"그러나 예언하는 자는 사람에게 말하여 덕을 세우며 권면하며 위로하는 것이요 방언을 말하는 자는 자기의 덕을 세우고 예언하는 자는 교회의 덕을 세우나니 나는 너희가 다 방언 말하기를 원하나 특별히 예언하기를 원하노라 만일 방언을 말하는 자가 통역하여 교회의 덕을 세우지 아니하면 예언하는 자만 못하니라."

하나님은 성령으로 충만한 상태에서 영감으로 예언을 하고 계시를 받으라고 하십니다. 하나님은 우리에게 예언의 능력과 실력을 향상시키되 성령으로 발전시키라고 말씀하십니다. 우리가 예언의 기름부음을 받으려고 하는 목적을 바로 알아야합니다. '예언자'로서 자신의 명성을 쌓는 것이 아니라, 우리의 좋은 주인이신 예수님의 교회를 섬기는 격려자로, 무너지고 부서진 곳을 세우는 자로, 그분께서 '때를 따라 주신 말씀'이 '적절하게 선포되어' 덕을 세우는 자로 도움이 될 수 있게 하기 위하여, 그분께서 어떻게 우리를 사용하기 원하시는지 배울 수 있을 것입니다. 하나님은 성도들이 하나님께서 원하시는 수준에 도달하여 하나님께서 예비한 축복을 받으면서 살도록 계시로 인도하십니다.

첫째, 주님을 사랑하는 마음과 임재 의식을 가져야 한다. 예언은 주님께서 나에게 인격 대 인격으로 주시는 말씀이십니다. 라디오의 주파수가 정확할 때 잡음이 없이 들리는 것처럼, 마음에 하나님을 사랑하는 마음이 있어야 하며, 주님에 대하여 민감한 상태를 유지해야 합니다. 성령으로 충만한 영의 상태에서 음성이 들리는 것입니다. 주님 없이 나는 한 시간도 못산다는 마음의 고백입니다. 내 인생은 하나님이 살아주신다는 의식의 전환이 중요합니다. 갈라디아서 2장 20절은 바로 바울은 이렇게 고백합니다. "내가 그리스도와 함께 십자가에 못 박혔나니 그런즉 이제는 내가 사는 것이 아니요 오직 내 안에 그리스도께서 사시는 것이라 이제 내가 육체 가운데 사는 것은 나를 사랑하사 나를 위하여 자기 자신을 버리신 하나님의 아들을 믿는 믿음 안에서 사는 것이라"

치유사역이나 예언사역이나 주님의 사랑을 가지고 해야 합니다. 필자는 항상 말합니다. 치유사역은 헌신하고자하는 마음이 없으면 할 수가 없다는 것입니다. 한 영혼의 병든 곳을 치유하려면 환자의 마음이 열려야 성령께서 역사하십니다. 치유는 전적으로 성령께서 하시는 것입니다. 성령께서 역사하실 수 있도록 환자의 마음을 열게 해야 함으로 환자를 치유하여 자유하게 한다는 헌신이 없으면 치유 사역을 하지 못합니다. 예언도 마찬가지입니다. 마땅하게 갈 길을 찾지 못하고 방황하는 영혼에게 바른 길을 안내해야 함으로 예수님의 사랑을 가지고 상대방을 대해야 합니다.

둘째, **예언은 성령님으로 부터 오시기 때문에 구해야 한다.** 하나님은 사모하는 영혼에게 만족함을 주시는 분입니다. 예언 은사를 받으려고 하면 구해야 합니다. 그리고 예언을 하려고 해야 합니다. 예언을 하고 싶은 생각은 성령이 주신 것입니다. 우리가 예수를 믿고 성령을 체험했다면 이미 아홉 가지 은사가 우리에게 다 와있는 것입니다. 다만 은사의 통로가 열리지 않은 것뿐입니다. 내가 기도하고 예언을 하려고 하면 예언의 은사의 통로가 열리는 것입니다. 예언을 하려고 사모하고 훈련하고 구하시기를 바랍니다. 그러면 열립니다. 하나님은 모든 분들이 예언을 하기를 소원하십니다. "모세가 그에게 이르되 네가 나를 두고 시기하느냐 여호와께서 그의 영을 그의 모든 백성에게 주사 다 선지자가 되게 하시기를 원하노라"(민 11:29). 예언을 하려고 하고 성령님에게 도움을 요청해야 합니다. 성령으로 예언의 음성이 들리기 때문입니다.

셋째, **예언은 전하려는 상대방에게 사랑하는 마음의 자세가 필요하다.** 예언(개인, 공동체, 교회, 국가)을 위하여 말씀을 받으려고 할 때 동기는 사랑하기 때문이어야 합니다. 정죄, 결점, 능력의 과시, 기선을 제압하려는 동기는 시작을 말아야 합니다. 사랑의 마음에서 어찌할 바를 모르고 방황하는 상대방에게 하나님의 뜻이 어디에 있는지를 알려주려는 선한 의도로 해야 합니다. 절대로 자신을 과시하려는 우쭐한 태도로 말씀을 받거나 전하면 하나님의 진노가 임합니다. "내가 예언하는 능력이 있어 모든 비밀과 모든 지식을 알고 또 산을 옮길 만한 모든 믿음이 있을지라도 사랑이 없으면 내가 아무 것도 아니요"(고전 13:2). "그러나 예언하는 자는 사람에게 말하여 덕을 세우며 권면하며 위로하는 것이요"(고전 14:3).

넷째, 예언은 사람을 세워주고 유익한 결과를 주어야 한다.

1) 지도력 계발(啓發): 예언의 핵심적인 지도자들은 예언적인 결과들을 통해 분별되어 세워집니다. 적어도 지도자들은 그들이 알려지기 이전에 예언을 통해 특별하게 임명이 되어야 합니다. 새로운 지도자가 세워지게 될 때 이러한 종류의 견고함은 강한 신뢰를 갖게 합니다. 물론 다른 요소들 예를 들면 성격 발달, 은사와 훈련의 정도 등도 숙고합니다.

2) 중요한 주제들을 위한 정확한 방향 제공 : 민감한 문제에 대해 결정을 해야 할 때 주님께서는 여러 가지의 독립적인 예언자들을 통해 지시하십니다. 주님은 우리에게 특별한 건물, 거리에 대해서 또 구입할 금액에 대해서 정확한 시간에 사람들을 통해 우리들이 알아들을 수 있도록 말씀 하셨습니다. 환경에 나타나는 보증의 역사가 일어난다는 말입니다. "너는 나보다 앞서 길갈로 내려가라 내가 네게로 내려가서 번제와 화목제를 드리

리니 내가 네게 가서 네가 행할 것을 가르칠 때까지 칠 일 동안 기다리라"(삼상 10:8).

3) 마귀적인 공격의 경고 : 많은 경우에 주님께서는 우리들에게 마귀의 갑작스러운 습격의 경고들에 대해 예언을 하십니다. 그 경고들은 다양한 유형으로 옵니다. 특정한 사람들의 일과 행동에 대해 미리 말씀하시기도 하시고, 처한 환경을 설명하시기도 하시며, 지역이나 자연에 대한 공격에 대해 말씀하시기도 하십니다. 어떤 전쟁에 있어서는 은밀한 정보가 큰 도움이 되는 것입니다. 곧 우리는 우리의 사역들을 분열시키려는 원수들에 의해 우리의 힘과 시간과 사람들을 구할 수 있게 되는 것입니다. "믿음으로 노아는 아직 보이지 않는 일에 경고하심을 받아 경외함으로 방주를 준비하여 그 집을 구원하였으니 이로 말미암아 세상을 정죄하고 믿음을 따르는 의의 상속자가 되었느니라"(히11:7). "여호와께서 집을 세우지 아니하시면 세우는 자의 수고가 헛되며 여호와께서 성을 지키지 아니하시면 파수꾼의 깨어 있음이 헛되도다"(시 127:1).

4) 견딜 수 있는 소망과 믿음 : 우리는 하나님의 뜻을 아는 지식에 의해 견고해 집니다. "이로써 우리도 듣던 날부터 너희를 위하여 기도하기를 그치지 아니하고 구하노니 너희로 하여금 모든 신령한 지혜와 총명에 하나님의 뜻을 아는 것으로 채우게 하시고"(골 1:9). "이는 나 여호와 너의 하나님이 네 오른손을

붙들고 네게 이르기를 두려워하지 말라 내가 너를 도우리라 할 것임이니라"(사 41:13).

왜냐하면 개 교회의 역사에서 보면 가끔씩 하나님의 뜻은 예언적으로 계시되며 확고해짐을 볼 수 있습니다. 우리는 어려운 시기에 견고해 질 것입니다. 예언 사역은 연합하는 마음을 만들어 줍니다. 하나님께서는 우리들이 만나는 장애물과 실패에도 불구하고, 우리와 함께 하시며, 견디기 힘든 일들을 통해, 회개와 희생과 경외심의 감각과 마음의 다른 변화들을 가져다줍니다. 우리는 예언이 가져오는 이익들을 사랑합니다. 예언의 능력은 뜻하지 않은 함정과 뒤틀림을 지나서 메신저들이 가져오는 메시지들에 대해 자발적으로 문을 열어 받아들이도록 하여 줍니다. 저는 항상 그러한 일들이 일어난다고 생각을 합니다.

그것은 인간의 한계를 넘어선 것입니다. 바울은 데살로니가 교회의 예언적인 미숙함과 성령님을 소멸한 것에 대해 격멸하지 않았습니다. "성령을 소멸하지 말며, 예언을 멸시하지 말고 범사에 헤아려 좋은 것을 취하고, 악은 어떤 모양이라도 버리라."(살전 5:19-22). 성령의 음성에 순종하며 따라가도록 권면했습니다.

다섯째, 인격적이어야 하며 상처를 주지 않아야 한다. 부정적인 언어보다 긍정적인 언어 사용, 죄에 대한 지적을 직접적, 강한 어조로 충고, 야단치듯이 하지 말고, 부드럽고 온유하게 그의 마음에서 자발적으로 하나님께 회개를 하도록 인도해야 합니다. 다수의 사람들일 때는 개인적이며 인격손상이 될 만한 예언은 따로 개인적으로 하시기를 바랍니다.

여섯째, 늘 마음에 떠오르는 말씀에 귀를 기울이라. 현대인들은 머리로써 살아가고 있습니다. 현대는 정보사회, 경쟁 시대이기에 더 많은 두뇌의 활동을 필요로 하고 있습니다. 현대인들에게 예언의 은사가 임하지 않는 이유가 여기에 있습니다. 머리로써 교육을 받고 살아가며 생각하고 결정하며 대부분의 인생을 살아갑니다. 그래서 마음의 귀를 기울이고 주님께서 지금 나에게 무슨 말씀을 주시기를 원하시는가를 기대하며 살아야 합니다. 일반적으로 우리가 말을 할 때는 생각의 말을 합니다. 그러나 예언은 우리의 생각과 관계를 끊어야 합니다.

그래서 항상 성령의 임재 안에 머물러 있는 훈련과 임재 안에 있어야 항상 하나님의 감동을 받을 수가 있습니다. 성령의 임재가 충만하지 못하면 예언은 애당초 시작을 말아야합니다. 의지적으로 예언을 하려고 하지마세요. 최초부터 성령의 인도를 받는 버릇을 들여야 합니다.

일곱째, 마음으로 생활하는 훈련을 하라.

1) 찬양 훈련. ① 조용한 찬양을 음악에 맞추어 부릅니다. ② 침묵한 후 반주에 맞추어 마음으로 찬양을 드립니다(찬양반주기 활용). ③ 그 후 반주를 중지한 후 마음으로 찬양을 드립니다.

2) 마음으로 말하고 생각하는 훈련. ① 먼저 심장의 박동에다 정신을 집중하고, ② 마음으로 숫자를 세는 훈련, 마음으로 성령님을 찾는 훈련. ③ 생각을 머리에서 마음으로 하는 연습을 합니다.

3) 침묵기도와 묵상기도 훈련. ① 침묵기도로서, 외적 침묵은 말하고 듣는 것을 절제함을 말합니다. 내적 침묵은 습관적인 생각과 편견(아픔, 상처)등을 모두 씻어버리게 함으로 성경 말씀에 고요히 귀 기울이게 하는 것과 모든 것을 하나님에게로 인도하는 것을 말합니다.

침묵의 목적은 하나님의 말씀을 보다 잘 듣고, 하나님에게 집중하고, 그 분의 현재 존재 안에 머무르는 것입니다. 말을 하지 않고 듣지 않는 것은 물론이고 생각이나 상상, 기억 등을 절제하는 것이 내적 침묵입니다. 나쁜 기억 등을 예수 이름으로 몰아내고 성령을 채우는 것을 말합니다.

② 묵상 기도는 묵상의 자료를 준비하여 묵상 자료를 마음으로 묵상하며 집중하는 훈련을 말합니다. 잡념을 제거하고 무념무상으로 들어가 주님의 영을 채우는 것입니다.

여덟째, 열매를 맺게 해야 한다. 예언을 들은 후 그 사람의 마음에 평안, 자유 함, 위로, 하나님에 대한 사랑, 긍정적인 자세를 가질 수 있어야 합니다. 예언은 적절하고, 분명하고, 때에 맞게, 겸손하게 인격적으로 전해야 합니다. 그래서 하나님의 권위를 나타내야 합니다. "그러므로 내가 너희에게 알리노니 하나님의 영으로 말하는 자는 누구든지 예수를 저주할 자라 하지 아니하고 또 성령으로 아니하고는 누구든지 예수를 주시라 할 수 없느니라. 은사는 여러 가지나 성령은 같고, 직분은 여러 가지나 주는 같으며, 또 사역은 여러 가지나 모든 것을 모든 사람 가운데서 이루시는 하나님은 같으니, 각 사람에게 성령을 나타내심은 유익하게 하려 하심이라"(고전 12:3-7).

아홉째, 예언의 감동을 지혜 있게 전하라. 예언 사역자들은 많은 성도들이 묻는다면 "하나님께서 나에게 말씀하셨다" 또 "주님께서 나에게 보이셨다"라고 이야기하는 경우가 많습니다. 예언자들은 모든 상황에서 "주님께서 이같이 말씀하신다."라는 말로 유혹을 받게 됩니다. 이것은 하나님에게서 온 말씀을 듣고 예언이 되어야 한다는 압박감에 사로잡힌 개발되지 않은 예언자들에게 특히 해당됩니다. 그래서 압박의 결과로 사역자들은 자신의 견해로 인해 하나님의 음성을 자주 혼동을 합니다. 바울이 "내가 말하노니(이는 주의 명령이 아니라) 그것은 나의 견해요. 그리고 나도 또한 하나님의 영을 받을 줄로 생각하노라" 성경을 봅시다.

"내가 결혼하지 아니한 자들과 과부들에게 이르노니 나와 같이 그냥 지내는 것이 좋으니라. 만일 절제할 수 없거든 결혼하라 정욕이 불 같이 타는 것보다 결혼하는 것이 나으니라 결혼한 자들에게 내가 명하노니 (명하는 자는 내가 아니요 주시라) 여자는 남편에게서 갈라서지 말고(만일 갈라섰으면 그대로 지내든지 다시 그 남편과 화합하든지 하라) 남편도 아내를 버리지 말라. 그 나머지 사람들에게 내가 말하노니 (이는 주의 명령이 아니라) 만일 어떤 형제에게 믿지 아니하는 아내가 있어 남편과 함께 살기를 좋아하거든 그를 버리지 말며 어떤 여자에게 믿지 아니하는 남편이 있어 아내와 함께 살기를 좋아하거든 그 남편을 버리지 말라"(고전 7:8-13). "아내는 그 남편이 살아 있는 동안에 매여 있다가 남편이 죽으면 자유로워 자기 뜻대로 시집 갈 것이나 주 안에서만 할 것이니라. 그러나 내 뜻에는 그냥 지내는 것이 더욱 복이 있으리로다 나도 또한 하나님의 영을 받은 줄로 생각하노라"(고전 7:39-40).

바울은 그의 견해를 주님의 것과 같은 것으로 믿고 있습니다. 그래서 예언 사역자들은 하나님께서 직접적으로 말씀하신다고 확신하지 않는 한 그분의 이름을 예언에서 빼는 것이 현명합니다. 바울과 같이 예언을 하는 것이 부드럽습니다.

① 나는 이렇게 생각한다. ② 나는 이렇게 느낀다. ③ 나는 이렇게 감지한다. ④ 나는 이렇게 인지한다. ⑤ 나는 이렇게 분별한다. 라고 말하는 것이 "하나님께서 이렇게 말씀하신다." 란 말로 예언 사역자 자신을 코너로 모는 것보다 더 안전할 것입니다.

열 번째, 예언 사역자가 해야 할 일

1) 방향을 제시합니다. "엘리사가 사자를 그에게 보내 이르되 너는 가서 요단강에 몸을 일곱 번 씻으라 네 살이 회복되어 깨끗하리라 하는지라"(왕하 5:10).

2) 바로잡아 줍니다. "가령 내가 악인에게 말하기를 너는 꼭 죽으리라 할 때에 네가 깨우치지 아니하거나 말로 악인에게 일러서 그의 악한 길을 떠나 생명을 구원하게 하지 아니하면 그 악인은 그의 죄악 중에서 죽으려니와 내가 그의 피 값을 네 손에서 찾을 것이고"(겔 3:18).

3) 하나님의 심판과 축복을 경고합니다(구약의 선지서들의 내용을 참고).

4) 지식과 계시의 말씀을 전달합니다. 사 61:3절의 예언이 B.C 750년에 예언합니다. 단10 (B.C 650)의 예언이 150년 후 이루어집니다. 구약은 메시야의 탄생의 예언입니다.

5) 교회 기초를 이룹니다. "너희는 사도들과 선지자들의 터 위에 세우심을 입은 자라 그리스도 예수께서 친히 모퉁잇돌이 되셨느니라"(엡 2:20).

6) 영적 은사들을 나누어줍니다. "네 속에 있는 은사 곧 장로의 회에서 안수 받을 때에 예언을 통하여 받은 것을 가볍게 여기지 말며"(딤전 4:14).

7) 왕, 선지자, 제사장에게 기름부음의 권한이 있습니다. ①

선지자 사무엘이 사울 왕에게 기름부음(삼상 10:1). ② 모세가 아론에게 기름부음(출 28:41, 시 133:2). ③ 엘리야가 엘리사를 기름부음(왕상 19:16).

8) 하나님의 비밀을 선포합니다. "주 여호와께서는 자기의 비밀을 그 종 선지자들에게 보이지 아니하시고는 결코 행하심이 없으시리라"(아모스 3:7).

9) 그리스도의 몸 된 교회 내에서 교회 구성 일원으로서의 사역을 계시하고 확인시켜 주기 위함입니다.

10) 개인에게 하나님의 예언적인 레마의 말씀을 사역하기 위함입니다.

11) 하나님께서 임명해 주신 은사들과 은혜들과 소명을 나누어주고 또 활성화시켜 주기 위함입니다.

12) 지역 교회 내에서 리더십 사역에 관한 방향과 사명을 확인하기 위함입니다.

열한 번째, 예언 사역시 사람들에게 적용될 수 있는 기본적 지침들을 준수하라.

① 알아들을 수 있게 말을 해야 합니다. 천천히 말하는 습관을 들여야 합니다.

② 소리를 지르지 말라. 하나님이나 그 사람은 귀머거리가 아닙니다.

③ 빨리 이야기하는 것을 피하라. 안정한 심령으로 차분하게

하십시오.

④ 길게 이야기하는 것을 피하라. 간결하게 핵심적인 계시만을 전달하세요.

⑤ 말을 반복하지 말라. 훈련이 필요합니다.

⑥ 거친 판단이나 심한 책망을 주의하라.

⑦ 예언을 단순하게 하라.

⑧ 요점에 초점을 맞춰라.

⑨ 다른 사람들을 흉내 내지 말라.

⑩ 직접적으로 하라.

⑪ 파괴적인 특성을 피하라.

⑫ 조용히 말하라.

⑬ 자신이 말하는 스타일을 개발하라.

⑭ 분노, 상처 등등은 말하지 말라. 오직 주님의 마음만을 이야기하라.

⑮ 겸손함으로 말하라. 말을 테스트 받고자 하라. 실 수 할 때가 있습니다. 한마디로 많은 훈련이 필요합니다. 훈련받을 기회가 된다면 만사를 뒤로하고 참석하여 훈련해야 합니다. 많이 해보아야 자신감도 생기고 예언도 정확해집니다.

18장 예언을 전달하는 핵심적인 지침

(고전 14:29-35)"예언하는 자는 둘이나 셋이나 말하고 다른 이들은 분변할 것이요. 만일 곁에 앉은 다른이에게 계시가 있거든 먼저 하던 자는 잠잠할찌니라. 너희는 다 모든 사람으로 배우게 하고 모든 사람으로 권면을 받게 하기 위하여 하나씩 하나씩 예언할 수 있느니라. 예언하는 자들의 영이 예언하는 자들에게 제재를 받나니, 하나님은 어지러움의 하나님이 아니시요 오직 화평의 하나님이시니라. 모든 성도의 교회에서 함과 같이 여자는 교회에서 잠잠하라. 저희의 말하는 것을 허락함이 없나니 율법에 이른 것 같이 오직 복종할 것이요. 만일 무엇을 배우려거든 집에서 자기 남편에게 물을지니 여자가 교회에서 말하는 것은 부끄러운 것임이라."

자신이 예언을 한다고 다되는 것이 아닙니다. 항상 하나님에게 몸과 마음과 정성을 다하여 집중하려는 자세가 중요합니다. 하나님은 영이십니다. 고로 하나님의 예언의 말씀은 내가 영적인 상태가 되었을 때 들리게 됩니다. 그러므로 성령의 임재가 중요합니다. 성령으로 충만하고 성령의 임재시에 자신에게 나타나는 여러 현상을 알고 유지하려고 노력해야 합니다. 예언의 음성을 정확히 듣고 전하기 위하여 이렇게 하시기를 바랍니다.

첫째, 하나님과 친밀한 관계를 가지라. 찬양과 경배를 통해 하나님의 임재에 들어가라는 것입니다. 예언은 예배 시에, 하나님의 임재 하실 때, 하나님이 말씀하시는 정확한 시간에 나타나야 합니다(고전 14:4~35). "이스라엘의 찬송 중에 거하시는 주여 주는 거룩하시니이다"(시 22:3). 특별하게 성령으로 기도해야 합니다. 기도해야 성령으로 충만해지고 하나님과 친밀한 관계를 유지할 수가 있습니다. 기도가 예언이고 예언이 기도입니다.

둘째, 내 마음을 비우고 방언으로 기도하며 성령님의 인도하심에 민감하라. 예언은 성령의 기름부음 안에서 흘러나옴을 배워야 합니다. 예언의 기름부음을 받아야 합니다. 말씀과 성령으로 심령을 치유해야 합니다. 예언을 하려면 피 사역자와 대화를 하여야 합니다. 이때 더러운 것들이 타고 들어옵니다. 자기 관리를 잘해야 한다는 말입니다.

특히 예언을 말할 때 성령의 임재 하에 성령의 지시를 받는 것이 중요합니다. 성령의 지시는 영혼이 잠잠하여 졌을 때 성령이 선지자의 입술을 통하여 말씀 하시는 것이 보통입니다. 이는 구약의 선지자들이 어떻게 하나님의 뜻을 알았는지를 이해하면 됩니다.

① 엘리야 = "여호와께서 저에게 이르시되 너는 네 길을 돌이켜 광야로 말미암아 다메섹에 가서 이르거든 하사엘에게 기

름을 부어 아람 왕이 되게 하고"(왕상 19:15).

② 다윗 ="이에 보내어 그를 데려오매 그의 빛이 붉고 눈이 빼어나고 얼굴이 아름답더라 여호와께서 가라사대 이가 그니 일어나 기름을 부으라. 사무엘이 기름 뿔을 취하여 그 형제 중에서 그에게 부었더니 이 날 이후로 다윗이 여호와의 신에게 크게 감동되니라 사무엘이 떠나서 라마로 가니라"(삼상 16:12-13).

③ 예수그리스도 ="하나님이여 주의 보좌가 영영하며 주의 나라의 홀은 공평한 홀이니이다. 왕이 정의를 사랑하고 악을 미워하시니 그러므로 하나님 곧 왕의 하나님이 즐거움의 기름으로 왕에게 부어 왕의 동류보다 승하게 하셨나이다"(시편 45:6~7).

셋째, 성령의 임재 하에 깊은 기도를 하여 영감이 깊어져야 한다. ① 듣기를 기대하고 기도하세요. 기도는 아뢰는 것이 아니고 듣는 것이라는 것을 명심해야 합니다. "주 여호와께서는 자기의 비밀을 그 종 선지자들에게 보이지 아니하시고는 결코 행하심이 없으시리라"(암 3:7).

② 당신의 은사를 불 일듯 하도록 기도합시다. 성령의 은사가 나에게 나타나도록 기도해야 합니다. "그러므로 내가 나의 안수함으로 네 속에 있는 하나님의 은사를 다시 불일듯하게 하기 위하여 너로 생각하게 하노니"(딤후 1:6).

③ 성령의 민첩함을 받아들이는 것을 배웁시다. 성령의 감동에 민감하도록 자기 관리를 잘해야 합니다. "내 영혼이 진토에 붙었사오니 주의 말씀대로 나를 소성케 하소서"(시 119:25) "주는 나의 원한을 펴시고 나를 구속하사 주의 말씀대로 나를 소성케 하소서"(시 119:154).

④ 영적인 감각을 훈련시키고 사용하세요. 예언의 방법은 보고, 듣고, 느끼고, 말하는 것입니다. 성령의 임재 하에 예언의 감동을 받는 훈련을 지속적으로 해야 합니다.

⑤ 예언을 할 때 information(무엇을: 정보: 지침)만을 주지 말고 Activation(어떻게, 왜: 해석: 적용)을 주어야 합니다. 그리하여 방향을 주고 변화가 있도록, 그리고 성령의 기름 부음을 풀어 주어야 합니다. 예를 든다면 하나님께서 손에 병 고치는 능력을 주셨는데 이는 성도들의 영육의 질병을 고치라고. 또는 불신자 전도시에 활용하라고 신유의 은사를 주셨습니다.

⑥ 단순 훈련을 받자. 하나님은 복잡하지 않으신 분입니다. 어린 아이의 심령이 되라. 어린 아이가 복잡하게 생각하는 아이는 없습니다.

⑦ 돌아다니는 생각을 하나님께 집중하세요. 하나님의 음성을 기다리세요(하박국 2:1).

⑧ 하나님의 평강을 통해서 음성을 들어야 합니다(골 3:15).

⑨ 하나님의 음성을 들으려고 하나님을 찾아야 합니다. 그리고 하나님이 반드시 나에게 말씀을 들려주신다는 믿음을 가져

야 합니다(신 4:29).

넷째, 하나님께서 나에게 말씀하시기를 원하심을 확신하고 간단하게 시작하라. 편안한 마음으로 그분에게 입을 맡기고 말하기를 시작하세요. 성령의 임재 하에 마음에서 올라오는 감동을 받아가며, 한마디 방언하고 한 마디 예언하기를 반복훈련하세요. 감동받아 말하고 감동받아 말하는 기본원칙에서 벗어나면 자의적인 소리가 나옵니다. 절대로 급한 마음은 금물입니다. 급하게 생각하지 말고 안정한 심령으로 천천히 말하세요.

다섯째, 하나님의 마음이 바꾸어지기를 설득하거나 납득시키지 말라. 예언은 사람들이 알고 싶은 것을 말하여 주는 것이 아니라, 하나님께서 말씀하여 주신 것을 말하는 것입니다. 절대로 사람을 의식하지 말아야 합니다. 하나님은 사람을 의식하는 예언가와 함께하지 않습니다.

여섯째, 자신 만에게 예언의 음성을 들려주시는 하나님의 특별한 방법을 찾아라. 하나님은 사람에 따라 말씀하시는 방법이 다르다는 것을 명심하고 다른 사람 흉내를 내지 말라는 것입니다. 방언 기도 시에…. 어깨에 손을 얹을 때…. 손을 잡고 기도할 때…. 눈을 감고 기도할 때…. 이름을 보고 기도할 때…. 등등등. 자신만의 계시의 통로를 찾으라는 것입니다.

일곱째, 실수하는 것을 두려워하지 말라. 하나님의 음성을 전할 때는 자신 있게 말하라는 것입니다. 확실하게 대답할 수 없는 것은 언제든지 말하지 말라는 것입니다. 듣는 쪽에서 혼동이 오기 때문입니다. 성령이 나의 입술을 사용하여 말씀하신다는 믿음을 가져야 합니다. 절대로 중요한 요소입니다. 하나님이 나의 입술을 사용하여 말씀하시는 것입니다. 그러므로 내가 한다는 생각을 버리는 것이 좋습니다.

두려움은(히랍어 - 비겁함, 겁에 질림, 공포), 하나님이 우리를 부르셨을 때는 싸워 이겨야할 두려움의 전쟁이 있습니다.

① 체면손상의 두려움. ② 감정을 상하게 하지 아니할까 하는 두려움. ③ 실수하게 되면 바보같이 보일까 하는 두려움. ④ 대부분의 경우 우리는 두려움의 영으로 인해서 예언해 주는 것을 도적맞게 됩니다. ⑤ 두려움에서 자유를 얻자면 훈련과 우리의 사고의 자제력을 요합니다. 내가 한다는 생각을 자신의 머리에서 떠나보내세요. 성령님이 내 입술을 이용하여 예언하신다는 믿음을 가지세요. 나는 성령님의 도구에 불과합니다. ⑥ 혼과 영은 항상 일치하지 않습니다. 혼은 평가를 내리지만, 합리를 추구하지만, 영은 믿음으로 밀고 나갑니다. ⑦ 하나님께서 말씀을 주실 때 육이 당신을 억제할만한 기회를 주지 마십시오. 감동을 받을 때 내 생각과 지식을 동원하지 말고 감동을 그대로 말하세요. 내 생각하고 관계를 끊어야 합니다. 감동을 내 생각과 지식으로 정수(가려서 받지)하지 말아야 합니다. ⑧ 당신의

은사들을 불 일 듯이 부채질함으로서 두려움을 극복하게 됩니다. "그러므로 내가 나의 안수함으로 네 속에 있는 하나님의 은사를 다시 불일듯하게 하기 위하여 너로 생각하게 하노니 하나님이 우리에게 주신 것은 두려워하는 마음이 아니요 오직 능력과 사랑과 근신하는 마음이니"(딤후 1:6-7).

여덟째, 나에게 첫 번째 주신 하나님의 감동을 붙들라. 시험을 보더라도 첫 번째 생각하여 적은 답이 정답입니다. 그러므로 한 제목을 붙들었으면 하나님의 생수가 나오는 근원에 집착해서 절대로 뒤로 물러가지 말고 계속 몰고 가면 예언의 흐름이 넘치고 기름부음이 증가됩니다. 이것은 단어의 분석이 아니라 영감을 주라는 것입니다. 하나님은 우리가 예언 받는 사람과 연결되기를 원하십니다.

아홉째, 예언할 때 한 가지씩 구체적으로 하라. 예언을 할 때 한꺼번에 많은 말을 하려고 하지 말고, 한 가지씩 넘어가기 전에 구체적으로 집중적으로 하라, 한 가지 대목을 마치고 다음으로 가고, 순서 있게 지식의 말씀을 사용하는 것입니다. 컴퓨터 하드웨어 속에 소프트웨어와 같은 이치입니다.
예를 든다면 가르침의 은사라고 하면
- 성경인가? - 성경이라면 - 누구를 가르치는 것인가?
- 학교인가? - 교제를 위한 것인가?

– 말씀을 나누는 교재인가, – 성도를 훈련하는 것인가?

– 장소는 가정인가? – 교리를 가지고 직접 가르치는 것인가?

– 상담인가?

예를 들어 나무줄기와 가지, 교회, 가족, 성품, 사역, 건강, 경제, 관계 등등.

예언을 할 때 기름부음이 있는 곳에서 계속해서 깊이 파고 들게 되면 그 속에 하나님의 음성을 풀어주는 역사가 있습니다. 예언의 기름부음이 깔때기에 내려오는 것 같이 집중적으로 한 곳에 머물러 흘러내리도록 하시기 바랍니다. 왜? 예언을 집중적으로 하는 것이 중요하냐 하면, 예언을 받는 사람이 정확하게 깨닫도록 자세하게 그림을 그려 주도록 하는 것입니다.

그리고 마리아가 엘리사벳에게 예언할 때처럼 받는 사람 속에서 깡충깡충 뛰는 느낌을 줄 것입니다. 가지에 붙어있는 모든 잎사귀를 다 모아서 정리하고 결론을 짓고 사랑의 행동을 보여주세요.

"사가랴의 집에 들어가 엘리사벳에게 문안하니 엘리사벳이 마리아의 문안함을 들으매 아이가 복중에서 뛰노는지라 엘리사벳이 성령의 충만함을 입어 큰 소리로 불러 가로되 여자 중에 네가 복이 있으며 네 태중의 아이도 복이 있도다. 내 주의 모친이 내게 나아오니 이 어찌 된 일인고 보라 네 문안하는 소리가 내 귀에 들릴 때에 아이가 내 복중에서 기쁨으로 뛰놀았도다" (눅1:40-44).

열 번째, 예언할 때 자연스럽게 하라. 예언할 때 과장되게 말하지 말아야 합니다. 종교적인 단어나 목소리를 꾸미지 말아야 합니다. 자연스럽게 하나님으로부터 오는 순수한 말을 하는 습관을 들여야 합니다. 평안한 마음으로 입술을 성령에게 맡기고 따라가시면 됩니다.

열한 번째, 하나님의 임재 속에서 예수님의 심정으로 말하라. 예언은 언제나 사랑의 동기를 가지고 임해야 합니다. 예언할 때 내가 예수라면 어떤 말을 하겠는가? 하나님의 말씀은 언제든지 덕을 세워주고(build up) 권면(exhort, encourage) 위로(comfort, bring consolation & refreshing)(고전 14:3)하는 것입니다.

열두 번째, 하나님의 뜻을 모를 때. 하나님의 뜻을 모를 때는 마지막으로 주신 하나님의 말씀으로 돌아가라 입니다. 음성을 안 들려주실 경우는 이렇게 합니다. 때에 따라 우리가 시험을 통과할 때 문제를 풀 수 있는 지혜가 떠오를 때까지 기다려야 합니다. 마찬가지로 하나님의 음성이 들릴 때까지 기다리라는 것입니다. (학생이 시험 볼 때 선생이 해답을 말해주지 않습니다. 개인이 자신의 역량을 다하여 시험문제를 풀게 만드는 것입니다. 그래야 잠재력이 길러지기 때문입니다. 그러므로 예언할 때 하나님에게 자꾸 물어보면서 파고 들어가야 합니다.

그래서 영의 잠재력을 끌어올려야 합니다.) 그러므로 예언도 자신이 하나님에게 시험을 본다고 생각하고 하나님과 영의 통로를 열어 하나님의 생각으로 바꾸어 감동을 듣고 풀고 하나님이 알려주는 레마를 전하라는 것입니다.

열세 번째, 예언은 영분별을 해야 하고 분별된 것을 해석하고 적용해야 합니다. 하나님의 음성을 들어라. "주 여호와께서는 자기의 비밀을 그 종 선지자들에게 보이지 아니하시고는 결코 행하심이 없으시리라"(암 3:7). 하나님은 선지자에게 알려주시지 않고 일하심이 없기 때문입니다.

열네 번째, 하나님의 평강이 넘치는 가 확인하라. "골로새에 있는 성도들 곧 그리스도 안에서 신실한 형제들에게 편지하노니 우리 아버지 하나님으로부터 은혜와 평강이 너희에게 있을 지어다"(골1:2). 하나님은 속성은 평안입니다. 고로 하나님이 말씀하셨다면 마음에 평안이 찾아오는 것입니다.

열다섯 번째, 예언은 반드시 증명되어야 한다. 예언을 멸시치 말아야 합니다. 모든 일을 시험해 보고 선한 것을 붙잡으라. 하나님은 말씀만 하시지 않고 행하여 이루어 보이게 하시는 하나님이십니다.
　① 그 예언의 말씀이 하나님의 말씀의 권위를 뛰어 넘어가지

않고 있는가?

② 이 예언의 말씀이 하나님의 속성을 닮았는가?

③ 예언의 말씀에 내 영혼에 평강이 있는가?

④ 예언의 말씀에 두 세 사람이 확인해 주고 있는가?

⑤ 예언하는 사람의 삶에 열매가 있는가?

⑥ 예언의 동기는 어떠한가?

⑦ 책임감이 있는가?

⑧ 솔선수범 하는 가?

⑨ 즐거움이 넘치는 가?

⑩ 존중하는 가?

열여섯 번째, 예언의 내용을 가지고 상담하거나 충고하지 말 것. 오중사역의 사역자 이외에 사람들에게 계시의 권위를 가지고 말하지만, 사역과 은사에 관해서는 직접적인 말을 하지 말고, 미래 지향적으로 방향을 제시하기만 하라는 것입니다. 예언을 할 때 시간과 급한 결단을 내릴 방향지시는 조심해야 할 것입니다. 본인이 결정하도록 해야 한다는 것입니다. 본인이 보이는 보증의 역사를 받아 행동하고 조치해야 합니다. 전적으로 본인이 결정할 문제입니다.

열일곱 번째, 예언하는 자가 긴장을 풀기 위해 몸을 풀어 주도록 하라. 마음에 평안이 임하고 마음이 풀리면 3배 정도로 예언이 잘나옵니다. 빨리 말이 안 나올 경우 어깨에 안수를 해주면 쉽게 말이 나오게 됩니다. 그리하면 언어의 속도가 픽업 됩니다. 성령의 인도와 흐름을 타야 합니다. 입술을 성령에게 맡겨야 합니다. 예언 사역자는 항상 평안을 유지해야 합니다.

열여덟 번째, 예언은 항상 기록되거나 녹음을 하라. 예언은 항상 기록되거나 녹음이 되도록 하여 예언에 가담된 각자를 위한 보호와 해명을 할 수 있는 길을 마련하도록 해야 합니다. 예언을 녹음하는 이유는 이렇습니다.

① 예언을 받는 사람의 유익을 위함입니다. 대부분의 예언의 말씀은 며칠간은 기억할 수 있지만. 몇 개월, 혹은 몇 년이 지나면 기억에서 사라져서 별로 심각한 의미를 주지 않게 될 것입니다. 예언이 선포될 때 우리가 기억할 수 있는 것은 현재의 상황에 해당되는 것들뿐입니다. 오랜 세월이 지난 후, 생애의 후반기에 접어들어선 후, 다시 그 예언을 읽으면 그때 당시에는 전혀 기억하지 못했던 많은 구체적인 내용을 발견하게 됩니다.

그러므로 녹음하지 않은 채, 어떤 이에게 장구하게 흐르는 예언을 해주는 것은 참석한 모든 사람을 위해서도 일종의 시간 낭비가 됩니다. 그나마 겨우 유익한 것을 찾으려면 그저 영적인 은사를 나누어줌과 선지자로부터 받은 지시 정도에 불과하게 됩니다. 모든 예언들은 녹음이 되어야 합니다.

② 선지자를 위한 개인적 보호 때문입니다. 사람들은 예언 중

에서 그들이 듣고 또 생각한 바를 잘못 적용하고, 왜곡시키고 또 다르게 해석하는 오류를 범할 수 있기 때문에 그럴 경우 그들은 하나님의 뜻 대신에 그들의 이기적인 육신의 소욕을 따라갈 수가 있는 것입니다. 반드시 첫 번째 해석이 맞는다고 볼 수가 없습니다. 반복해서 들으면서 해석하므로 하나님이 원하시는 뜻대로 해석하여 순종할 수 있기 때문입니다. 영적인 수준에 따라 예언의 해석이 달라질 수 있다는 것입니다.

③ 첫 번째 해석이 반드시 맞는 적용이 아님을 명심하세요. 녹음하거나, 적어 두기와 예언을 묵상함은 또한 우리에게 같은 말씀들에 대해서 여러 가지 해석들이 있을 수 있다는 점을 깨닫도록 도와줍니다.

④ 예언이 나오는 중에 어떤 주요 결정을 그 예언에 기반을 둔다던가 아니면 어떤 최종적인 결정을 내리지 않도록 하는데 있습니다. 녹음이 되어 있거나 기록이 되어 있으므로 그 시간에 결정을 내리지 않아도 된다는 여유가 있기 때문입니다. 모든 최종적 판단은 우리가 예언을 녹음하거나, 종이에 써 놓은 후로 미루어 놓고, 그저 주의 깊게 기도하는 마음으로 경청하는 것이 가장 좋은 방법입니다. 그 다음 우리는 예언을 판단하고 평가하는 알맞은 절차를 따라야 합니다.

예언을 받는 동안에 우리의 감정적, 정신적, 또는 육체적인 태도는 적절한 평가를 내리는데 절대로 도움이 되지 않습니다. 예언을 받고 있는 그 순간에는, 우리의 영이 예언해 주는 사람의 영과 또 그 사람을 예언하게끔 만들어 주시는 하나님의 음성에 감동이 되도록 적극적으로 귀를 기울이는 것이 더욱 효과적입니다. 예언의 말씀을 전하고 듣는 것에만 집중하라는 것입니다. 최종적인 판단은 녹음된 후에 해도 가능합니다.

⑤ 비교와 확인을 위해 녹음을 하거나 기록해 두세요. 여러 개의 예언을 녹음하거나, 기록한 후에 비교해 보면, 같은 단어와 같은 생각이 나타나는 것을 보게 되는데, 이는 이전에 우리에게 말씀해 주었던 각각 다르고 또 전혀 알지 못하는 사람에게서 나온 것들 이기도합니다. 이러한 일치된 점을 통해서 우리에게 하신 예언의 말씀이 과연 하나님의 말씀이 틀림이 없음을 인정하는데 도움이 됩니다.

왜냐하면 그 예언의 말씀은 여러 명의 증인들의 입으로서 확증되었기 때문입니다. 성경의 기록은 하나님께서 어느 한 점을 강조하시고자 하실 때, 그 저자에게 같은 말씀들이나 구절들을 여러 번씩 되풀이한 기록입니다. 하나님께서 선지자를 쓰셔서 우리에게 개인적인 말씀을 주실 경우에도 같은 원칙이 적용됩니다.

⑥ 당신의 개인적인 예언들을 기록하고, 읽고, 또 묵상할 것. 바울 사도는 디모데에게 이렇게 이르셨습니다. "네 속에 있는 은사 곧 장로의 회에서 안수 받을 때에 예언으로 말미암아 받은 것을 조심 없이 말며, 이모든 일에 전심전력하여 너의 진보를 모든 사람에게 나타나게 하라"(딤전 4:14-15).여기서 바울은 예

언하는 장로의 회에서 예언으로 받았던 은사를 젊은 디모데에게 일깨워 주었습니다. 디모데는 이러한 은사를 소홀히 하지 말고, 더욱 그의 개인적으로 받은 예언을 묵상함으로써 이미 선포된 모든 예언이 성취되어, 그리스도의 전체 몸 된 교회에 유익이 되도록 하라고 다짐을 받았습니다. 그 예언이 기록이 되어서 그가 다시 읽게 되지 않는 한 어떻게 디모데가 예언을 제대로 묵상할 수가 있겠습니까? 그리고 우리 역시 예언을 기록해 두지 않는 한 어떻게 우리의 개인 예언을 묵상할 수 있겠습니까?

하나님의 말씀이 선포되었을 때, 녹음에 보존되거나 아니면 써서 기록되지 않았다면 가치가 전혀 없습니다. 왜냐하면 그 중요한 내용을 곧 잊어버리게 되기 때문입니다. 특히 예언이 긴 경우에 우리의 두뇌는 모든 예언의 내용이 지극히 작은 일부분밖에는 기억하지 못하게 됩니다. 저는 이러한 사실을 개인적인 경험을 통해서 알고 있으며, 즉, 수천 마디의 예언 말씀 중에서 기록이 되지 않았던 경우에는 오직 두세 구절밖에는 기억해 내지 못한다는 것입니다. 우리는 모든 말씀을 기록하고, 읽어보고, 또 정확히 이해하게 되기 전에는 개인적인 예언을 제대로 행동에 옮길 수 있다고 기대할 수 없습니다. 고로 개인에게 주신 예언은 녹음을 하거나 기록하여 두는 것이 좋습니다.

19장 예언을 전할 때 특별히 주의할 점

(왕상 11:29-36) "그 즈음에 여로보암이 예루살렘에서 나갈 때에 실로 사람 선지자 아히야가 길에서 그를 만나니 아히야가 새 의복을 입었고 그 두 사람만 들에 있었더라. 아히야가 자기가 입은 새 옷을 잡아 열두 조각으로 찢고 여로보암에게 이르되 너는 열 조각을 가지라 이스라엘의 하나님 여호와의 말씀이 내가 이 나라를 솔로몬의 손에서 찢어 빼앗아 열 지파를 네게 주고 오직 내 종 다윗을 위하고 이스라엘 모든 지파 중에서 택한 성읍 예루살렘을 위하여 한 지파를 솔로몬에게 주리니 이는 그들이 나를 버리고 시돈 사람의 여신 아스다롯과 모압의 신 그모스와 암몬 자손의 신 밀곰을 경배하며 그의 아버지 다윗이 행함 같지 아니하여 내 길로 행하지 아니하며 나 보기에 정직한 일과 내 법도와 내 율례를 행하지 아니함이니라. 그러나 내가 택한 내 종 다윗이 내 명령과 내 법도를 지켰으므로 내가 그를 위하여 솔로몬의 생전에는 온 나라를 그의 손에서 빼앗지 아니하고 주관하게 하려니와 내가 그의 아들의 손에서 나라를 빼앗아 그 열 지파를 네게 줄 것이요. 그의 아들에게는 내가 한 지파를 주어서 내가 거기에 내 이름을 두고자 하여 택한 성읍 예루살렘에서 내 종 다윗이 항상 내 앞에 등불을 가지고 있게 하리라."

하나님은 예언하는 사역자가 신앙의 인격을 갖추고 예언사역을 하기를 원하십니다. 아무리 예언의 은사가 있어도 신앙의 인격을 갖추지 못하면 안 됩니다. 인격이 되지 않으면 상대방에게 상처를 주게 됩니다. 그리고 예수님을 욕되게 하는 것입니다. 무엇보다도 인격이 훌륭하게 갖추어져야 합니다. 언어 구사도 잘해야 합니다. 하나님에게 예언의 음성을 바르게 전할 지혜의 말씀의 은사를 구해야 합니다. 예언을 바르게 전할 수 있는 능력을 구하시기를 바랍니다. 예언의 음성을 전할 때 유의해야 할 사항은 이렇습니다.

첫째, 언어 사용을 잘해야 한다. 하나님께서 알려주시는 예언의 말씀을 피 사역자가 잘 이해할 수 있는 단어를 사용하되, 비판적인 것과 비난하는 것과 죄 따위를 언급하는 폭로성 단어는 피합니다. 지혜롭게 말씀을 전해야 합니다. 항상 성령님에게 주목하여 성령이 주시는 지혜로운 말을 하려고 해야 합니다.

둘째, 지혜롭게 예언의 말씀을 전하라. 부정적인 내용일 경우 긍정적으로 바꾸어서 뜻이 변하지 않게 선포해도 되는지 하나님께 지혜의 말씀을 구합니다. 예언 말씀을 받는 사람의 과거보다는 그의 장래와 하나님이 하나님 나라 확장에 사용 가능성에 관한 예언의 말씀을 하라는 것입니다. 지나간 과거를 치유하여 바른길을 가도록 바르게 예언을 전하라는 것입니다. 항상 예언은 하나님에게로 집중하며 그의 뜻에 순종하는 것입니다.

셋째, 덕을 세우며 권면하며 안위하는 예언을 전하라. 예언

사역자가 고린도전서 14장 3절, 말씀을 잘 이해했다면 예언하는 자는 덕을 세우며 권면하며 안위하는 것이지, 잘못을 지적하고 경고나 심판을 내리는 것이 아닙니다. 자신이 자신의 모습을 바르게 보고 고쳐 나가도록 전해야 합니다. 예언 사역자는 피 사역자가 스스로 하나님을 바라보고 따라가도록 하는 것입니다.

넷째, 사역자가 속한 교회 사역 기준을 이해하라. 하나님은 성도들이나 교회에 경고나 책벌을 하실 필요성이 있을 때는 연륜이 있고, 지혜가 많은 지도자의 입을 통해 하나님께서 경고나 책벌을 한다고 저는 믿습니다. 그러므로 성도들이나 교회를 행한 경고나 책벌의 예언은 신중을 기해야 합니다. 필요하면 인내하면서 기다려야 할 때도 있다는 것을 알아야 합니다.

다섯째, 자신의 예언하는 형태를 분별하라. 심판(벌책, 책벌, 경고)등을 예언하기에 안달하는 사람은 이런 사역에 절대로 부름을 받지 않았다고 생각을 해야 합니다. 이런 예언 사역자는 자신을 들여다보는 시간을 가지는 것이 좋을 것입니다.

여섯째, 선지자 사무엘의 심정을 배우라. 사울이 왕 자리에서 폐위되었다는 사실을 하나님께 전해들은 사무엘의 심정을 배우라는 것입니다. 사무엘상 15장 10-11절에 보면 사무엘이 그 결정을 듣고 근심하여 온 밤을 하나님께 부르짖었다고 기록되어 있습니다.

"여호와의 말씀이 사무엘에게 임하니라 이르시되 내가 사울을 왕으로 세운 것을 후회하노니 그가 돌이켜서 나를 따르지 아니하며 내 명령을 행하지 아니하였음이니라 하신지라 사무엘이 근심하여 온 밤을 여호와께 부르짖으니라"(삼상 15:10-11).

이와 같은 사무엘의 심정을 배우고 이런 사랑하는 마음으로 예언을 전하는 사역자가 되기를 훈련하시기를 바랍니다.

일곱째, 사회 지도층에게 예언 사역을 할 때 주의해야 할 점.

1) 지도층 인사나 유명인사에게 예언사역을 행할 때에 건방진 태도가 되지 않도록 주의해야 합니다. 겸손한 태도로 하나님의 대변자 노릇을 해야 한다는 것입니다. 하나님이 주시는 말씀만을 전해야 합니다.

2) 지도층 인사들에게 큰 상처를 입은 경험이 있는 사람들은 교회의 지도층 인사가 인과응보로 벌 받는 것을 좋아할 수도 있습니다. 이런 마음을 버리는 것이 좋습니다. 주님의 입장에서 주님의 마음으로 예언을 전하시기를 바랍니다.

3) 또한 자신이 지도층의 유명인사에게 예언의 말씀을 전해 주었다고 특별한 사람인양 착각 속에 빠지는 사람도 있습니다. 소문을 내고 다니는 사역자가 있을 수 있다는 말입니다. 겸손하세요. 하나님이 하셨습니다. 하나님은 입이 무거운 사역자를 좋아 하시고 사용하십니다.

4) 성경의 예를 보면 지도층 인사들에게 예언의 말씀을 줄 때는 공공장소를 피해 은밀히 행해졌다는 것을 숙지하시기를 바랍니다. 열왕기하 9장 2절부터 6절까지 보면 예후를 기름 부을 때 골방에 들어가서 여호와의 말씀을 전했다고 기록되어 있

습니다. "거기에 이르거든 님시의 손자 여호사밧의 아들 예후를 찾아 들어가서 그의 형제 중에서 일어나게 하고 그를 데리고 골방으로 들어가 기름병을 가지고 그의 머리에 부으며 이르기를 여호와의 말씀이 내가 네게 기름을 부어 이스라엘 왕으로 삼노라 하셨느니라 하고 곧 문을 열고 도망하되 지체하지 말지니라 하니 그 청년 곧 그 선지자의 청년이 길르앗 라못으로 가니라. 그가 이르러 보니 군대 장관들이 앉아 있는지라 소년이 이르되 장관이여 내가 당신에게 할 말이 있나이다. 예후가 이르되 우리 모든 사람 중에 누구에게 하려느냐 하니 이르되 장관이여 당신에게니이다. 하는지라 예후가 일어나 집으로 들어가니 청년이 그의 머리에 기름을 부으며 그에게 이르되 이스라엘 하나님 여호와의 말씀이 내가 네게 기름을 부어 여호와의 백성 곧 이스라엘의 왕으로 삼노니 너는 네 주 아합의 집을 치라 내가 나의 종 곧 선지자들의 피와 여호와의 종들의 피를 이세벨에게 갚아 주리라"(왕하 9:2-7).

열왕기상 11장 29절에 보면 아히야가 여로보암에게 차 세대 왕이 된다는 말씀을 전할 때에 그들은 들판에 홀로 있었다고 성경은 말합니다. "그 즈음에 여로보암이 예루살렘에서 나갈 때에 실로 사람 선지자 아히야가 길에서 그를 만나니 아히야가 새 의복을 입었고 그 두 사람만 들에 있었더라"(왕상 11:29).

그러나 반대로 사무엘상 15장 13절에서 31절까지 보면 사울은 사무엘에게 나와 함께 돌아가서 경배하자고 했습니다. 그리고 장로들 앞에서 나를 높이라고 청했습니다. 공개적인 장소에서 자신을 높여달라고 그리하여 백성들이 자신을 특별한 사람이라고 인정하게 해달라고 했다는 것입니다. "청하오니 지금 내 죄를 사하고 나와 함께 돌아가서 나로 하여금 여호와께 경배하게 하소서 하니 사무엘이 사울에게 이르되 나는 왕과 함께 돌아가지 아니하리니 이는 왕이 여호와의 말씀을 버렸으므로 여호와께서 왕을 버려 이스라엘 왕이 되지 못하게 하셨음이니이다 하고 사무엘이 가려고 돌아설 때에 사울이 그의 겉옷자락을 붙잡으매 찢어진지라. 사무엘이 그에게 이르되 여호와께서 오늘 이스라엘 나라를 왕에게서 떼어 왕보다 나은 왕의 이웃에게 주셨나이다. 이스라엘의 지존자는 거짓이나 변개함이 없으시니 그는 사람이 아니시므로 결코 변개하지 않으심이니이다. 하니 사울이 이르되 내가 범죄하였을지라도 이제 청하옵나니 내 백성의 장로들 앞과 이스라엘 앞에서 나를 높이사 나와 함께 돌아가서 내가 당신의 하나님 여호와께 경배하게 하소서 하더라"(삼상 15:25-30).

이렇게 사람을 의식하고 사람에게 추앙을 받으려고 했던 사울왕은 결국 끝이 좋지 못했습니다. 지금도 이런 목회자가 있을 수 있습니다. 외국의 유명목사가 자신에 대하여 어떻게 예언했다고 은연중 과시하는 목회자가 있다는 것입니다. 성도는 절대로 사람을 의식하지 말고 하나님에게 영광이 되게 해야 합니다.

여덟째, 예언의 실제 사역시 유의 사항

1) 예언을 받는 방법. 하나님으로 받는 예언은 여러 가지며 각기 다릅니다(고전 14:30). 하나님의 음성과 성령의 내면적인 증거(마음)를 줍니다. 하나님으로부터 여러 가지로 통로로 예언을 받을 수 있습니다. ① 말씀 ② 꿈과 환상 ③ 마음속의 그림 ④ 찬송 ⑤ 다른 느낌 등등으로 하나님은 예언의 말씀을 전하십니다.

2) 로고스 예언과 레마 예언. 영어로는 로고스와 레마는 똑같이 말씀이라고 합니다. 헬라어는 두 가지로 구별하여 썼습니다. 로고스라는 단어를 쓸 때 진리의 말씀 성경을 인용하고 있습니다. "너는 진리의 말씀을 옳게 분별하며 부끄러울 것이 없는 일꾼으로 인정된 자로 자신을 하나님 앞에 드리기를 힘쓰라"(딤후 2:15).

"태초에 말씀이 계시니라 이 말씀이 하나님과 함께 계셨으니 이 말씀은 곧 하나님이시니라, 말씀이 육신이 되어 우리 가운데 거하시매 우리가 그의 영광을 보니 아버지의 독생자의 영광이요 은혜와 진리가 충만하더라"(요 1:1,14).

로고스는 과거나 현재가 영원히 동일하신 하나님과 같습니다. 하나님의 로고스는 창조적이며, 스스로의 힘으로 목적을 달성하는 능력 있는 진실 되고 틀리지 않는 절대 옳은 완전하고도 생명을 주고 있습니다. 레마는 말씀에서 나온 한 말씀으로 언어로 표현되고, 말로서 발표되었고, 한마디 말씀으로 쓴 것을 뜻합니다. "구원의 투구와 성령의 검 곧 하나님의 말씀(레마) 을 가지라"(엡 6:17).

　여기에서 말씀 레마는 성경전체를 모두 뜻하는 것이 아니라, 그때 그때 상황에 맞는 필요한 구절을 정규적으로 마음속에 간직해 두었다가 필요할 때 사용하기 위해서 성령께서 우리의 기억 속에 가져다주는 개별적인 성경구절을 뜻합니다. 레마는 그때 그시기에 알맞은 로고스로부터 성령의 감동으로 주신 말씀으로 그것을 시행하고 또 성취시키도록 생명, 능력과 믿음을 가져옵니다. "그러므로 믿음은 들음에서 나며 들음은 그리스도의 말씀으로 말미암았느니라"(롬 10:17).

　레마가 레마되기 위해서는 말씀을 듣는 이가 믿음으로 받아야 합니다. 로고스는 절대로 변하거나 폐하지 않지만 그러나 개인에게 주신 성취되지 못한 레마들도 많이 있습니다. 이러한 경우는 하나님의 레마가 실수한 것이 아니라 오히려 그 말씀을 듣고 이해하고 해석하고 믿고 순종하고 응하고 대기하고 혹은 하나님의 뜻과 방법에 따라서 실행하는 데 실패한 사람들의 탓입니다.

　요약하면 로고스라는 용어를 사용할 때는 성경 전체를 의미합니다. 레마를 사용할 때는 우리가 개별적으로 그 말씀을 적용할 수 있는 하나님으로부터 나온 한 구체적인 말씀을 뜻합니다. 로고스는 우물 안에 물과 같고, 또 레마는 우물에서 길어낸 한 통에 담긴 물과 같습니다. 또 로고스는 인간의 몸 전체와 같고, 레마는 한 특정한 기능을 시행하는 몸의 한 지체와 같습니다.

모든 그리스도인은 로고스로 살아야 하며, 또 필요할 때는 레마를 받아야 합니다.

3) 예언에 대한 올바른 태도와 고려사항

① 믿음이 필수적입니다. 불신앙은 예언을 성취하는데 첫째가는 방해요소입니다(민 13장 14장). ② 순종해야 합니다. 하나님께서 예언을 말씀하신 것은 지성을 즐겁게 하려는 것이 아니라, 하나님의 뜻을 행하는 데 이해력을 주기 위해서입니다. ③ 오래 참음이 있어야 합니다. 약속을 기업으로 받으려면 믿음과 오래 참음이 필요합니다(히 6:12). 예언이 이루어지는 과정 동안 견디어 낼만한 인내가 필요합니다. ④ 성숙한 인간이 되어야 합니다. "육체의 일은 분명하니 곧 음행과 더러운 것과 호색과 우상 숭배와 주술과 원수 맺는 것과 분쟁과 시기와 분냄과 당 짓는 것과 분열함과 이단과 투기와 술 취함과 방탕함과 또 그와 같은 것들이라 전에 너희에게 경계한 것 같이 경계하노니 이런 일을 하는 자들은 하나님의 나라를 유업으로 받지 못할 것이요. 오직 성령의 열매는 사랑과 희락과 화평과 오래 참음과 자비와 양선과 충성과 온유와 절제니 이같은 것을 금지할 법이 없느니라."(갈 5:19-23).

⑤ 겸손과 온유함이 있어야 합니다. 자만심과 잘못된 편견은 예언을 배격합니다. ⑥ 예언은 공 예배시 신중히 질서 있게 사용해야 합니다. ⑦ 교회 지도자 나 다른 사람들에게 쉽게 절제

될 수 있어야 합니다. 예언을 의논해서 확증할 수 있어야 합니다. ⑧ 실수를 하여도 계속하여야 합니다. 사람은 실수할 수밖에 없습니다. 예수 그리스도만이 완전합니다. 예언은 어떤 특정한 사람만이 할 수 있는 것이 아닙니다. 다 할 수 있습니다. "형제들아 신령한 것에 대하여 나는 너희가 알지 못하기를 원하지 아니하노니"(고전 12:1). 예언을 사모하십시오. 예언 사역은 성경이 우리에게 사모하라고 명령한 유일한 것입니다. "예언하기를 사모하라"(고전 14:39). "그런즉 내 형제들아 예언하기를 사모하며 방언 말하기를 금하지 말라"(고전 14:1).

오늘날에도 예언이 일어나고 있습니다. 구약의 요엘 선지자가 예언하고 있습니다. "그 후에 내가 내 영을 만민에게 부어 주리니 너희 자녀들이 장래 일을 말할 것이며 너희 늙은이는 꿈을 꾸며 너희 젊은이는 이상을 볼 것이며 그 때에 내가 또 내 영을 남종과 여종에게 부어 줄 것이며 내가 이적을 하늘과 땅에 베풀리니 곧 피와 불과 연기 기둥이라"(욜 2:28-30). 이 약속의 말씀이 베드로의 설교를 통해 이루어지고 오늘날에도 계속 예언이 일어나고 있습니다.

"이는 곧 선지자 요엘을 통하여 말씀하신 것이니 일렀으되 하나님이 말씀하시기를 말세에 내가 내 영을 모든 육체에 부어 주리니 너희의 자녀들은 예언할 것이요 너희의 젊은이들은 환상을 보고 너희의 늙은이들은 꿈을 꾸리라. 그 때에 내가 내 영을 내 남종과 여종들에게 부어 주리니 그들이 예언할 것이요. 또

내가 위로 하늘에서는 기사를 아래로 땅에서는 징조를 베풀리
니 곧 피와 불과 연기로다"(행 2:16-19). "예수 그리스도는 어
제나 오늘이나 영원토록 동일하시니라"(히 13:8).

아홉째, 예언을 바르게 전하는 사역자가 되라. 하나님은 질
서의 하나님이십니다. 잘못하면 거짓 선지자로 딱지가 붙을 수
있습니다. "하나님은 무질서의 하나님이 아니시요 오직 화평의
하나님이시니라"(고전 14:33). "모든 것을 품위 있게 하고 질서
있게 하라"(고전 14:40).

1) 적당하게 : (희랍어) 단정하게, 품위가 있게, 정직하게 하
라는 것입니다.

2) 고상하게, 명예롭게, 권위를 가지고 예언을 하라는 것입
니다.

열 번째, 회중적 예언을 위한 예의와 절차. 예언의 은사는 하
나님께 예배드리기 위하여 '함께 모여' 있을 때(고전 14:23) 나타
나는 것이 보통입니다. 그러므로 주의할 점이 많습니다. 모든 교
회들과 모임들은 제각기 나름대로의 문화와 규칙과 범위를 갖고
있을 수 있습니다. 기록되어 있는 것이 없다 하더라도 교회 안의
관례와 부딪칠 수 있으며, 따라서 예언을 해 주었을 때 사람들이
왜 화를 내는지 모르는 채 당황할 수 있는 것입니다.

1) 영적인 권위에 순복 할 수 있어야 합니다.

① 백부장이 예수님께(마 8:7-10)대한 순복을 본받으시기
를 바랍니다.

② 사울에 대한 다윗의 순복(삼상 18-19장)을 교훈으로 삼으시기 바랍니다.

③ 지도자의 잘못과 취약점을 분별하고, 잘못된 절차에 따라서 교정하려 하지 말라는 것입니다. 하나님이 세운 종에 대해서는 하나님이 하신다는 것입니다.

열한 번째, 교회 지도자들에게 예언의 말을 전해 줄 때의 절차

1) 덕망과 신뢰가 있는 다른 사람과 먼저 예언을 나누어 보시기 바랍니다. "예언하는 자는 둘이나 셋이나 말하고 다른 이들은 분별할 것이요"(고전 14:29). "성령을 소멸하지 말며 예언을 멸시하지 말고 범사에 헤아려 좋은 것을 취하고"(살전 5:19-21). 자신의 예언에 대하여 미리 검증을 받으려고 하세요. 검증받지 못하면 선을 벗어나게 될 수 있습니다.

2) 예언의 말을 나눌 때 "하나님께서 말씀하시기를…" 이라는 식으로 접근하기보다, "당신을 위해 기도하던 중 제가 이런 감동을 받았습니다. 한번 들어 보시겠습니까"라는 식으로 말하는 편이 좋습니다. 지역교회에 순복해야 합니다. 외로운 산지기 식의 예언 사역자가 되지 않도록 하는 것이 좋습니다. 그 교회에 주어진 예언이라면 예언을 판단할 만한 장로님이나 지도자를 찾아보세요. 그렇지 않으면 선처를 부탁하면서 주신 말씀을 주님께 되돌려 드리는 것도 좋습니다. 하나님은 그 지역 교회에서 그 말씀을 전할 만한 이미 잘 알려진 다른 사람을 사용하실 수 있습니다. 주님과 그 교회의 지도자를 믿고 때를 기다

리는 인내도 필요합니다. 질서를 유지하기 위해 외래 방문객들에게는 절제를 요구하고 지역교회의 교인들에게 한정하는 것이 바람직합니다.

열두 번째, 개인을 위한 예의와 절차. 예언의 은사는 항상 매우 겸손한 자세로 추구하고, 또한 나누어 가져야 합니다. 예언의 말씀을 이상한 목소리로 전할 필요는 없습니다. 그러나 그렇다고 해서 그것을 불신해서도 안 됩니다. 왜냐하면 예언에 대한 불순하고 잘못된 현상은 불안정한 감정으로 인해 흔히 일어나는 것이기 때문입니다. "예언의 은사를 나타내는 사람들 및 그 말씀의 명령을 받고 있는 사람들 모두가 사랑을 자신의 목적으로 할 경우, 이 은사가 움터 올라 개화할 수 있는 훌륭한 분위기가 조성될 것입니다. 사랑은 갓 움터 오르는 예언의 은사를 따뜻하게 맞아줄 것입니다. 사랑은 혹 실수가 있다하여도 용서할 것입니다. 사랑은 이 은사를 지니고 있는 사람들과 그렇지 않은 사람들 사이에 상호의존적인 연대관계를 형성시켜 줄 것입니다."

열세 번째, 예언하는 자의 지혜(약 3:13-18). 지혜와 총명이 있는 자는 선행으로 지혜의 온유함으로 그 행함을 보여야 합니다. 마음속에 독한 시기와 다툼이 있으면 자랑치 말라. 진리를 거스려 거짓하지 말라. 이러한 지혜는 위로부터 내려온 것이 아니요 세상적이요, 정욕적이요, 마귀적이다. 오히려 시기와 다툼은 요란과 모든 악한 일이 있을 뿐이다. 오직 위로부터 난 지혜는 성결하고, 화평하고, 관용하고, 양순하며, 긍휼과 선한 열매가 가득하고, 편벽과 거짓이 없습니다(18절).

열네 번째, 탐심으로 사역하면 거짓 선지자가 되어 하나님의 심판을 받는다. "그들이 탐심으로써 지어낸 말을 가지고 너희로 이득을 삼으니 그들의 심판은 옛적부터 지체하지 아니하며 그들의 멸망은 잠들지 아니하느니라. 하나님이 범죄한 천사들을 용서하지 아니하시고 지옥에 던져 어두운 구덩이에 두어 심판 때까지 지키게 하셨으며 옛 세상을 용서하지 아니하시고 오직 의를 전파하는 노아와 그 일곱 식구를 보존하시고 경건하지 아니한 자들의 세상에 홍수를 내리셨으며 소돔과 고모라 성을 멸망하기로 정하여 재가 되게 하사 후세에 경건하지 아니할 자들에게 본을 삼으셨으며"(벧후 2:3-6).

1) 범죄한 천사처럼 지옥에 던져집니다(4절).

2) 노아의 홍수 때 처 럼 심판을 받게 됩니다(5절).

3) 소돔과 고모라처럼 됩니다(6절).

"이 사람들은 물 없는 샘이요 광풍에 밀려 가는 안개니 그들을 위하여 캄캄한 어둠이 예비되어 있나니"(벧후 2:17).

20장 예언이 자기에게 임하는 여러 형태

(고전13:8)"우리가 부분적으로 알고 부분적으로 예언하니"

하나님은 모든 성도들이 예언하기를 원하십니다. 모두 예언 사역자가 되어 영혼을 살리는 주님의 도구들이 되시기를 바랍니다. 사람들은 자세한 예언을 듣기를 원합니다. 그러나 하나님은 그렇게 말씀하시지를 않습니다. 구약에 나오는 선진들의 예를 보면 중간에 당하는 환란과 고통은 말씀하시지를 않았습니다. 아브라함도 그랬습니다. 야곱도 그랬습니다. 요셉도 그랬습니다. 다윗도 그랬습니다. 우리는 이를 알고 하나님이 알려주시는 뜻을 붙잡고 성령의 인도를 받으면서 앞으로 가면 됩니다. 때가 이르면 거두게 됩니다.

첫째, 개인적인 예언은 항상 부분적이다. (고전13:8)"우리가 부분적으로 알고 부분적으로 예언하니."

1) 메시야에 관한 부분적인 예언들

다윗은 - 왕위를 계승하는 영원한 상속자의 약속을 받음.

이사야 - 고난 받는 종.

다니엘 - 승리하는 인자로 오심.

2) 요셉: 그의 예언적인 꿈은 그가 형들을 다스릴 것을 보여

주었지만. 노예, 보디발의 아내와 의 문제, 감옥살이 등…. 전혀 언급하지 않았습니다. 어떻게, 언제, 어디서, 얼마나 기다려야 하는지에 대한 말씀이 없습니다.

3) 아브라함: 떠나라는 말씀을 받았지만, 자세한 것은 말씀하시지 않으셨습니다. 많은 세월과 많은 예언을 통해서 말씀하셨습니다.

4) 다윗: 이스라엘의 왕이 된다는 예언을 받았지만 언제 된다는 것은 언급되어 있지 않습니다. 예언이 이루어지는 시기는 이렇습니다. 본인의 임상적인 견해로는 하나님의 예언의 이루어지는 때는 본인의 순종과 자아, 상처, 혈통의 문제가 해결이 되어 하나님이 원하는 영적인 수준이 되면 이루어 주십니다. 어디까지나 하나님의 주권으로 이루어집니다.

둘째, 개인 예언은 점진적이다. 아브라함의 예를 들어 설명하면 이렇습니다.

50세 첫 번째 예언 [창11:31-12:1] (창12:1)"여호와께서 아브람에게 이르시되 너는 너의 고향과 친척과 아버지의 집을 떠나 내가 네게 보여 줄 땅으로 가라"

75세 두 번째 예언 [창12:1-3,4,5]"하란을 떠나 약속의 땅으로 가라."

76세 세번째 예언 [창12:7] 후손에게 줄 약속의 땅을 확증시켜주셨다.

80세 네 번째 예언 [창13:14-17] 어떻게 민족이 번성하는지 구체적인 책임이 추가되었다.

83세 다섯번째 예언 [창15:1-21] 하나님의 목적에 관한 누가, 언제, 무엇을, 어디서, 왜, 하는지 새로운 통찰력을 주시고 엘리에셀이 상속자가 아님을 말씀하십니다. 400년후 4대만에 가나안 땅으로 돌아오게 될 것을 말씀하십니다. 약속의 땅에 관한 구체적인 설명과 추방될 민족에 대해 설명하십니다.

99세 여섯번째 예언 [창17:1-21]. 땅의 사람에서 하늘의 사람으로 바꾸어집니다. (창17:1)"아브람이 구십구 세 때에 여호와께서 아브람에게 나타나서 그에게 이르시되 나는 전능한 하나님이라 너는 내 앞에서 행하여 완전하라."

① 새로운 요구: 너는 완전 하라. ② 새 이름: 아브람 대신에 아브라함. ③ 새 언약: 할례. ④ 새 예언적 번성 : 열국의 아비.

99세 일곱번째 예언 [창17:15-21] 최초의 예언을 받은 지 24년이 지난 뒤에 아브라함이 100세에 이삭이 탄생합니다.

100세 여덟번째 예언 [창18:1-15] 소돔과 고모라에 대한 하나님의 계획을 알려주십니다.

103세 아홉번째 예언 [창21:9-21] 하갈과 이스마엘 추방을 지시하십니다.

125세 때 하나님께서 이삭을 제물로 바치라는 믿음의 시험을 하십니다. 아브라함은 이삭에 대한 예언을 성취하기 위해 25년을 인내합니다. 다윗도 그의 왕위가 실현되기까지 13년가

량을 인내합니다. 요셉도 그의 꿈이 실현되는 것을 보는 데 13년을 기다립니다.

둘째, 개인 예언은 조건부적 이다. 믿고 순종하면 이루어지고 그렇지 않으면 이루어 지지 않을 수도 있습니다.

[출6:6-8] 모세에게 주신 예언은 이렇습니다. "그러므로 이스라엘 자손에게 말하기를 나는 여호와라 내가 애굽 사람의 무거운 짐 밑에서 너희를 빼내며 그들의 노역에서 너희를 건지며 편 팔과 여러 큰 심판들로써 너희를 속량하여 너희를 내 백성으로 삼고 나는 너희의 하나님이 되리니 나는 애굽 사람의 무거운 짐 밑에서 너희를 빼낸 너희의 하나님 여호와인 줄 너희가 알지라. 내가 아브라함과 이삭과 야곱에게 주기로 맹세한 땅으로 너희를 인도하고 그 땅을 너희에게 주어 기업을 삼게 하리라 나는 여호와라 하셨다 하라."(출6:6-8).

[민수기13:26-33] 가나안 땅의 정찰 사건을 보면 잘 알 수가 있습니다. "갈렙이 모세 앞에서 백성을 조용하게 하고 이르되 우리가 곧 올라가서 그 땅을 취하자 능히 이기리라 하나 그와 함께 올라갔던 사람들은 이르되 우리는 능히 올라가서 그 백성을 치지 못하리라 그들은 우리보다 강하니라 하고 이스라엘 자손 앞에서 그 정탐한 땅을 악평하여 이르되 우리가 두루 다니며 정탐한 땅은 그 거주민을 삼키는 땅이요 거기서 본 모든 백성은 신장이 장대한 자들이며 거기서 네피림 후손인 아낙 자손의 거인들

을 보았나니 우리는 스스로 보기에도 메뚜기 같으니 그들이 보기에도 그와 같았을 것이니라."(민13:30-33). 하나님의 말씀을 순수하게 믿고 순종하면 이루는 것이고, 불순종하면 이루어지지 않고 질질 끌다가 세상을 마감할 수도 있습니다.

[창22:12,16-18] 아브라함의 순종

[삼상9:15-10:8, 13:13-15, 15:23] 사울왕의 불순종. 개인적인 예언이 성취되기 위해 믿음의 순종과 인내가 필요합니다. 순종하지 못하고 인내하지 못하면 이루어지지 않을 수 있습니다. 히브리서 11장에 나타난 믿음의 선배들의 순종을 배우자!

넷째, 하나님의 말씀, 뜻과 방법을 알아냄. 당신이 내리는 모든 결정이 하늘나라와 어긋나지 않고 조화를 이루는가를 확신하는 가장 정확한 방법은 3가지 ① 하나님의 말씀[Word], ② 하나님의 구체적인 뜻[Will], ③ 하나님의 길[Way]을 따르는 것입니다.

1) 하나님의 말씀. 성경은 만사에 있어 최고 권위가 되며, 또 최종적인 결론이 됩니다. [요일5:7-8]"증언하는 이가 셋이니 (8) 성령과 물과 피라 또한 이 셋은 합하여 하나이니라." 우리가 하나님에게서 어떤 생각을 받기 전에 혹은 어떤 사업에 착수하기 전에 하나님의 말씀인 성경으로부터 절대적인 파란신호를 받는 것을 확실히 합시다.

2) 하나님의 뜻. 하나님께서 전 인류에 관한 일반적인 뜻을 갖고 계심과 같이 개인에 관해서도 역시 구체적인 뜻을 지니고 계십니다. 모든 진정한 레마와 성령의 인도하심은 하나님의 전체적인 목적과 또 그리스도의 전체 몸에 덕을 세우도록 조화를 이루게 될 것입니다. 성경 속에서 하나님의 개인적이며 개별적인 계시의 방법은 굉장히 다양합니다.

요셉 - 꿈으로 지시합니다.

모세 - 불 속에서 나오는 들리는 음성으로 말씀해 주셨습니다.

엘리야 - 조용하고 작은 음성으로 속삭여 주셨습니다.

마리아 - 천사장 가브리엘을 보내 주셨습니다.

바울 - 예수님의 부활의 몸을 개인적으로 나타내 보였습니다.

다윗 - 사무엘과 나단의 예언을 통하여 말씀하십니다.

예후 - 엘리사를 통하여 말씀하십니다.

디모데 - 하나님께서 장로회의 예언을 통하여 말씀하십니다.

① 레마와 성경적인 조명을 통해서 하나님의 개인적이며 개별적인 계시를 합니다.

② 선지자와 개인에 관한 예언을 통해서 하나님의 개인적이며 개별적인 계시를 합니다.

③ 성령의 은사들을 통해서 하나님의 개인적이며 개별적인 계시를 합니다(고전12;8-11).

④ 성령의 열매들을 통해서 하나님의 개인적이며 개별적인 계시를 합니다(갈5:22-23).

⑤ 하나님의 평안을 통해서 하나님의 개인적이며 개별적인 계시를 합니다[롬8:6].

⑥ 성령의 증거, 허가, 혹은 제지를 통해서 하나님의 개인적이며 개별적인 계시를 합니다[롬8:16].

⑦ 현명한 상담을 통해서 하나님의 개인적이며 개별적인 계시를 합니다[잠언12:15].

(a)확인 - 하나님의 뜻을 결정짓는 원칙 중에서 가장 좋은 것은 매사에 두세 증인들의 입으로 확인을 얻어야 하는 성경 적인 요구를 통해서 하나님의 개인적이며 개별적인 계시를 합니다[고후13:1].

(b)연합 - 결정을 짓는 데 있어서 한 사람 이상이 개입되었을 때는 하나님의 뜻을 확인하기 위해 동의와 일치가 필수적입니다. 각자가 하나님의 구체적인 뜻 안에 있으면 반드시 일치하게 됩니다.

3) 하나님의 길. 하나님의 길은 그의 맞는 시간, 방법, 그것을 행할 수 있는 필요한 도구들, 누가, 무엇을, 언제, 어디서, 어떻게, 하나님의 계획이 성취될 때까지 밀고 나갈 만한 인내력을 포함하고 있습니다. (시27:11)"여호와여 주의 도를 내게 가르치시고 내 원수를 생각하셔서 평탄한 길로 나를 인도하소서." (이사야55:9)"이는 하늘이 땅보다 높음 같이 내 길은 너희의 길보다 높으며 내 생각은 너희의 생각보다 높음이니라."

① 인내 – [약1:4]"인내를 온전히 이루라 이는 너희로 온전하고 구비하여 조금도 부족함이 없게 하려 함이라."

[히6:15]"그가 이같이 오래 참아 약속을 받았느니라."

② 지혜 – [잠언4:7]"지혜가 제일이니 지혜를 얻으라 네가 얻은 모든 것을 가지고 명철을 얻을지니라." [약1:5]"너희 중에 누구든지 지혜가 부족하거든 모든 사람에게 후히 주시고 꾸짖지 아니하시는 하나님께 구하라 그리하면 주시리라."

다섯째, 시간성. 같은 문장에 있다 하더라도 각 예언의 말씀이 다른 때에 일어 날 수 있습니다.

"보라 네가 잉태하여 아들을 낳으리니 그 이름을 예수라 하라. 그가 큰 자가 되고 지극히 높으신 이의 아들이라 일컬어질 것이요 주 하나님께서 그 조상 다윗의 왕위를 그에게 주시리니, 영원히 야곱의 집을 왕으로 다스리실 것이며 그 나라가 무궁하리라. 마리아가 천사에게 말하되 나는 남자를 알지 못하니 어찌 이 일이 있으리이까, 천사가 대답하여 이르되 성령이 네게 임하시고 지극히 높으신 이의 능력이 너를 덮으시리니 이러므로 나실 바 거룩한 이는 하나님의 아들이라 일컬어지리라. 보라! 네 친족 엘리사벳도 늙어서 아들을 배었느니라 본래 임신하지 못한다고 알려진 이가 이미 여섯 달이 되었나니."(눅1:31-36).
앞의 말씀(눅1:31-36)의 경우를 예를 들어봅시다.

마리아, 예수님의 어머니로서.

① "네가 잉태하여"-- 즉시

② "아들을 낳으리니" -- 9개월 후….

③ "보라 세상 죄를 지고 가는 하나님의 어린양이로다"(요 1:29) --30년 후에 이루어짐.

④ "그 나라가 무궁하리라"(눅1:33) --아직도 오고 있습니다. 개인의 예언이 성취되는데 있어서 하나님의 시간은 매우 중요합니다.

여섯째, 믿음과 순종의 요구. 예언은 협조와 참여를 필요로 하지 내용을 분석 조작하는 것을 필요로 하지 않는다는 것을 아시기를 바랍니다. 오직 믿음과 순종만을 요구합니다. 예언 성취방해요소는 이렇습니다.

1) **불신앙**: 이스라엘 백성들은 하나님의 예언적 약속 대신에 그들의 오관과 상황의 지배를 받게 되었습니다. 그들은 예언 대신에 문제점에 눈을 돌렸고, 하나님의 뜻 대신에 성으로 둘러싸인 성읍으로 눈을 돌렸고, 위대하신 하나님 대신에 거인에게 눈을 돌렸고, 전능하신 분의 개인적 약속 대신에 자연적 불가능에 눈을 돌렸습니다(민13-14장).

2) **자아 또는 잘못된 사고방식**: 우리들의 대부분은 인생에 대한 우리 자신에 관한 또 신학에 대한 선입관이 있어서 예언의 말씀이 우리의 확립된 관념에 병행하지 않을 때는 그것을 받아

들일 수 없는 것으로 간주합니다.

① 예수께서 죽으심, 매장, 부활에 대해서 예언하셨을 때 제자들의 반응….

② 유대인들은 메시야의 재림에 대한 정치적인 사고방식….

③기타 예언을 이루는 데 방해요소.

(a) 확고부동한 견해는 진정한 예언을 반대합니다. 오늘날 우리 역시 생활 방식, 사역의 종류나 혹은 종교적 전통에 관한 어떤 유별난 사고방식을 갖고 있습니다. 만일 그렇다면, 우리의 생각과 목표와 반대되는 예언을 받아들이기가 실질적으로 불가능합니다.

(b) 자아상의 문제. 강한 실패에 대한 강박관념(모세). 잘못된 자기 편견 : 열등감, 우월감, 자만심. 쓴 뿌리.

(c) 육의 추리력과 과학적 이론, 개인지식,

3) 혼의 막힘: 생각하는 관념이 아니라, 오히려 감정 의지적인 소욕이나 혹은 개인적인 야심, 욕심입니다. 이것을 혼의 막힘이라 부를 수 있습니다.

① 하나님보다 사람을 더 두려워함으로 예언을 성취하지 못합니다.

(a)시드기야, "시드기야 왕이 예레미야에게 이르되 나는 갈대아인에게 항복한 유다인을 두려워하노라 염려하건대 갈대아인이 나를 그들의 손에 넘기면 그들이 나를 조롱할까 하노라 하는지라."(렘38:19).

(b)사울 왕, "사울이 사무엘에게 이르되 내가 범죄하였나이다 내가 여호와의 명령과 당신의 말씀을 어긴 것은 내가 백성을 두려워하여 그들의 말을 청종하였음이니이다."(삼상15:24).

② 말씀을 주고 있는 사람을 개인적으로 싫어할 때 예언을 성취하지 못합니다.

(a) 미가야를 대하는 여호람, "이스라엘의 왕이 여호사밧 왕에게 이르되 아직도 이믈라의 아들 미가야 한 사람이 있으니 그로 말미암아 여호와께 물을 수 있으나 그는 내게 대하여 길한 일은 예언하지 아니하고 흉한 일만 예언하기로 내가 그를 미워하나이다 여호사밧이 이르되 왕은 그런 말씀을 마소서."(왕상22:8).

(b)예레미야가 관련된 시드기야 왕, "시드기야 왕이 사람을 보내어 선지자 예레미야를 여호와의 성전 셋째 문으로 데려오게 하고 왕이 예레미야에게 이르되 내가 네게 한 가지 일을 물으리니 한 마디도 내게 숨기지 말라. 예레미야가 시드기야에게 이르되 내가 이 일을 왕에게 아시게 하여도 왕이 결코 나를 죽이지 아니하시리이까 가령 내가 왕을 권한다 할지라도 왕이 듣지 아니하시리이다. 시드기야 왕이 비밀히 예레미야에게 맹세하여 이르되 우리에게 이 영혼을 지으신 여호와께서 살아 계심을 두고 맹세하노니 내가 너를 죽이지도 아니하겠으며 네 생명을 찾는 그 사람들의 손에 넘기지도 아니하리라 하는지라. 예레미야가 시드기야에게 이르되 만군의 하나님이신 이스라엘의 하나님

여호와께서 이와 같이 말씀하시되 네가 만일 바벨론의 왕의 고관들에게 항복하면 네 생명이 살겠고 이 성이 불사름을 당하지 아니하겠고 너와 네 가족이 살려니와 네가 만일 나가서 바벨론의 왕의 고관들에게 항복하지 아니하면 이 성이 갈대아인의 손에 넘어가리니 그들이 이 성을 불사를 것이며 너는 그들의 손을 벗어나지 못하리라 하셨나이다. 시드기야 왕이 예레미야에게 이르되 나는 갈대아인에게 항복한 유다인을 두려워하노라 염려하건대 갈대아인이 나를 그들의 손에 넘기면 그들이 나를 조롱할까 하노라 하는지라. 예레미야가 이르되 그 무리가 왕을 그들에게 넘기지 아니하리이다 원하옵나니 내가 왕에게 아뢴바 여호와의 목소리에 순종하소서 그리하면 왕이 복을 받아 생명을 보전하시리이다. 그러나 만일 항복하기를 거절하시면 여호와께서 내게 보이신 말씀대로 되리이다. 보라! 곧 유다 왕궁에 남아 있는 모든 여자가 바벨론 왕의 고관들에게로 끌려갈 것이요 그 여자들은 네게 말하기를 네 친구들이 너를 꾀어 이기고 네 발이 진흙에 빠짐을 보고 물러갔도다 하리라. 네 아내들과 자녀는 갈대아인에게로 끌려가겠고 너는 그들의 손에서 벗어나지 못하고 바벨론 왕의 손에 잡히리라. 또 네가 이 성읍으로 불사름을 당하게 하리라 하셨나이다. 시드기야가 예레미야에게 이르되 너는 이 말을 어느 사람에게도 알리지 말라 그리하면 네가 죽지 아니하리라. 만일 고관들이 내가 너와 말하였다 함을 듣고 와서 네게 말하기를 네가 왕에게 말씀한 것을 우리에게 전하라 우리에게 숨기지 말라 그리하면 우리가 너를 죽이지 아니하리라 또 왕이 네게 말씀한 것을 전하라 하거든 그들에게 대답하되 내가 왕 앞에 간구하기를 나를 요나단의 집으로 되돌려 보내지 마소서 그리하여 거기서 죽지 않게 하옵소서 하였다 하라 하니라. 모든 고관이 예레미야에게 와서 물으매 그가 왕이 명령한 모든 말대로 대답하였으므로 일이 탄로되지 아니하였고 그들은 그와 더불어 말하기를 그쳤더라. 예레미야가 예루살렘이 함락되는 날까지 감옥 뜰에 머물렀더라."(렘38:14-28).

결국 시드기야는 예레미야가 예언한대로 행동하지 않아 성은 함락되었고 바벨론의 왕에 의하여 시드기야는 눈을 잃고 바벨론으로 끌려가게 됩니다. "바벨론의 왕이 립나에서 시드기야의 눈 앞에서 그의 아들들을 죽였고 왕이 또 유다의 모든 귀족을 죽였으며, 왕이 또 시드기야의 눈을 빼게 하고 바벨론으로 옮기려고 사슬로 결박하였더라."(렘39:6-7).

③ 약속 대신에 문제에 시선을 집중함으로 예언을 이루지 못합니다. 믿고 따라가면 하나님이 이루시는데 사람의 판단으로 "된다, 안 된다."를 결정하므로 이루지를 못합니다(민13:30-31).

④ 하나님을 개인적으로 알지 못한 실수로 인하여 예언을 성취하지 못합니다(호4:6).

⑤ 하나님의 영광보다는 차라리 자아의 보존에 급급한 동기로 인하여 예언을 성취하지 못하게 됩니다(계12:11).

4) 성급함

① 사울(삼상13:12)"이에 내가 이르기를 블레셋 사람은 나를 치러 길갈로 내려 오겠거늘 내가 여호와께 은혜를 간구치 못하였다 하고 부득이 하여 번제를 드렸나이다."

② 아브라함과 사라 – 성급함은 이스마엘을 생산하므로 문제를 야기 시킵니다.

③ 야곱의 아내(요셉의 모친 라헬) –"그 시녀 빌하를 남편에게 첩으로 주매 야곱이 그에게로 들어갔더니 빌하가 잉태하여 야곱에게 아들을 낳은지라."(창30:4-5).

5) 태만, 지연과 나태함으로 예언을 성취하지 못하거나 지연됩니다.

① 모세가 할례를 지연함. "여호와께서 길의 숙소에서 모세를 만나사 그를 죽이려 하시는지라. 십보라가 차돌을 취하여 그 아들의 양피를 베어 모세의 발 앞에 던지며 가로되 당신은 참으로 내게 피 남편이로다 하니 여호와께서 모세를 놓으시니라 그 때에 십보라가 피 남편이라 함은 할례를 인함이었더라."(출4:25-26)

6) 낙심과 환멸로 예언을 성취하지 못하거나 지연됩니다. 우리가 바랐던 대로 일들이 풀리지 않을 때, 우리의 낙심과 환멸이 우리에게 주신 하나님의 말씀이 성취를 방해합니다.

7) 책임전가, 자기기만과 사람을 기쁘게 함이 예언을 성취하지 못하거나 지연됩니다(단6:6-23).

21장 예언을 광범위하게 발전시키는 비결

(고전14:3-5)"그러나 예언하는 자는 사람에게 말하여 덕을 세우며 권면하며 안위하는 것이요. 방언을 말하는 자는 자기의 덕을 세우고 예언하는 자는 교회의 덕을 세우나니 나는 너희가 다 방언 말하기를 원하나 특별히 예언하기를 원하노라 방언을 말하는 자가 만일 교회의 덕을 세우기 위하여 통역하지 아니하면 예언하는 자만 못하니라."

하나님은 우리가 예언을 광의적으로 광범위하게 발전시키기를 원하십니다. 예언을 바르게 하기위해서는 먼저 심령을 치유해야 합니다. 바르게 배워야합니다. 바르게 훈련해야 합니다. 바르게 사용하려고 노력해야 합니다. 예언을 광범위하게 향상시켜야 합니다. 외로운 산지기식의 예언을 떠나 모두가 인정해주는 예언을 하려고 노력해야 합니다. 자기만 알아주는 예언을 하지 말아야 한다는 것입니다.

첫째, 예언을 광범위하게 향상시키는 방법

1) 우리의 생각을 성령의 생각으로 바꾸어라. 예언의 은사는 누가 보더라도 인정하는 보편성과 타당성이 있어야 합니다. 어떤 목회자나 성도가 보더라도 인정하는 은사가 되어야 한다는

밀입니다. 이를 위하여 예언의 은사에 대해 목회자의 마음의 문이 열려야 합니다. 그리고 예언의 은사를 이해해야 합니다. 이는 예언에 대한 고정관념이나 잘못된 자아를 치유하여 성령의 인도에 순복해야 한다는 말입니다.

모든 성도들은 성령의 권능을 받아야 합니다. 그래서 담임목회자의 지도력이 중요합니다. 출구가 하나여야 하기 때문입니다. 한국 교회의 영성사역이 실패한 이유는 책임 없는 평신도 사역자를 썼기 때문입니다. 영성사역이 발전하기 위해서는 성도를 유능하게 말씀으로 훈련해야합니다. 고로 성도를 유능하게 훈련시킬 목회자가 되어야 합니다. 목회자는 부단하게 노력을 해야 합니다.

성령의 역사를 조절하려고 하지 말아야 합니다. 성령이 행하시는 역사 모두를 인정하라는 것입니다. 성령이 하시는 일을 신뢰하고 성도들을 놓아주어야 합니다. 목회자의 생각 안에 성도들을 묶어놓으면 안 됩니다. 자기가 아니라 성령께 성도들을 맡겨두라는 말입니다.

2) 우리의 기질과 성격을 바꾸도록 기도하라. 강한 마음, 약한 마음 모두 문제가 됩니다. 자신의 상태를 분별하고 성령으로 충만 하려고 노력해야 합니다. 성령으로 충만하면 깊고 온유한 예수의 성격으로 바뀌게 됩니다.

① 약한 마음 : 너무 신중합니다. 소심합니다. 소극적입니다. 성도를 책망하여 회개도 시켜야 합니다. 그래야 영성이 깊

은 성도가 됩니다. 약한 마음은 회개하고 책망하는 메시지를 선포하지 못하기 때문입니다. 문제는 오늘날 많은 사역자들이 책망하고 회개를 못시키는 것입니다. 사람을 너무 의식하기 때문입니다.

② 강한마음 : 성도들을 이해시키려고 하지 않고 자신의 생각대로 밀고 가니 상처를 받게 됩니다. 무엇보다도 자신이 자신을 들여다보고 회개시키는 것이 제일 좋은 방법입니다.

하나님으로부터 하나님의 마음이 우리 마음으로 흘러나옵니다. 사역자는 이를 선포해야 합니다. 그러나 각자의 마음의 상태에 따라 그 흘러나오는 것이 틀리게 됩니다. 왜냐하면 개인의 영적인 상태가 다르기 때문입니다. 그래서 심령을 치유해야 합니다. 내 상처와 자아로 인하여 거부가 올 수도 있다는 것입니다. 우리는 사역자의 관심과 피 사역자의 관심이 성령의 역사를 제한하는 역할을 한다는 것을 알아야 합니다.

그러므로 하나님이 주시는 은사를 받는 것도 중요하지만, 더욱 중요한 것은 목회자의 마음과 생각에 따라, 그 성령이 행하시는 은사를 제한하는 것이 문제입니다. 절대로 성령의 행하시는 일을 방해하면 안 됩니다. 비록 그 일로 인하여 주위의 공격을 받을지라도, 성령의 사역을 제한하면 안 됩니다. 또한 인위적으로 조정하려고도 말아야 합니다. 순수하게 성령이 역사하는 대로 따라가야 합니다. 이를 습관화해야 성령님과 깊은 관계를 맺을 수가 있습니다.

3) 사역자는 한편으로는 뻔뻔해야 한다. 두려움이 없이 담대함을 의미합니다. 예언 사역을 하는데 두려움은 금물입니다. 두려움이 예언을 거칠게 하기 때문입니다. 무엇보다도 예언사역자는 담대해야 합니다. 다른 말로 말하면 뻔뻔해야 한다는 것입니다. 그런 사람이 사역을 더 잘합니다. 혹시나 틀려도 위축되지 말고 예언사역을 계속해야 합니다. 예언사역자도 육을 가진 사람이기 때문에 틀릴 수가 있습니다. 담대하세요. 뻔뻔하세요. 그런 사역자가 되어야 은사도 더 깊게 개발되게 마련인 것입니다. 틀려도 하나님이 반드시 보완해주신다는 것을 믿고 해야 합니다. 절대로 위축되어 중단하면 예언의 은사는 발전하지 못합니다.

예를 든다면 내가 잘 아는 ○○○목사의 경우에 올해에 주님이 오신다고 했습니다. 그러다가 안 오시니까 또 다음 해에 주님이 오신다고 예언했습니다. 그런데도 성도들이 이상하게 여기지 않았습니다. 그 이유는 ○○목사가 정직하게 자기를 시인하는 말을 잘했기 때문입니다. "제 계시가 짧았습니다."라고 시인했다는 것입니다.

둘째, 예언의 질을 향상시키는 활동
1) 예언사역을 이루기 위해서는 먼저 목회자가 예언에 대하여 순종해야 합니다. 목회자는 성도들의 기본이 됩니다. 목회자가 무엇을 추구하느냐에 따라서 발전하고 침체하고가 결정되

는 것입니다. 그러므로 목회자가 먼저 예언에 대하여 순종하는 자세가 중요합니다.

2) 예언 사역을 할 때 임재 안에 들어가고, 나가는 현상이 자주 나타나는 것은 성숙되지 못한 결과입니다. 그러므로 많은 시행착오를 하더라도 자꾸 행하여야 합니다. 그리고 임재는 그때그때마다 그 느낌이 다르다는 것을 알아야 합니다. 성령의 임재 안에서 그 느낌에 민감하게 반응해야 합니다. 다시 말하면 영적인 파고와 흐름을 알아야 한다는 것입니다. 영적 사역자는 느낌에 강해야 합니다. 이를 위하여 평소에 깊은 영의 기도나 말하면서 글로 쓰는 예언을 많이 해야 합니다.

셋째, 예언의 성장

1) 의지적 단계: 의지적으로 예언을 하려고 노력하는 단계입니다. 성령이 감동하는 대로 따라하는 것입니다. 예언은 하려고 노력해야 발전하는 것입니다.

2) 성령의 흐름을 타는 단계: 성령 안에서 가장 자연스럽게 행동하세요. 다 맡기라는 것입니다.

3) 영감으로 끌려가는 단계: 성령의 역사에 더 순복 되어 가는 단계를 말합니다. 많이 해보면 담대함이 생겨서 평안한 가운데 깊은 예언을 하게 됩니다. 예언자는 단순한 언어 전달자가 아닙니다. 감정과 느낌도 흘려 보내는 사람입니다. 그러므로 빨리 한다고 좋은 것이 아닙니다. 영감과 감동을 받아가며 예언

을 전하는 습관을 들여야 합니다.

　넷째, 예언의 원리. 영적 흐름을 타는 것입니다. 성령의 이끌림을 받는 것입니다. 성령이 하라는 대로 하는 것입니다.

　1) stop is stop : 예언하다가 버거워지면 멈추어야 합니다. 성령이 이끌어가는 대로하라는 것입니다. 성령이 예언의 영으로 역사하면 예언 하라는 것입니다.

　2) 절대로 성령의 임재 느낌위로 올라가지 마라. : 임재를 유지하며 말을 하라는 것입니다. 중요한 것은 말에 집중하다 느낌을 잃지 말아야 합니다.

　3) 절대로 성령의 임재 느낌 아래로 내려가지 마라. : 느낌에 너무 집중하다 말을 잃어버리지 말라는 것입니다.

　4) 계시적인 행동을 하라. : 말 대신에 감동, 그림, 영상, 느낌 등등을 느끼고 보려고 하라는 것입니다.

　5) 예언할 때는 반드시 하나님의 임재와 감동을 유지하는 가운데 예언해야 합니다. 만약에 임재에서 빠져나왔다는 생각이 들 경우, 중간에라도 즉시 예언하기를 멈추어야 합니다. 그리고 다시 임재 가운데 들어가기를 힘써야 합니다. 이것이 성령의 파도를 타는 것입니다. 그러기 위해 임재에 들어가고 나오는 느낌을 잘 분별해야 합니다. 이를 위하여 매일 훈련해야 합니다. 감동을 받아 말하면서 쓰는 예언 훈련을 매일 해야 합니다.

다섯째, 예언의 성장

1) 방언을 하면서 대언을 하는 단계를 이제는 뛰어 넘어라. 이것은 초보자의 단계입니다. 하나님이 그저 내 입을 통하여 말을 한다는 믿음을 가지고 행하는 훈련을 많이 쌓아야 합니다. 다시 말하면 성령의 파고를 타면서 영감을 얻으면서 예언을 하는 연습을 하라는 것입니다. 성령님에게 입술을 맡기고 나오는 말을 절제하지 말고 하는 것입니다.

2) 순복을 배우는 단계. 무슨 말을 하더라도 아멘으로 화답하는 자세가 중요합니다. 성령의 감동에 순종해야 성령이 역사하십니다.

3) 예언을 성장 시키는 방법. 성령의 인도를 받는 기도를 많이 하세요. 관심이 기도이고 기도가 예언이라는 것을 명심해야 합니다. 다양한 예언을 발전시켜야 합니다. 한쪽으로 치우치는 예언을 금해야 합니다. 예언은 사역자의 관심에 따라 나오게 됩니다. 즉 물질이 관심이면 물질에 관한 예언이 나오게 됩니다. 또 사명이 관심이면 사명자를 골라내는 예언이 나옵니다.

이렇게 예언이 다양하지 못한 이유는 관심의 폭이 적기 때문입니다. 예언사역자는 사심을 버리고 성령의 인도를 받는 다양한 예언을 해야 합니다. 이를 위하여 많이 경험해야 합니다. 믿음이란 결국 경험하는 것입니다. 즉 아는 것입니다. 체험하는 것입니다. 고로 성령의 인도를 받는 깊은 기도를 많이 하여 예언의 폭을 넓히려고 노력해야 합니다.

① 예언은 의지적으로 하는 단계와 영적 흐름을 타는 단계가 있습니다. 영적 흐름을 타면 기름부음이 강해지기 때문입니다. 예언 사역자는 의지적으로 예언을 하다가 성령의 흐름을 타야 합니다.

② 영적흐름을 타는 예언을 하면 예언을 듣는 자에게 강한 내적치유가 일어납니다. 예언 자체가 치유 역할을 하기 때문입니다. 왜? 예언하는 말에 생명이 흘러 들어가기 때문입니다. 성령의 사람은 생명을 전이시켜야 합니다. 은사가 많다고 생명이 흘러 들어가는 것이 아닙니다. 말씀과 성령으로 충만해야 생명이 흘러들어 갑니다. 사역자는 항상 성령 충만하고 성령으로 기도해야 합니다.

③ 그 사람 자체에서 영적 임파테이션이 일어납니다. 임파테이션의 뜻은 사역자와 같은 성령이 임하고 능력과 은사가 나타난다는 말입니다.

4) 예언사역에 있어서 치명적인 약점은 이렇다.

① 상처가 예언을 거칠게 하게 합니다. 예언 사역자는 무엇보다 내면치유가 중요합니다.

② 사심의 문제, 생각관리, 감정관리, 마음 관리가 중요합니다. 발람에게도 일시적인 기름부음이 있었다는 것을 알아야 합니다. 성령의 기름부음이 항상 심령에서 올라오는 상태가 되도록 해야 합니다.

③ 죄의 문제로서 이성, 돈, 가계문제 등을 말합니다.

5) **영적인 면의 구분**. Spiritual Power(영혼의 힘) 과 Spiritual Sense(영혼의 감각) 로 구분됩니다. 이 둘은 분명히 구분이 가능하며 일반적으로 사역자들에게 있어서는 한쪽이 약하면 강한 면이 있습니다. 영적인 능력은 부르짖는 기도에서 나옵니다. 영혼의 감각은 깊은 기도로 하나님의 임재 안에 거하는 영의 기도에서 배양됩니다. 영혼의 감각이 강해지는 기도를 많이 하면 자신의 혼을 죽이는 결과를 가져오게 됩니다. 그래서 영혼의 감각이 깊어지는 것입니다. 쉽게 말하면 자신의 전인격이 성령의 인도를 받는 것을 영혼의 감각이라고 표현할 수 있습니다. 영혼의 감각이 강해야 예언을 잘합니다.

6) **적용과 실습**. 능력을 받으려면 연구하지 말고, 적용과 실습을 많이 하여야 합니다. 저의 예를 들면 「신유의 방법」 의 저자인 찰스 프란시스 헌터 부부의 책을 읽고, 그 자리에서 기도하고 실습을 한 결과 그때 많은 능력이 나타나는 것을 경험했습니다. 그리고 치유세미나에 참석 하여 배우고 터득한 내용을 적용하는 사역을 할 때 동일한 능력이 저에게서 나타났습니다. 그러므로 능력을 진정으로 받기를 원한다면 기도하고 믿음으로 실습을 하여야 합니다. 절대로 머리로 연구를 한다고 그 능력이 드러나는 것은 아닙니다. 예언을 잘 하려면 예언을 할 수 있는 실습대상을 많이 만들어서 훈련하는 것입니다. 예언은 예언하는 자가 본 것을 이야기하여야 합니다. 예언 사역자는 성령의

깊은 임재 하에 보고 들으려고 해야 합니다. "여호와의 말씀이 또 내게 임하니라 이르시되 예레미야야 네가 무엇을 보느냐 대답하되 내가 살구나무 가지를 보나이다."(렘 1:11).

그러므로 대언 사역을 끌고 가는 것은 영적인 영감입니다. 즉 대언하다 보면 상대방의 마음이 읽어지는데 그것이 영감입니다. 대언 사역자들은 하나님께서 주시는 영감에 대하여 신뢰를 두어야 합니다. 신뢰하려면 체험을 많이 해야 합니다.

그런데 만약에 대언을 하였는데 상대방이 그것을 부정할 경우 어떻게 하여야 하는가? 이때는 참으로 난감합니다. 으러나 당황하지 말고 거부하지도 말고 계속적으로 분별해야 합니다. 그러다 보면 성령님께서 주시는 하나님의 보증적인 역사가 일어납니다. 상대방의 얼굴에 변화가 일어난다든지, 아멘으로 화답한다든지 하는 보이는 역사가 나타납니다. 예언사역자는 인내해야 합니다.

예언은 그냥 막 해서는 안 됩니다. 성령의 인도하에 영감으로 해야 합니다. "여호와께서 발람에게 임하사 그 입에 말씀을 주어 가라사대 발락에게로 돌아가서 이렇게 말 할지니라."(민 23:16). "주 여호와의 말씀에 본 것이 없이 자기 심령을 따라 예언하는 우매한 선지자에게 화 있을 진저."(에스겔 13:3).

하나님의 영감 없이 자기 마음에 생각나는 대로 예언하는 자는 우매한 선지자입니다. 어떤 경우든지 성령의 임재 현상이 나타나고 그 이후에 영감을 받아 말을 해야 합니다. "예언은 언제든지 사람의 뜻으로 낸 것이 아니요 오직 성령의 감동하심을 입은 사람들이 하나님께 받아 말한 것임이니라."(벧후 1:21).

그러므로 대언의 은사는 반드시 영분별의 은사를 같이 받아야 합니다. "예언하는 자는 둘이나 셋이나 말하고 다른 이들은 분별할 것이요."(고전14:29). 예언은 영분별과 같이 받을 때 효과가 정확합니다. 예언사역자는 계시의 은사를 받아야 합니다.

여섯째, 예언의 은사가 임할 때의 현상

1) 마치 양신 역사를(야고보서에 두 가지 마음 – 두개의 영) 하는 것처럼, 소리를 지르거나 지나치게 흥분된 상태를 드러내는 사람들이 있습니다. 우리는 이러한 사람을 경계하거나 두려워합니다. 그러나 이러한 경우는 모임의 리더가 절제를 권유하거나 절제할 것을 위하여 기도해주면 됩니다.

2) **입이 풀린 것처럼 중얼대며** 하나님의 말씀이 입에서 자꾸 나오는 경우가 있습니다.

3) **마치 사람들 앞에서 설교나 선포를 하는 것과 같은 흉내를** 내며 말하게 되는 경우가 있습니다.

4) **어느 날부터 인가 기도 중에 자신도 모르게 대화가 되는 경우가 있습니다.** 예언의 시점이 중요합니다. 시작을 잘해야 예언을 깊이 있게 하고 끌고 갑니다. 그런데 어느 시점까지는 영적 흐름을 잘 타다가 영감 예언과 대언이 조화가 안 되는 사람이 있습니다. 이에 대한 해답이 "임하사"와 "본 것"입니다. 임하사와

본 것이 될 때까지 기도하고 훈련을 해야 합니다. 영감으로 예언을 해야 합니다. 대언 시에 나타나는 영감이 있습니다. 이 영감은 일반 시에 나타나는 영감과 차이가 있습니다. 가이드의 역할을 위해 오는 영감으로서, 이것이 예언의 영입니다.

일곱째, 예언의 은사가 임할 때 체험하는 현상. 발성의 은사를 받은 분들의 대표적인 성령체험은 입이 뜨거워지는 것입니다. 그리고 혀가 풀려서 제어하지 못하는 성령을 체험합니다. 보편적으로 발성의 은사가 나타날 때 이런 현상을 체험합니다. 절제하지 못할 정도로 몸에 강한 진동이 옵니다. 어떤 힘이 누르는 것 같은 느낌을 받거나 몸에 무엇이 덮이는 느낌을 체험합니다. 머리가 시원해집니다. 머리가 맑아집니다. 가슴이 뜨거워집니다. 어떤 때는 답답해지기도 합니다. 입이 뜨거워집니다. 혀가 뜨거워집니다. 몸이 뜨거워집니다.

혀가 말리며 혀가 혼자서 움직여 알 수 없는 소리가 납니다. 입이 풀린 것 같아지면서 속에서 말이 계속 나옵니다. 사람을 보거나 이름을 보면 심령이 읽어지면서 말이 나옵니다. 성령의 임재 시에 사람을 보거나 생각하면 심령이 읽어지면서 말이 나옵니다. 입을 열어 말을 시작하면 자신이 절제하지 못할 정도로 말이 술술 나옵니다. 온몸에 불이 붙은 것처럼 뜨거워지기도 합니다. 전에 보지 못한 이상한 그림이 머릿속을 지나갑니다. 기도할 때 성경 구절이 떠오르기도 합니다. 사람을 보면 자꾸 예언을 해주고 싶어집니다. 방언으로 기도할 때 알아듣는 말로 들립니다.

여덟째, 지역 교회에 예언 은사의 활용. 성도들을 훈련하여 활용하면 교회부흥에 유익합니다. 예언의 은사를 사용하는 것을 두려워 하지 말아야 합니다. 원래 성령이 하시기 때문에 두려운 것입니다. 치유되지 않은 사람들이 예언하여 문제를 일으키지 않을까, 두려워하지 마세요. 절대 성령은 인격적인 분이십니다. 절대 잘못 인도하지 않는다는 것입니다. 걱정하는 이상으로 정확하게 예언하며 이끌어 가실 것입니다. 그러므로 성령의 역사만 있으면 성령께서 끌어가십니다. 성령의 역사를 두려워하기 때문에 교회가 성장되지 않습니다. 성령의 인도를 받는 사역자 성도는 담대해야 합니다. 그 루뎀은 예언 은사가 현대 교회에도 적용이 가능하다는 논지에 근거하여 여섯 단계의 적용방안을 제시하였습니다.

① 주님의 지혜를 얻도록 기도하라. ② 정규적인 성경 공부 시간에 예언에 관하여 가르치라.③ 인내심이 있게 점진적으로 접근함으로 성도들의 거부감을 제거하라. ④ 교회 안에 이미 활동하고 있는 예언 은사 자들을 인정하고 격려하라. ⑤ 정규적인 예배보다는 소그룹 모임에서 시범적으로 활용을 시작해보라. ⑥ 성도들이 균형감을 잃지 않도록, 성경의 최종적인 우월한 권위와 가치를 강조하라.

아홉째, 예언사역 집중 훈련기간 예언은사를 받은 간증. 방언 통역과 예언의 은사를 받은 분의 간증입니다. 충만한 교회로 인도하여 주신 주님의 사랑과 은혜에 감사드립니다. 3년 전, 계단에서 떨어져 뇌를 다친 후, 다친 곳의 통증과 함께 기억이 끊기곤 했습니다. 그런데 충만한 교회 치유집회에 참석하여 말씀과 성령의 역사에 은혜 받고 목사님의 정성어린 안수기도 후, 통증도 사라지고 기억력도 회복이 되었습니다. 늘 몸의 통증과 알레르기성 비염으로 인하여 약을 복용하고 있었는데, 불안수 시 깊은 입신을 통해 성령으로 전인격이 장악이 되면서 말끔하게 치유가 되었습니다.

또한 성령의 이끌림으로 입신에 들어갈 때 성령께서 심장을 붙드시고 온몸으로 피를 강하게 펌프질하여 내보내면서 온몸의 막힌 부분들을 뚫으시는 것을 경험하게 되었습니다. 또한 입신할 때 나의 전신이 목사님께서 명령하는 대로 순종을 하는 것을 경험하게 되었습니다. 이를 통해 목사님의 입술에 권세가 주어져 있음을 체험하게 되었습니다.

그리고 목사님이 하시는 치유사역에 예수님의 인정과 지지가 함께하고 있음을 체험적으로 알게 되었습니다. 또한 안수를 받을 때 세상에서는 도저히 체험할 수 없는 기쁨과 평강과 희락이 넘쳐나고 모든 일에 자신감도 생겨나고 믿음에 믿음이 더하여지며, 온 가족이 영적으로 하나가 되며, 성령으로 가정이 장악되는 것을 느끼고 있습니다.

(고후 5:17)"그런즉 누구든지 그리스도 안에 있으면 새로운 피조물이라 이전 것은 지나갔으니 보라 새것이 되었도다"를 날마다 고백하며 지내고 있습니다. 또한 사모님의 예언 기도하실 때 '아멘'으로 받으니 매임과 문제가 풀어짐을 경험하기도 했습니다. 그런데 중요한 것은 나에게 은사들이 나타나고 있었습니다. 어느날 충만한 교회 집회에 참석하여 기도를 하는데 옆에 있는 다른 성도가 방언으로 기도하면 방언기도가 다 통역이 되어 들리는 것입니다. 그래서 강 목사님이 평소에 알려주신 대로 내 방언기도를 통역하니 통역이 되는 것입니다.

또, 다음 시간에 다른 성도 방언을 들었더니 다 통역이 되는 것입니다. 할렐루야! 감사합니다. 그런데 방언을 통역하면 예언이 된다고 했는데 이제 예언의 은사도 나타나 다른 사람을 보면 속에서 예언의 말이 술술 나옵니다. 강 목사님이 평소에 입버릇처럼 하시는 말씀이 우리 교회에 몇 개월만 착실하게 다니면서 은혜 받으면 모두 예언하고 방언을 통역하게 된다는 말씀이 사실로 밝혀졌습니다. 정말 감사합니다. 하나님! 치유 받고 성령의 은사도 받게 하시니 감사합니다. 이제 담대하게 목회를 할 수 있게 되었습니다. 서울 승리교회 서은혜전도사

22장 예언을 숙달하는 여러 훈련 방법

(히 5:12-14)"때가 오래 되었으므로 너희가 마땅히 선생이 되었을 터인데 너희가 다시 하나님의 말씀의 초보에 대하여 누구에게서 가르침을 받아야 할 처지이니 단단한 음식은 못 먹고 젖이나 먹어야 할 자가 되었도다 이는 젖을 먹는 자마다 어린 아이니 의의 말씀을 경험하지 못한 자요 단단한 음식은 장성한 자의 것이니 그들은 지각을 사용함으로 연단을 받아 선악을 분별하는 자들이니라."

예언은사는 성령님에 의하여 은혜로 주어지는 은사이지만 전문적인 예언사역을 위해서는 숙달 훈련이 필요합니다. 저는 영적으로 성장하는 것도 사람이 태어나서 성장하는 것과 같다고 생각합니다. 아기가 태어나서 5개월 정도가 지나면 뒤집기를 시작합니다. 그러다가 한 달여가 지나면 기어 다닙니다. 10개월 정도가 되면 물건을 잡고 일어서기 시작하다가 첫돌이 되면 한발 한발 걸어 다니기 시작합니다. 계속 자라다가 일곱 살이 되면 젖니가 빠지고 영구치가 나기 시작합니다. 사람도 이런 단계를 거쳐야 어른이 되는 것입니다. 성도가 예수를 믿고 교회에 들어와 성령을 체험하면 영적인 것에 관심이 많이 생기기 시작합니다.

그래서 방언도 하고 싶어 합니다. 예언도 하고 싶고 또 듣고 싶어 합니다. 기도하면서 하나님의 음성도 들으려고 합니다. 좀 더 지나면 영안으로 무엇을 보려고 하기도 합니다. 또 입신에 들어가서 천국도 보고 싶어 하고 지옥도 보려고 합니다. 이런 과정을 거치면서 믿음이 자라서 숙성되면 오직 성령 충만과 말씀을 사모하게 됩니다. 우리는 이를 알아야 합니다. 다 거쳐야 하는 것입니다. 누구든지 처음부터 신령한 자가되어 예언을 잘하는 것이 아닙니다. 처음부터 훈련되어 숙성되고 연단된 성도가 되어야 예언 사역을 할 수가 있는 것입니다. 다 연단과 훈련 과정을 거쳐서 예언사역자가 되고 예언 사역자로서 하나님에게 쓰임을 받는 군사가 되는 것입니다.

예언을 말하는 시작점은 크게 두 가지가 있습니다. 첫째는 예언의 영이 시작하게 하는 것입니다. 둘째는 예언을 말하는 사람이 스스로 시작하는 것입니다. 그러기 때문에 두 번째 방법대로 한다면 예언을 말하는 사람이 스스로 시작해야 하기 때문에 예언 사역 숙달 훈련이 필요합니다.

예언자가 예언하는 기능은 '나바' '로에' '호제' '맛사' '나타프' 등과 같은 기능들은 주로 '예언의 영'에 의해서 예언하는 것입니다. 예언자는 예언의 영에 대해서 민감할 뿐만 아니라, 오랜 세월 동안 훈련하고 이 영으로 예언했기 때문에 영의 흐름과 영적 분위기에 대해서 잘 알고 있습니다.

그러나 공 예배에서 회중 중에 일시적으로 예언의 영이 임해서 예언하게 하는 경우 그 사람은 예언자가 아니기 때문에 예언의 영에 대해서 거의 아는 바가 없이 일방적으로 끌려서 예언을 하게 됩니다. 예를 든다면 성도가 목사님의 설교 말씀을 듣다가 갑자기 성령의 감동으로 말을 하고 싶은 경우입니다. 실제로 어느 집사님이 저에게 이렇게 말했습니다. "목사님 어느 목사님을 잘 알았습니다. 그런데 이 목사님이 신도시에 교회를 지었습니다. 그래서 목회를 시작했습니다. 신도시가 완전 하게 조성되기 전에 교회를 시작한 것입니다. 그래서 교회의 운영이 되지 못했나 봅니다. 제가 교회가 있는 부근에 살았습니다. 그런데 목사님이 저를 찾아오셔서 자기네 교회에 다니면서 자신을 도와달라고 몇 번을 찾아와 사정을 했습니다.

그래서 인정에 끌려서 교회에 가게 되었습니다. 그런데 이 목사님이 성령으로 거듭난 목사님이 아니고 아직 육신에 속한 목사님이셨습니다. 교회가 어려우니 선교원을 했습니다. 목사님이 하는 이야기를 들어보면 항상 계산속입니다. 아이들이 몇 명이 오면 돈이 얼마가 들어온다. 항상 이것만 계산하고 있는 것입니다. 그러면서 나에게 선교원에서 도와 달라고 해서 도와주기도 했습니다. 그런데 어느날 제가 한 꿈을 꾸게 되었습니다. 그런데 그 꿈이 하도 이상했습니다. 다른 목사님이 강단에서 설교를 하시고 자신의 목사님은 뒤에 서서 웃고 있는 꿈을 꾸었습니다. 그래서 성령하나님에게 물었습니다. 하나님 이 꿈의 뜻이 무엇입니까? 자꾸 질문을 했습니다. 그러니까, 성령께서 감동을 주셨습니다. 너희 목사에게 가서 물어보아라. 그러면 답을 얻을 것이다.

그래서 목사님을 찾아가서 꿈 이야기를 했습니다. 그랬더니 목사님의 얼굴색이 싹 변하는 것입니다. 그러면서 사실을 이야기 했습니다. 은행에서 돈을 빌려서 교회를 건축했는데 도저히 운영이 되지 않아서 부동산에 교회를 내 놓았습니다. 그래서 집사님이 목사님! 저 당장에 이 교회를 떠나겠습니다. 어디 그럴 수가 있습니까? 하고 강하게 이야기 하니 내가 교회를 처분하는 것이 하나님의 뜻이 아닌가 봅니다. 다시 부동산에 다니면서 취소하겠습니다. 그래서 취소를 했습니다. 그런데 이미 성도들에게 담임목사가 교회를 팔아먹고 도망을 가려고 했다는 소문이 금방 퍼졌습니다. 그러니 성도들이 주일날 와가지고 담임목사 설교는 듣지 않고 웅성웅성 교회 이야기를 하는 것입니다.

그런데 갑자기 나의 속에서 이렇게 말하는 것입니다. "일어나서 담대하게 말하라. 지금 강단에서 말씀을 전하는 것은 저 목사님의 말이 아니라 하나님의 말씀을 전하는 것이니 조용히 설교 말씀을 들으라고 하라." 그러나 무서워서 그냥 가만히 있었습니다. 그런데 다시 명령을 하시는 것입니다. "빨리 일어나서 담대하게 말하라. 지금 강단에서 말씀을 전하는 것은 저 목사의 말이 아니라 나의 말씀을 전하는 것이니 조용히 설교 말씀을 들으라고 하라." "그래도 무서워서 말을 못했습니다. 그러니 또 더 강하게 말씀을 하시는 것입니다." "당장 일어나서 담대하게 말하라. 지금 강단에서 말씀을 전하는 것은 저 목사의 말이 아니라 나의 말씀을 전하는 것이니 조용히 설교 말씀을 들으라고 하라."

"그래서 마지못해서 성도들에게 제가 울면서 성령님의 지시대로 말을 했습니다." "여러분 지금 강단에서 말씀을 전하는 것은 저 목사의 말이 아니라 나의 말씀을 전하는 것이니 조용히 설교 말씀을 들으라고 하십니다." "그렇게 두 번 말을 했습니다. 그러니 잠잠해 지면서 설교를 들었습니다. 그 일이 있은 후 교회는 안정이 되었습니다. 그리고 목사님도 정신을 차리고 목회에 전념하며 전도를 열심히 다녔습니다. 목사님 저에게 예언의 은사가 온 것입니까?" 그래서 제가 이렇게 대답을 해주었습니다. 집사님에게 임한 것은 성령이 집사님의 입술을 이용하여 말씀하신 것입니다.

마치 사무엘상 10장 6절부터 13절의 말씀 같은 경우입니다. "네게는 여호와의 영이 크게 임하리니 너도 그들과 함께 예언을 하고 변하여 새 사람이 되리라 이 징조가 네게 임하거든 너는 기회를 따라 행하라 하나님이 너와 함께 하시느니라 너는 나보다 앞서 길갈로 내려가라 내가 네게로 내려가서 번제와 화목제를 드리리니 내가 네게 가서 네가 행할 것을 가르칠 때까지 칠일 동안 기다리라 그가 사무엘에게서 떠나려고 몸을 돌이킬 때에 하나님이 새 마음을 주셨고 그 날 그 징조도 다 응하니라 그들이 산에 이를 때에 선지자의 무리가 그를 영접하고 하나님의 영이 사울에게 크게 임하므로 그가 그들 중에서 예언을 하니 전에 사울을 알던 모든 사람들이 사울이 선지자들과 함께 예언함을 보고 서로 이르되 기스의 아들에게 무슨 일이 일어났느냐 사울도 선지자들 중에 있느냐 하고 그 곳의 어떤 사람은 말하여 이르되 그들의 아버지가 누구냐 한지라 그러므로 속담이 되어 이르되 사울도 선지자들 중에 있느냐 하더라. 사울이 예언하기를 마치고 산당으로 가니라."

집사님도 예언을 하기를 사모하고 이론을 알고 실제를 훈련하면 예언사역자가 될 수가 있습니다. 이런 경우는 예언의 영에 대해서 거의 아는 바가 없이 일방적으로 끌려서 예언을 하게 됩니다. 반대로 예언사역자는 예언의 은사를 받아서, 그 예언 기능을 오랫동안 훈련과 임상을 통해서 익힌 사람이므로 영의 흐름과 그 영을 이끌어내어 어떻게 예언할 것인지를 잘 압니다.

예언의 영은 전문가뿐만 아니라, 일반적인 성도들에게 임해서 예언을 돕게 됩니다. 이 예언의 영이 임하면 이러한 성령의 역사가 나타납니다.

① 배에 힘이 들어갑니다.

② 목소리가 바뀌고 정신이 집중됩니다.

③ 몸에 진동이 오게 됩니다.

④ 전혀 생각하지 않음에도 불구하고 입에서 말이 계속 나오게 됩니다.

⑤ 예언하는 동안 강력한 기름 부음으로 이끌리면서 계속 말을 하게 되는데, 이 말 속에는 영으로부터 오는 말과 자신의 내면에서 나오는 말이 혼합되기도 합니다. 이런 성령의 역사가 자신에게서 나타나는 경우 예언의 영이 임한 것입니다. 이런 성령의 나타남을 체험하신 분은 이론을 알고 훈련을 하면 예언사역자가 될 수가 있습니다.

예언하고자 할 때 영적 분위기가 중요합니다. 공적 예배에서 예언하고자 할 때 예언의 영은 회중 가운데 누군가에게 임하여 말하게 합니다. 이것이 예언의 한 시작이며, 다른 시작은 우리의 의지에 의존하는 것입니다. 이는 예언의 영과는 다르게 우리가 예언을 필요로 해서 담대하게 입을 열어 예언하는 것입니다. 이 방법은 예언의 은사가 없거나 예언을 처음 하는 사람에게 필요한 수단입니다. 예언의 영이 임하지 않은 상태에서 우리가 자의적으로 예언을 시작하는 것입니다.

이 방법은 예언을 사모하여 예언하고자 하는 열정을 가진 사람이 스스로 예언을 말하기 시작함으로써 우리 안에 있는 예언의 권세를 이용하는 것입니다. 이 근거는 우리 모든 그리스도인에게는 누구든지 예언할 수 있는 능력이 성령으로 거듭날 때부터 성령으로 주어졌기 때문에 가능한 것입니다.

이런 예언은 예언의 은사에 바탕을 둔 것이 아니라, 하나님의 자녀로서 누릴 수 있는 권능에 기인한 것입니다. 우리에게 주어진 권능은 저는 '잠재적 능력'이라고 표현합니다. 이 능력은 우리가 의도적으로 그리고 의지적으로 적극적으로 개발해야 하기 때문에 예언의 잠재능력이라고 표현합니다. 이렇게 예언을 하려고 의지적인 노력을 할 경우 예언의 영이 이를 돕습니다.

왜냐하면 하나님은 사모하는 영혼에게 만족함을 주시기 때문입니다. 이것을 밖으로 표현하여 드러내기 위해서는 담대함이 필요합니다. 즉 믿음으로 말을 뱉어내는 모험심이 필요한 것이지요. 그렇기 때문에 이 일은 성숙한 지도자 아래에서 공동체가 함께 훈련하며 시도해야 하는 것입니다.

모든 예언은 반드시 분별을 필요로 합니다. 예언자가 하는 예언도 물론입니다. 그러므로 예언 공동체에서 돌아가면서 예언을 말하고 회중은 식별합니다. 서로 돌아가면서 예언을 말하는 방법을 취하면서 자신의 차례가 되면 자신의 마음 안에서 떠오르는 생각을 그냥 말하기만 하면 됩니다. 그 말을 회중은 말씀에 근거해서 그리고 예언의 다양한 목적에 견주어 식별합니다.

예언의 목적은 우리가 이미 알고 있듯이 '세우는 일' '권면하는 일' '위로하는 일' '경고하는 일' '주를 찬양하는 일' '주님을 높이는 일' 등입니다. 성경 말씀과 이 목적에 근거해서 그 말이 자신이나 회중에게 유익을 주는 것인지를 살피는 것입니다. 유익이 되지 않는다면 버리면 그만입니다. 어떤 분들은 예언으로 들은 말이 마음에 와 닿지 않아서 한동안 고심을 하는데 그럴 필요가 없습니다. 성령이 자신에게 한 말이라면 자신의 마음에 감동이 오게 되는 것입니다. 그러므로 자신의 마음에 와서 감동하지 않는 다면 고심하지 말고 버리는 것이 좋습니다.

예언은 교회의 유익을 위한 것이며, 성도를 온전하게 하며 자라게 하기 위한 것입니다. 여기에서 교회란 보이는 유형교회가 아니고 보이지 않는 무형교회(성도의 마음 안에 있는 교회)를 말하는 것입니다. 간혹 한순간 예언자에게 계시적인 예언이 임하기도 하지만 이는 예외적입니다. 성숙한 예언자를 통해서 계시적인 예언의 내용들을 듣게 됩니다. 그러므로 이제 예언을 처음 말하고자 하는 사람의 입으로는 대부분 건덕의 내용으로 예언을 하게 됩니다. 처음 예언하고자 하는 사람은 우선 세우는 내용에 관심을 두어야 합니다. 비판하고 지시하고 경고하는 예언은 절대로 피해야 합니다. 예언을 말하는 것부터 시작하는 초보자는 그의 의식 속에 있는 '자기 의'를 억제하거나 제거하는 노력이 필요합니다.

모든 현상을 긍정적인 입장에서 보려고 해야 하며, 남을 판단하거나 정죄하기 보다는 세우고 이해하는 쪽으로 마음가짐을 가져야 합니다. 이것이 예언의 유익이기도 하고 예언을 말함으로써 우리는 심령에 다른 사람을 더 높이려는 생각으로 채워집니다. 이것이 사랑을 풍성하게 하는 것인데 예언을 자주 말함으로써 서로 화목하게 되고 서로를 존중하게 됩니다. 예언은 서로를 세우는 입장에 서게 되며, 격려하고 위로함으로써 공동체가 아름답게 자라날 수 있습니다. 예언을 사모하고 예언하기를 원하는 사람은 이와 같이 공동체를 굳게 하는 일에 관심을 가지고 예언을 시작해야 합니다. 예언을 자주 훈련하며 말하게 되면 우리 안에 예언의 영이 더욱 활발하게 역사하기 시작하며, 차츰 예언이 성숙되면서 계시적이고 지시적인 예언으로 확장되어가기 시작하는 것입니다.

그러므로 예언은 공동체에서 돌아가면서 서로를 위해서 예언해줌으로써 서로를 세워주게 됩니다. 이 단순한 목적을 가지고 담대하게 말을 하기 시작하는 것으로부터 예언은 시작되는 것입니다. 마치 덕담을 하는 것과 같은 모습으로 돌아가면서 말을 하는 것입니다. 예언을 하는 요령은 원형으로 앉아서 순서대로 돌아가면서 한 마디의 말을 시작할 수도 있고 감동이 되는 사람이 일어나서 말할 수도 있습니다.

그러나 순서를 지켜야하고 질서를 따라야 하기 때문에 혼란해서는 안 됩니다. 이때에는 반드시 조장을 임명하여 진행을 이끌어 가야 합니다. 바울이 이런 부분에 대해서 하나님은 혼란케 하시는 분이 아니라, 질서의 하나님이라고 설명하면서 질서 있게 예언할 것을 가르쳤습니다.

성숙한 예언자를 지도자로 해서 미숙한 성도들이 담대함을 얻어서 과감하게 무슨 말이든지 떠오르는 대로 말함으로써 예언은 시작되는 것입니다. 예언을 처음 하면서 그 예언이 계시적이거나 어떤 지식을 지닌 내용이 되기를 기대하는 것은 성급한 것입니다. 처음은 단순히 말을 한다는 것 자체로 만족해야 합니다.

담대함을 가지고 회중 속에서 건덕을 위한 말을 스스럼없이 할 수 있게 된다는 것이 중요합니다. 이렇게 해서 자신의 내면에 이미 주어진 예언의 기능을 개발하고 드러냅니다. 이런 과정을 계속 반복함으로써 예언의 영이 활성 되는 것입니다. 예언의 은사가 임한 사람에게는 예언의 영이 주도적으로 작용을 시작합니다. 그러나 일반적인 사람들은 우선 먼저 자신에게 주어진 예언의 권능에 불이 일어나는 것같이 일어나게 하는 노력을 해야 하는 것입니다. 그래서 예언에 대한 훈련이 필요한 것입니다.

예언을 말하기 위해서는 과감함이 반드시 필요합니다. 다른 은사도 역시 마찬가지이지만, 자신 속에 이미 주어진 권세를 이용해서 특별한 능력을 드러내기 위해서는 믿음에 바탕을 둔 담력이 필요합니다. 거듭되는 실패를 두려워하지 않는 노력이 있어야 합니다. 모든 능력은 상대가 있어야 합니다. 예언도 말하는 사람과 듣는 사람이 있어야 하는데 말하는 사람 못지않게 듣는 사람도 믿음이 있어야 합니다. 그러므로 예언자는 혼자의 힘으로는 능숙한 예언사역자가 되는 것은 어려운 것입니다. 반드시 일정한 훈련기간을 거쳐야 능숙하고 계시를 받아서 전하는 예언사역자가 될 수가 있는 것입니다.

그러므로 예언 공동체는 예언 훈련을 통해서 서로 믿음을 세워나가게 됩니다. 예언을 말하고 듣는 과정 속에서 모든 사람들은 예언의 내용에 대한 학습이 이루어지게 됩니다. 또 어떻게 예언해야 하고 어떤 내용으로 예언해야 하는지를 알게 되는 것입니다. 말하고 듣는 훈련을 통해서 예언이 피차 성숙하게 되는 것입니다. 그러므로 성숙한 예언을 할 수 있기 위해서는 성숙한 청중이 반드시 있어야 합니다.

그래서 교회는 예언자도 있어야하고 예언을 듣는 청중도 있어야 하는 것입니다. 그런데 요즈음 예언을 한다는 예언사역자 역시 제대로 된 교육을 통해서 나온 사람은 드물기 때문에 예언의 가장 기초적인 것조차 제대로 이해하지 못하고 예언하는 사람들이 일부 있습니다. 그리고 예언에 대한 바른 교육을 하지 않기 때문에 예언을 어떻게 들어야 하며, 식별해야 하는지도 모르는 청중으로 인해서 예언이 발전하지 못하는 것입니다.

이는 마치 성숙한 회중이 있으면 설교자가 서툰 설교를 할 수 없지만, 무지한 사람들이 모인 곳에서는 잡담 비슷한 설교를 해도 아무도 비판하지 않는 것과 같습니다. 지금까지 교계에서는 서툰 예언과 식별력이 부족한 청중이 있었기 때문에 예언이 구체적으로 교회에 유익을 주지 못했고, 개인을 세우는 일에 기여하지 못했습니다. 그저 양자택일을 위한 수단으로 사용되어 마치 무속인들이 점을 치듯이 그렇게 이용되어 온 것이 사실입니다.

그래서 바르게 예언을 하고 들을 수 있도록 이론과 실제를 겸한 훈련을 해야 하는 것입니다. 분명히 예언은 훈련을 통해서 성숙하며 그 가운데 예언의 영이 작용을 시작하는 것입니다. 처음에는 단순히 자기 말만 하고 끝날 수도 있습니다. 예언의 영의 도움을 전혀 받지 못한 단순한 덕담이지만, 그것을 극복하고 나갈 때 예언의 영이 서서히 임하기 시작합니다. 이렇게 계속하다가 보면 자신이 하는 말 속에 실질적인 예언이 한 마디씩 끼어들게 됩니다. 이것을 '나타프'라고 설명하는 것인데, 물방울이 떨어지듯이 한 마디씩 스며드는 예언을 우리는 모래 속에서 사금을 찾아내듯이 구별해 내야 합니다, 그러므로 예언은 말하는 사람보다는 듣는 청중의 몫이 더 큽니다. 청중은 예언의 말 속에서 얼마나 귀한 진주를 찾아낼 수 있는지도 훈련되어야 합니다. 예언 공동체에서 예언을 말하게 하는 것은 서로를 훈련하는 것이며, 그 시작은 예언을 사모하는 사람이 담대한 믿음으로 말을 시작할 때 이루어지는 것입니다.

결론적으로 예언은 바른 이론의 강의와 실제훈련이 필요합니다. 지금 교계의 실태를 보면 많은 성도들이 자신에 대한 하나님이 말씀하시는 예언을 들으려고 여기저기로 방황을 합니다. 그러다가 바르지 못한 예언가를 만나 사기를 당하기도 합니다. 저는 지금까지 사역을 하면서 많은 목회자와 성도들을 만났습니다. 이들 중에 바르지 못한 예언가에게 사기를 당한 분들도 다수가 있었습니다. 지금 교계의 일부 목회자들이 예언은 성경 66권이 주어졌고, 예언의 은사는 하나님이 선물로 주는 것인데 훈련할 필요가 있느냐고 반문하는 분들이 있습니다. 이는 지금 성도들의 사정을 모르고 하는 소리입니다. 우리가 어떻게 성경 66권을 마음에 새기고 말씀대로 살아갑니까? 그리고 설령 예언의 은사가 왔다고 하더라도 아무런 준비와 훈련 없이는 예언사역자는 될 수가 없는 것입니다. 우리는 로고스 말씀으로 살아야 합니다. 그러나 필요한 때는 성령이 주시는 레마를 받아야 합니다. 성령이 주시는 레마를 받아 행동에 옮기는 것입니다.

그래서 성도는 기도하는 것입니다. 기도할 때 성령으로 충만하여 하나님의 음성을 들을 수 있기 때문입니다. 교회에 구역장이나 셀 리더를 훈련 없이 그냥 세웁니까? 목사님들도 교육과 훈련 없이 그냥 세웁니까? 이와 마찬가지로 예언자도 훈련을 통하여 세워져야 합니다. 그래야 바른 예언자가 될 수가 있습니다. 그리고 사람은 영적인 존재입니다. 그렇기 때문에 영적인 만족을 찾으려고 하는 것입니다. 그래서 자신에 대한 하나님의 뜻을 알려고 지금 이 시간에도 이곳저곳으로 방황하고 있습니다. 우리 이런 성도들에게 바른 예언을 하여 하나님의 뜻을 따라서 열심히 믿음생활하게 하기를 소원합니다.

23장 예언을 쉽게 숙달하는 훈련 비결

(고전 14:3)"그러나 예언하는 자는 사람에게 말하여 덕을 세우며 권면하며 위로하는 것이요."

예언은사는 성령께서 선물로 주시는 것입니다. 선물로 주시는 것이지만, 예언사역자가 되려면 부단한 자기 노력과 훈련이 필요합니다. 성숙한 예언의 관문은 실수를 두려워하지 않는 것입니다. 저는 성령을 체험하고 나니 예언이 그렇게 하고 싶었습니다. 그래서 예언사역을 훈련하는 과정에 등록하여 훈련을 하기로 했습니다. 당시 매주 월요일 10시에서 오후 3시까지 12주 동안 훈련하는 코스였습니다. 등록금이 36만원 이었습니다. 그래서 사모하고 72만원을 주고 다녔습니다. 실습을 하는데 제일 문제가 되는 것이 두려움 이었습니다. 서로 교대해가면서 예언 훈련을 하는데 마음이 떨려서 도저히 말을 할 수가 없었습니다. 그렇게 몇 주 동안 다니면서 훈련하니 이제 조금 두려움이 없어졌습니다. 그래서 그때 제가 느낀 것은 예언은사를 발전시키고 깊은 계시를 받아 예언사역을 잘 하려면 실습 대상을 많이 만들어서 예언을 많이 해보아야 한다는 것을 깨달았습니다.

그러므로 예언은사를 발전시키려면 실습대상을 많이 만들어 훈련을 하는 것입니다. 실습대상을 많이 만들어 훈련을 지속적으로 하다가 보면 자신감이 생기게 됩니다. 자신감이 생기니 깊은 계시를 받으면서 예언 사역을 할 수 있는 수준에 도달하는 것입니다. 무슨 일이든지 초보자는 실수를 하게 마련입니다. 초보 예언자의 경우 열 가지 예언을 하였다면 엄격한 기준으로 보면 열 가지 모두 실수를 포함합니다. 실제로 예언이 적중했다고 해도 그 안에는 자신이 미처 알지 못한 실수가 있는 것입니다.

그리고 대부분은 미숙하기 때문에 과녁의 정중앙을 맞추는 일에 서툴기 마련입니다. 세상의 무슨 일이든지 초보의 시기가 있고, 그 과정에서 많은 어려움을 당합니다. 그런데 예언은 상대가 있는 것입니다. 그러므로 한 번의 실수는 상대방에게 큰 상처를 줄 수 있는 위험을 포함하고 있는 것입니다. 그렇기 때문에 예언은 신중해야 하는데 초보 예언자는 결코 그렇게 할 수 없는 것입니다. 미숙한 예언자가 성숙하기까지 어쩔 수 없이 실수를 하게 되며, 이는 피할 수 없는 일입니다. 세상의 모든 것들은 훈련소에서 일정기간동안 실습을 거칩니다. 의사의 경우를 예를 들어 보면 의대에서 6년간 의사가 되기 위한 전문교육을 받습니다.

그리고 전문의의 지도 아래에서 일 년 동안 인턴과정을 겪습니다. 그리고 4년의 레지던트 과정의 수련의 기간을 거칩니다. 육체의 질병을 다루는 일에도 이렇듯이 엄격한 교육과정을 거쳐서 수많은 실습을 치르게 됩니다. 앞선 의사들이 치료하는 것을 곁에서 보면서 익히는 과정을 여러 해 동안 경험하게 됩니다. 구약에는 예언자 학교가 있어서 그곳에서 예언에 대한 교육을 받아 예언자로 세워지게 되었습니다. 사울 왕도 한 때는 이 예언자 학교에서 예언 생도들과 생활을 하면서 예언을 했었습니다. 왕인 그가 영적인 일에 무척 관심이 많았던 것 같습니다.

그러나 오늘날 우리에게는 예언자 학교가 거의 없습니다. 그래서 체계적으로 예언을 배우지도 못하고 다만 예언의 은사에 의존해서 초보 시절부터 실질적인 예언 사역을 행하게 되는 것이 현실입니다. 그러다 보니 많은 실수를 하게 되고 이것이 예언을 부정적으로 보게 되는 주요한 요인이 되기도 한 것입니다. 성숙한 예언자 아래에서 그가 하는 예언을 보면서 경험을 쌓아 가는 체계가 거의 없는 우리의 현실은 어쩌면 미숙한 예언자들이 가득하게 되는 배경이기도 합니다. 초보 예언자는 성숙한 예언자의 지도를 받으면서 서서히 성장하는 것이 가장 바람직하지만, 그럴 수 있는 환경이 아니기 때문에 어쩔 수 없이 홀로 예언을 배워나가야 하는 경우가 더 많습니다.

최근에 예언에 관심이 높아지면서 예언사역자 학교가 세워지고 있지만 초기 단계이고 많지도 않습니다. 초보 예언자가 예언의 은사를 받아서 예언을 배우기 위해서는 예언을 해 줄 대상이 필요합니다. 예언의 특성에 비추어볼 때 예언은 가까운 사람에게 하는 것은 피하는 것이 좋습니다. 가까운 사람에 대해서는 다 알고 있기 때문이지요. 그리고 예언이 빗나가는 경우가 많은데 일반적으로 사람들은 초보 예언자가 실수할 수 있다는 사실을 잘 모르기 때문에 예언이 정확해야 한다고 생각하고 있으므로 빗나가거나 부정확하면 그 예언자를 신뢰하기 보다는 비웃게 됩니다.

그리고 교회 안에서 성도를 대상으로 하게 되면 예언자를 신뢰하기 보다는 비웃게 되는 부정적인 이미지를 만들어낼 가능성이 높습니다. 사람들의 기억에는 좋은 면보다 안 좋은 면이 더 오래 남는 법이어서 바람직하지 못합니다. 그리고 예언은 때로는 감추어져 있는 비밀한 것을 드러내기도 하기 때문에 개인적인 프라이버시가 침해를 당하는 것처럼 여겨집니다. 그래서 예언자를 꺼리게 되고, 그 비밀이 교회 안에 퍼지면 인격적인 모독을 당하게 되기 때문에 초보 예언자는 아는 사람들에게 예언하는 일을 가급적이면 피해야 합니다. 일반적으로 예언은사 훈련은 이렇게 합니다.

첫째, 혼자 예언 훈련하는 방법

1) 질문하고 대답하는 기도를 많이 하라. 예를 들자면 하나님 제가 무엇을 하여야 하나님을 기쁘시게 할 수 있나요. "나는 무엇을 해주는 것보다 나를 사랑하면 된단다." 하나님 제가 해야 할 일을 알려주세요. 하나님 제가 해야 할 일을 알려주세요. "네가 제일 잘하는 일이 무엇이냐 그것을 하라." 하나님 도와주세요. "내가 너를 도우리라"문답식 기도를 많이 하는 것입니다.

① 하나님을 높이는 기도. 하나님은 산성이 십니다. 하나님은 반석이 십니다. 하나님은 요새이십니다. 하나님은 천지를 주관하십니다. 하나님은 능력이 십니다. 하나님은 권세이십니

다. 하나님은 소망이 십니다. 하나님은 치료자이십니다. 하나님은 찬송이 십니다. 하나님은 나의 꿈이십니다. 하나님은 영광이 십니다. 하나님은 권능이십니다. 하나님은 힘이 십니다. 하나님은 희망이 십니다. 하나님은 나의 영광이십니다.

② 하나님이 나에게 하는 기도. 내가 너를 사랑한다. 내가 너를 귀하게 여긴다. 내가 너를 보호하리라. 내가 너를 도우리라. 내가 너를 이끌고 가리라. 내가 너에게 능력을 주리라. 내가 너에게 소망을 주리라. 내가 너를 굳세게 하리라. 내가 너를 강이 침몰치 못하게 하리라. 내가 너를 불이 사르지 못하게 하리라. 네가 너를 붙들리라. 네가 너에게 지혜를 주리라. 네가 너를 도우리라. 내가 너의 손에 능력을 주리라. 내가 너에게 입술에 권세를 부여하리라. 내가 너를 높여 주리라. 내가 너를 보호하리라. 강하고 담대 하라.

2) 방언통역 훈련을 지속적으로 하라.

① 방언 통변은사의 정의 : 고전 12:10에 통역이란 말로 번역된 헬라어는 'hemeneia'이다. 학자들은 그 말은 '번역하다'라고 하기보다는 '말한 것을 설명하다'라는 의미라고 봄이 마땅합니다. 이 은사는 성령을 통한 초자연적인 계시로서, 그리스도인들로 하여금 이미 '방언'으로 말하여진 내용을, 그에 대한 역동적인 동의어를 사용하여 그의 말을 듣고 있는 사람들에게 이해가 가능한 언어로 전달할 수 있게 하는 능력을 말합니다.

이 은사는 외국어를 통역하듯 분명한 말씀으로 통변되는 것이 아닙니다. 방언의 통변은 직관적으로 주어지는 느낌으로 주어지기 때문에 한마디의 방언이 열 마디의 통변으로 주어질 경우도 있고, 열 마디의 방언이 한마디의 통변으로 주어질 경우도 있습니다. 통역은 통역자 자신의 뜻이 아니라 하나님의 뜻을 통해 이루어지는 행위입니다. 통역은 방언을 말하는 것과 마찬가지로 '성령으로' 주어지는 초자연적인 현상입니다.

② 훈련하는 방법. 성령 받은 사람에게는 누구에게나 하나님께서 방언의 은사를 주시는 것처럼, 방언을 받은 사람에게는 어느 정도까지는 방언 통역의 은사도 함께 주시는 것입니다. 저의 체험으로는 방언통역은 성령의 임재 가운데 훈련하면 할 수 있게 되더라는 것입니다. 우리가 바르게 알아야 할 것은 방언 통역을 훈련하여 배운다는 것은 은사 그 자체를 배우는 것은 아닙니다. 방언을 받을 때 함께 받은 그 작은 방언 통역의 은사가 나타나도록 훈련을 통해서 유용하게 사용할 수 있는 은사로 키우는 것입니다. 그렇다면, 그 작은 방언 통역의 은사를 찾아내어 개발하고 훈련하려면 어떻게 해야 하는가? 그 구체적인 방법은 무엇인가? 첫째는 기도입니다. 둘째도 기도입니다. 셋째도 기도입니다. 오직 기도만이 신령한 것을 얻을 수 있습니다. 기도하지 않고는 은사는 오지 않습니다. 기도해야 성령으로 충만할 수가 있기 때문입니다. 특히 예언의 은사와 방언 통역의 은사는 참으로 많은 기도를 쌓아야 합니다. 그래서 성령이 충만한 가운데 있어야 합니다. 방언 통역의 은사는 예언의 은사와 매우 흡

사합니다. 둘 다 하나님께서 성령을 통해서 알게 해 주셔야 하기 때문입니다. 그러므로 방언 통역을 하기 위해서는 늘 하나님과 깊은 영적 교제를 유지해야 합니다.

저는 성령을 체험하고 방언으로 기도할 때 방언통역을 하려고 많은 노력을 했습니다. 지금부터 말씀드리는 것은 제가 순수하게 훈련하면서 터득한 내용을 적는 것입니다. 그냥 참고하시라고 적은 것입니다. 이것은 교리로 정립된 것도 아닙니다. 순수하게 제가 체험한 임상을 참고하라고 적은 것이니, 이 내용을 가지고 왈가왈부하는 일이 있어서는 되지 않겠습니다.

다시하번 말씀드리면 이는 절대로 저의 사견입니다. 제가 방언을 통역하기 위하여 훈련했던 방법을 요약하면 이렇습니다. 저는 이렇게 생각을 합니다. 아무리 방언을 유창하게 해도 자기가 하고 있는 방언을 통역하지 못하면 방언을 받은 은혜는 반감하고 만다는 것입니다. 방언을 하는 사람은 최소한 자기 자신이 하고 있는 방언 정도는 통역이 되어야 합니다. 그래야 내 영의 상태가 어떠한지, 지금 내 영은 무엇을 원하고 있는지, 내 영의 소원이 무엇인지를 알 수 있는 것입니다.

1) 제 1단계 : 우리말 기도와 방언 기도를 교대로 하며 기도를 합니다. 먼저 우리말로 기도를 하고, 이어 방언으로 기도를 합니다. 이때, 가령, "하나님, 방언 통역의 은사를 주시옵소서." 하는 것이었다면 그 간절한 소원을 그대로 마음속에 품고, 그

뜻을 방언 소리에 실어 방언으로 기도하는 것입니다. 그리고 지금 그렇게 말한 방언이 "하나님, 방언 통역의 은사를 주시옵소서."라는 뜻의 방언이라고 생각합니다. 이때에 유의할 것은 내가 지금 말하는 방언이 정말 그런 뜻의 방언일까? 하고 의심하거나 자신 없어 할 필요는 없습니다. 그냥 그런 뜻이라고 믿고 하면 되는 것입니다. 처음에는 그 뜻이 같지 않을지도 모릅니다. 그러나 믿고 자꾸 하다보면 차츰 같아지는 것입니다.

또 한 가지는, 기도를 한 구절씩 짧게 끊는 것입니다. 우리말 기도는 길게 끌고, 이어서 방언 기도도 길게 끌지 말고 한 구절씩 짧게, 짧게 끊어 나갑니다. 가령, 주기도문을 예로 든다면, "하늘에 계신 우리 아버지"하고 끊고, 이어 그 뜻을 마음속에 품고 방언을 하고, 다시 이어서 "이름이 거룩히 여김을 받으시오며"하고 끊고, 이 뜻을 마음속에 품고 방언을 말하고, 이런 식으로 해 나갑니다. 이것이 익숙해지면 조금씩 길게 끊어도 됩니다. 이렇게 우리말과 방언을 교대로 하며 기도를 해 나갑니다. 하루나 이틀 하고 마는 것이 아니라, 꾸준히 인내를 가지고 계속해 해 나가는 것입니다. 방언 통역의 은사를 위해서 별도로 기도를 하기 보다는 평상시에 드리는 기도를 이런 식으로 하면 좋을 것입니다.

2) 제 2단계 : 제 2단계에서는 방언으로만 기도를 합니다. 그러나 그냥 소리만 내서 방언을 하는 것이 아니라, 마음속에 간

절한 소원을 품고, 그것을 마음속으로 하나님께 아뢰면서 입으로는 방언을 하는 것입니다. 말하자면, 내가 하나님께 드리는 기도를 우리말로 하는 것이 아니라, 방언으로 하는 것입니다. 나의기도 말을 방언으로 바꾸어서 하나님께 드리는 것입니다. 하기가 좀 어려울 것 같지만, 그렇지 않습니다. 묵상 기도를 할 때를 생각해 보면 됩니다. 묵상 기도를 할 때에는 성령의 임재 하에 영상을 보면서 마음속으로 기도를 하고 소리는 밖으로 내지 않는 것이 보통입니다. 이런 묵상 기도의 상태에서 입술을 놀려 방언을 말하면 되는 것입니다. 이것이 익숙해지면 내가 우리말로 기도를 하는데도 입에서는 방언이 되어 밖으로 나갑니다. 저는 평소 기도를 할 때, 주로 이런 식으로 기도를 합니다. 옆에서 들으면 방언만 하는 것 같지만, 내 속에서는 우리말로 기도를 하고 있는 것입니다. 이 제 2단계의 훈련이 충분히 되었으면 다음 제 3단계로 넘어갑니다.

3) 제 3단계 : 제 3단계는 드디어 내가 하는 방언을 통역하게 되는 단계입니다. 기도를 충분히 해서 성령이 충만한 상태에 있을 때, 방언을 짧게 말하고, 곧 우리 말 기도로 그 방언을 받습니다. 제 1단계에서는 우리말로 먼저 기도하고, 그것을 방언으로 받았지만, 여기서는 거꾸로 먼저 방언을 말하고, 이어서 우리말 기도로 받는 것입니다. 이때, 우리 말 기도는 내 뜻대로 내가 미리 정해 놓고 하는 것이 아니라, 내 심령 속에서 자연스럽

게 올라오는 대로 성령의 인도를 따라 입에서 나오는 대로 하는 것입니다. 이런 훈련을 하다보면 내가 방언을 말 할 때 내 마음 속에 어떤 생각이 떠오르게 될 때가 있는데, 그 떠오르는 생각이 바로 방금 말한 방언의 뜻이라고 생각하는 것입니다. 유의할 것은 이렇게 마음속에 떠오르는 생각이 반드시 모두다, 그 방언의 뜻은 아니라는 점입니다. 그 떠오르는 생각이 때로는 방언의 뜻과는 다른 나 자신의 생각일 수도 있는 것입니다. 방언 통역의 은사는 예언의 은사와 매우 흡사한 은사입니다.

이 두 은사는 다 하나님께서 우리 심령에게 주시는 영의 언어를 들을 수 있어야 합니다. 잘못 받은 예언이나 거짓 예언이 있는 것처럼, 방언 통역에도 잘못된 통역이나 거짓 통역이 있는 것입니다. 그러므로 방언을 통역할 때에는 나 자신의 생각을 방언의 뜻으로 착각하지 않도록, 나 자신의 생각이 방언 통역에 혼합되지 않도록, 내 속을 완전히 비우고 오직 성령의 충만한 가운데 방언을 통역하도록 힘써야 합니다. 예수를 믿는다는 것은 십자가 밑에서 나 자신을 죽이고 오로지 예수님 안에서 다시 사는 것을 말합니다. 바른 방언 해석을 위해서도 나 자신을 완전히 죽이고 오로지 성령의 음성만을 들어야 하는 것입니다.

3) 방언기도하며 글자로 적는 훈련을 하라. 방언기도를 하면서 마음에 감동이 오는 내용을 말을 하면서 적는 훈련을 지속적으로 하세요. 한마디 방언하고 감동을 말하면서 적고를 계속적

으로 하세요. 그러면 자신도 모르는 순간에 예언이 숙달될 것입니다. 무엇보다 포기하지 않는 의지가 필요합니다. 절대로 중간에 포기하지 말고 지속적으로 해보세요. 그러면 달라지는 것을 본인이 느낄 것입니다.

4) 이름을 적어놓고 감동받는 훈련을 하라. 주변 사람의 이름을 적어놓고 방언으로 기도하며 감동을 적는 훈련을 지속적으로 하세요. 주의 사항은 반드시 말을 하면서 적어야 합니다. 조용하고 일정한 시간을 정하여 지속적으로 해보세요. 자신도 잘 모르는 순간 예언이 터질 것입니다. 한번에 5명 정도의 이름을 적어놓고 훈련하세요. 이때 들은 감동이 보편적으로 맞는다는 것입니다. 그러므로 주의해야 합니다. 주의 사항은 하나님에게 감동 받은 내용을 본인에게 이야기 하지 말아야 합니다. 잘못하면 문제가 야기될 수 있기 때문입니다. 생각지도 못한 문제가 발생할 수가 있습니다.

5) 아는 사람의 얼굴을 그리면서 훈련하는 방법. 자신의 식구나 교회 성도의 얼굴을 마음으로 그리면서 감동을 받는 훈련을 계속해보세요. 예를 든다면 "하나님 이 사람이 무엇을 해야 하며, 앞으로 무슨 문제가 있겠습니까?" "하나님 이 사람이 무엇을 해야 하며, 앞으로 무슨 문제가 있겠습니까?" "언제쯤 직장 문제가 해결되겠습니까? 그러면 하나님이 비몽사몽간에 환상으로 보여주시기도 하고, 꿈으로 보여주시기도 하고, 음성으로 들려주시기도 합니다. 마음에서 감동이 올라오기도 합니다.

6) 환경을 통하여 훈련하는 방법

"하나님 ○월 ○일날 중요한 행사가 있는데 날씨가 어떠하겠습니까?" "그날 날씨가 어떠하겠습니까?" 자꾸 물어 봅니다. 감동이 오면 절대로 의심하지 말고 믿어야 합니다.

예1) 어디를 가야하는 경우 : 가야됩니까? 안가도 됩니까?

예2) 무슨 일을 해야 하는 경우: 이일을 해야 됩니까? 기다려야 됩니까?

둘째, 예언사역자 훈련과정에서 하는 방법. 이 방법이 가장 좋은 방법입니다. 제가 지금까지 예언사역자 훈련을 해보면 제일 문제가 되는 것이 두려움입니다. 이 두려움을 제거하는 방법은 다른 것이 없습니다. 많이 훈련해 보는 것입니다. 그러므로 예언은사 훈련을 받을 수만 있으면 참가하여 받으시기를 바랍니다. 그곳에는 모두 처지가 비슷한 사람들이 모이기 때문에 담대하게 성령의 감동을 말하면서 훈련할 수가 있습니다. 자꾸 하다가 보면 담대함이 생기고 입이 열리게 됩니다. 자신감도 생깁니다. 자심감이 생기니 편안한 상태에서 성령의 감동을 받으면서 예언을 이끌어 갈수가 있습니다.

1) 두 명씩 짝을 지어서 훈련하라. 어깨에 손을 얹고 한마디 방언을 한 후 통변을 하면서 훈련하는 것입니다. 서로 교대해가면서 두려움을 갖지 말고 그저 마음에서 올라오는 말을 담대하게 하세요. 상대방의 어깨에 손을 얹고 그저 마음에 떠오르는 말을 자연스럽게 하는 것입니다.

예를 든다면 "하나님이 사랑하신답니다. 하나님이 축복하신답니다. 하나님이 날마다 도우신답니다. 하나님이 사람의 심령을 만지는 자로 사용하신답니다. 하나님이 특별히 사랑하신 답니다. 강하고 담대하라고 하십니다. 한번 뒤를 돌아보라고 하십니다. 하나님의 인도의 손길을 느낄 거라고 하십니다.

하나님이 지금까지 보이지 않게 인도하고 도우셨다고 하십니다. 하나님이 마음에 뭉친 응어리를 찾아서 푸시라고 말씀하십니다. 가문에 흐르는 영적인 그림자가 있다고 하십니다.

왜 현실만 보고 낙심하느냐고 하십니다. 멀리보라고 하십니다. 하나님만 바라보라고 하십니다. 하나님에게 맡기면 하나님이 하신답니다. 하나님이 길을 열어주신 답니다. 기다리며 준비하라고 하십니다.

영육으로 준비가 되면 하나님이 반드시 축복해 주신 답니다.

하나님이 영혼을 구하는 일에 귀하게 사용하신 답니다.

하나님이 손에, 입술에, 말씀, 권능을 주셔서 영혼을 만지는 일에 쓰신답니다.

하나님에게 모든 것을 맡기라고 하십니다.

성령의 감동이 오면 순종하고 실행하라고 하십니다.

자신의 심령을 정확히 보려고 노력하시라고 하십니다."

이렇게 쉬운 말로 계속해서 말을 하는 것입니다. 절대로 생각을 하여 좋은 말을 하려고 하지 말고 순수하게 쉬운 언어로 말을 하라는 것입니다. 자꾸 하다가 보면 자신도 모르는 순간에 예언이 술술 나오게 될 것입니다. 예언의 두려움을 제거하는 것은 다름이 아니고 실습 대상을 많이 만들어 실습하는 것입니다. 예언 사역자 훈련과정에 들어갔다면 기회가 되는 대로 많은 사람을 대상으로 예언 훈련을 하려고 달려들어야 합니다. 절대로 얌전을 피운다든지 두려움을 가지고 실습을 하지 않으면 예언은 터지지 않습니다. 물론 예언은 성령하나님이 은사(선물)로 주시지만 계속적인 훈련으로 숙달이 필요하다는 것을 알아야 합니다. 그래야 실제 예언사역을 하면서 실수를 적게 할 수 있습니다. 같이 훈련하는 사람들은 서로 처지가 같으므로 얼마든지 훈련할 수가 있는 좋은 기회입니다. 기회를 놓치지 말라는 것입니다.

2) 4명이 한조가 되어 돌아가며 훈련하라. 4명이 한조가 되어 서로 돌아가면서 예언훈련을 하는 방법입니다. 어깨에 손을 얹고 해보고, 그냥 앞에서 해보고를 연속적으로 하세요. 빨리 말을 하려고 하지 말고 감동을 받아서 천천히 말하는 습관을 처음부터 들여야 합니다. 그래야 핵심이 있고 깊이 있는 계시를 받아 예언사역을 할 수가 있습니다. 우리는 예언 사역을 하되 하나님의 영감만을 전달하는 사역자가 되려고 해야 합니다. 잘 못하면 자기 소리만 하는 신뢰성이 없는 사역자가 될 수도 있습니다. 그러므로 처음 훈련할 때부터 하나님이 주시는 영감만을 받아서 말하는 습관을 들여야 합니다. 절대로 당황하지 말고 천천히 성령의 인도를 따르면 됩니다. 수준 있는 예언사역자가 되는 것은 시간이 걸리는 일입니다. 절대로 안 된다고 중간에 포

기하지 말고 지속적으로 하려고 하세요. 아이들이 말을 배우는 것과 같이 한 마디 한 마디 하다가 보면 어느 사이게 숙달하게 될 것입니다.

3) 7-8명이 한조가 되어 훈련하는 방법. 한 줄로 죽 줄지어 서 앉습니다. 맨 앞에 있는 사람부터 예언을 시작하며 뒤에 까지 진행하여 갑니다. 그리고 맨 뒤에 앉습니다. 맨 처음 훈련을 시작했던 사람의 바로 뒤에 앉아 있던 사람이 시작하여 앞사람과 동일하게 하면 됩니다. 이 방법은 어느 정도 예언이 숙달된 사람들을 대상으로 하는 훈련방법입니다. 이렇게 많이 해봄으로 담대함이 생기고 깊이 있는 계시를 받아 전할 수가 있습니다. 이런 훈련을 할 기회가 있으면 적극적으로 참여하여 한명이라도 더해보려고 하세요. 군대에서는 이런 말이 있습니다.

훈련할 때 땀을 많이 흘리면 실제 전투에서 피를 덜 흘린다는 말이 있습니다. 적극적으로 훈련에 참여하세요. 제가 지금까지 예언사역자 훈련을 하다가 보면 잘되지 않는다고 훈련을 포기하고 앉아 있는 사람이 있습니다. 이런 사람은 예언 사역자가 되기가 힘이 들 것입니다.

예언을 말하는 시작점은 크게 두 가지가 있습니다. 첫째는 예언의 영이 시작하게 하는 것입니다. 둘째는 예언을 말하는 사람이 스스로 시작하는 것입니다. 그러기 때문에 두 번째 방법대로 한다면 예언을 말하는 사람이 스스로 시작해야 하기 때문에 예언 사역 숙달 훈련이 필요한 것입니다.

셋째, 여러명이 둘러앉아 훈련하는 방법. 5-7명이 조장을 정하고, 어떤 예언을 들을 것인가 방향을 정하고, 둥그렇고, 자연스럽게 앉아서 찬양을 드린 후, 심령의 기도(방언)를 한 후, 기도를 멈추고 마음에 임하는 성령님의 음성에 귀를 기울입니다. 기도내용은 간구와 청원이 아닌 주님의 임재와 찬미 찬양 경배의 기도입니다. 성령이 임재하시면 우리는 신체적, 감정적, 영적으로 어떤 변화를 느낄 수 있습니다. 성령님은 인격이시기에 우리에게 자신과 교제하시기를 원하십니다. 인격이신 성령님께서 주시는 음성을 들으려는 자세를 가져야 합니다. 하나님의 말씀을 즉 음성을 듣게 되면 들은 그대로 말을 합니다. 조장은 종합하여 결론을 냅니다. 순서는 이렇습니다.

① 조장을 정하고 둥그렇게 자연스럽게 앉아서…

② 예언을 받을 대상(피 사역자)을 정하고 찬양을 드린 후…

③ 심령의 기도(방언)를 한 후,

④ 기도를 멈추고 마음에 임하는 성령님의 음성에 귀를 기울입니다.

⑤ 말씀을 듣게 되면 들은 그대로 말하게 합니다. 조장이 들은 예언 내용을 종합하여 하나님의 뜻을 알아냅니다.

⑥ 자신에게 임한 예언의 말씀을 조장에게 전한 후, 아직 예언이 임하지 않은 사람을 위하여 살며시 손을 얹고 기도해드릴 수도 있습니다.

24장 예언을 효과적으로 적용하는 방법

(고전 14:24-25)"그러나 다 예언을 하면 믿지 아니하는 자들이나 알지 못하는 자들이 들어와서 모든 사람에게 책망을 들으며 모든 사람에게 판단을 받고 그 마음의 숨은 일들이 드러나게 되므로 엎드리어 하나님께 경배하며 하나님이 참으로 너희 가운데 계신다 전파하리라."

하나님은 한 차원 더 깊고 정확한 예언을 하기를 원하십니다. 예언은 미래에 생길 어떤 일보다는 하나님의 생각, 즉 뜻을 깨달아서 언어로 전달하는 은사입니다. 해당하는 사람에게 하나님이 원하는 일을 알려줘서 하나님이 원하는 길을 가게 하는 것입니다. 그래서 인생을 성공하게 하는 것입니다. 천국 가서 잘했다 칭찬 받고 면류관을 받게 하는 것입니다.

첫째, 예언의 사용방법

1) **공중예언** : 공식적인 자리에서 공중을 향해 선포되는 예언입니다. 포괄적이며 대표적입니다. 예를 든다면 "회개하라 천국이 가까웠느니라." "회개의 영이 임했습니다." "성령님이 여러분의 영육을 치유 받으라고 하십니다." "굳은 마음을 제하고 새 마음을 가지라고 하십니다." "위장병을 치유하셨습니다." "갑상선을 치유하셨습니다." "이십년 동안 신경성 위장병으로 고생하신 분 하나님이 치유하셨습니다."

2) 삼자대언

① 1방법 : 일종의 상담의 은사로 사역자가 매개체가 되어 성령의 진단에 의해 사역자가 성령님의 대언을 통해, 피 사역자를 상담하고 치유하는 은사입니다.

② 2방법 : 상담자가 성령의 음성을 듣고 피 사역자를 치유하는 것입니다. 상담자가 성령님의 감동을 받아 피 사역자에게 대언하며 치유하는 것입니다. 치유할 때 원인을 찾는데 정확성을 기할 수 있습니다.

예 : 성령의 감동으로 피 사역자의 마음에 분노가 느껴질 경우, 최근이나 지난 세월 마음의 분노를 느낀 일이 있습니까? 분노를 풀어야 마음의 병이 치유된다고 하십니다.

3) 다중예언

여러명의 예언자들이 함께 예언을 하는 것으로 예언하는 자가 예언하는 자의 영에 제재를 받는다는 성경의 말씀처럼, 질서에 따라 예언하게 되며, 한 사람의 예언이 멈추면 다른 사람의 예언이 시작되는 것을 경험할 수 있습니다. 원형으로 앉아서 한 사람을 두고 하나님의 영감을 받는 것을 말하는 것입니다.

둘째, 예언의 효과

1) 예언은 믿음의 확신을 주는 도구가 된다. "아사가 이 말 곧 선지자 오뎃의 예언을 듣고 마음을 강하게 하여 가증한 물건들을 유다와 베냐민 온 땅에서 없애고 또 에브라임 산지에서 빼앗은 성읍들에서도 없애고 또 여호와의 낭실 앞에 있는 여호와의 제단을 재건하고"(대하 15:8).

2) 문제의 원인을 알게 된다. 문제 해결의 길을 알게 됩니다. 책망으로 수술을 받게 됩니다. 그러므로 예언은 강한 책망이라도 받아들일 자세만 되어 있다면 하나님은 그 영혼에게 여과 없이 마음껏 역사하십니다. 초신자들에게 위로의 사역이 주종을 이루는 이유가 그것을 받아들일 그릇이 되지 않기 때문에 하나님은 인격적인 영이시므로 그의 영적 상태에 따라 역사 하시는 것입니다. 책망의 예언을 받고 마음에 자꾸 거부가 오는 것은 아직 내가 믿음의 불량이 그것을 받아들일 만한 그릇이 안 되었으니, 예언 해준 사람에게 따질 것이 아니라, 내가 기도하여 믿음의 그릇이 되려고 노력해야합니다. 또 대언도 사역자의 영적인 깊이, 성결함, 영적인 지식의 정도에 따라, 그 깊이와 역사가 달라지기 때문에 사역자 스스로 하나님 앞에 바로 서려고 부단히 노력해야 합니다.

3) 미래의 일을 알게 된다.

① 하나님의 길을 신뢰하는 것입니다. "여호와께서 구름 가운데 강림하사 모세에게 말씀하시고 그에게 임한 영을 칠십 장로에게도 임하게 하시니 영이 임하신 때에 그들이 예언을 하다가 다시는 하지 아니하였더라. 그 기명된 자 중 엘닷이라 하는 자와 메닷이라 하는 자 두 사람이 진영에 머물고 장막에 나아가지 아니하였으나 그들에게도 영이 임하였으므로 진영에서 예언한지라. 한 소년이 달려와서 모세에게 전하여 이르되 엘닷과 메닷이 진중에서 예언하나이다 하매 택한 자 중 한 사람 곧 모세를 섬기는 눈의 아들 여호수아가 말하여 이르되 내 주 모세여

그들을 말리소서 모세가 그에게 이르되 네가 나를 두고 시기하느냐 여호와께서 그의 영을 그의 모든 백성에게 주사 다 선지자가 되게 하시기를 원하노라"(민 11:25~29). 하나님이 인도하는 길을 바르게 가고 있는 가를 물어보며 따라 갑니다. 하나님의 말씀이면 고난이 찾아오더라도 의심하지 말고 따라가야 합니다. 그래야 하나님의 훈련을 받을 수가 있습니다.

② 예언은 자주 받는 것이 좋습니다. 그 때의 상황에 맞게 하나님이 끌어가신 것이므로 이것이 바로 우리에 대한 하나님의 인도입니다. 영적 수준이 깊어짐에 따라 하나님이 하시는 말씀의 영적 수준이 다르게 오는 것입니다.

③ 예언이 필요 없거나 역사하지 않는 사람은 어떤 사람인가? 듣기는 들어도 깨닫지 못하고, 보기는 보아도 알지 못하는 성도입니다(마 13:14). 한마디로 영적인 귀가 둔한 성도를 말합니다. 성령은 귀가 있는 자들은 들을 찌어다. 하시는 것입니다. 예언은 예언 자체를 받는 것보다 깨닫고 변화 받는 것이 중요합니다. 그리고 순종하는 것이 더 중요합니다(살전 5:20).

셋째, 예언의 올바른 사용. 교회의 덕을 세우기 위해 존재하기 때문에 교회를 벗어나서 하지 말아야 합니다. 하나님은 개인의 유익을 위하여 예언을 들려주시지 않습니다. 오직 하나님의 나라 확장과 유형, 무형 교회를 성장시키는 예언을 들려주십니다. 고로 사람의 유익을 위한 예언은 들으려고 하지도 말고 하지도 말아야 합니다. "방언을 말하는 자는 자기의 덕을 세우고 예언하는 자는 교회의 덕을 세우나니"(고전 14:4).

선지자의 말에 귀를 기울이지 않는 자는 미련한 자입니다. 정말 기도해 보고 순종하려면 예언을 듣고 그렇지 않으면 듣지 마세요. 순종이 제사 보다 낫습니다. "누구든지 그 선지자의 말을 듣지 아니하는 자는 백성 중에서 멸망 받으리라 하였고"(행 3:23). 성령의 인도를 받는 예언자의 영적 권면을 듣는 것이 좋습니다. 성령의 인도를 받는 사역자의 영적 권면을 들으면 많은 유익이 있게 됩니다. 열왕기하 5장 2-4절에 보면, 나아만 장군은 하나님을 믿는 계집종의 권면을 들어 치유의 은혜를 받았습니다. 자신의 생각을 성령으로 사로잡아 순종하니 나병이 치유되었습니다. 누가복음 5장 5-6절에 보면 시몬 베드로가 예수님의 말씀대로 순종하여 고기를 많이 잡았습니다. 사도행전 27장 10-11절에 보면 백부장이 바울의 말을 듣지 않아 배에 있는 모든 것을 버렸습니다. 고로 하나님의 선지자의 말에 순종하는 것에는 많은 유익이 있습니다.

넷째, 예언의 부류들

1) 마음을 읽는 것. 이것이 예언인가 하는 문제는 앞에서 언급한 그 마음에 숨은 것이 드러난다는 성경 구절(고전 14:24-25)을 참고하면 쉬울 듯합니다. "그러나 다 예언을 하면 믿지 아니하는 자들이나 알지 못하는 자들이 들어와서 모든 사람에게 책망을 들으며 모든 사람에게 판단을 받고 그 마음의 숨은 일들이 드러나게 되므로 엎드리어 하나님께 경배하며 하나님이 참으로 너희 가운데 계신다 전파하리라"(고전 14:24-25).

우리 한국 교인들은 이것을 흔히 투시라고 부르기를 즐거워하며, 일부 성령 신학자들은 이것을 지식의 말씀의 한 부류에 넣기도 합니다. 이 은사의 시작은 보통 상대편의 감정이 내 영에게 이입되면서 그 원인과 이유가 깨달아지면서 시작되어지는 경우가 많습니다. 이는 내 영이 상대편의 영과 화합하여 상대편의 마음의 품은 것을 느끼고 알아서 말로 표현하는 것입니다. 다시 설명하면 서로 성령이 충만하여 성령께서 피 사역자의 사정을 알아서 알려주시는 것입니다.

2) 입술을 열어 마치 하나님처럼 대신 말하는 것. 한마디로 입술을 하나님께 드려서 하나님께서 입술을 통하여 말씀하시는 것입니다. 자신의 의지를 내려놓아야 합니다.

3) 환상이나 영감을 풀어 말하는 것. 성령의 임재가운데 성령께서 보여주시는 환상이나 영감을 청중이 듣기 쉽게 풀어 해석하여 전하는 형태입니다. 반드시 성령의 임재 가운데 들어가야 합니다. 그래야 성령님의 도구로서 쓰임을 받게 됩니다.

4) 음성을 듣고 전달하는 것. 우리는 흔히 예언을 3번째 부류로 나타난다고 생각하지만 사실은 이 은사를 받은 대부분의 사람들에게 물어보면 첫째 경우가 더 많습니다. 그러므로 자연스럽게 성령으로부터 오는 감동을 쉬운 언어로 표현하는 훈련을 지속적으로 하세요. 매일 쉬지 말고 훈련하세요. 사역 대상자를 많이 만들어 훈련하세요. 많이 해보아야 더 밝고 정확한 예언을 하게 됩니다.

다섯째, 예언의 성취

예언은 성경 속에서 구체적으로 어떻게 성취되느냐? 요셉이 꿈을 꾸었습니다. 요셉이 꿈을 꾸어서 해와 달과 별들이 자기에게 절을 하는 꿈을 꾸었습니다. 그것 때문에 요셉은 미움을 받아서 형제들의 모함에 의해서 애굽에 종으로 팔려갑니다. 요셉이 꾼 꿈은 꿈 자체만 보면 너무나 기분 좋은 꿈입니다. 그 꿈이 장차 일어날 일에 대한 일종의 예언입니다. 예언은 꼭 예언자가 입으로 하는 예언도 있지만, 수많은 주의 종들과 자녀들이 자신이나 부모의 꿈을 통해서 하나님의 지시하심을 받는 경우가 굉장히 많았습니다. 성령이 역사하는 교회시대인 지금은 본인이 직접 자신 안에 임재하신 성령으로부터 들어야 합니다.

예수님의 육신의 아버지 요셉도, 예수님이 베들레헴 구유에서 태어나셨을 때 헤롯왕이 2세 이하는 다 죽이려고 했을 때 그때 요셉이 꿈에서 주의 사자가 현몽해서 급히 애굽으로 내려가는 장면이 나옵니다. 애굽에 내려갔는데 헤롯이 죽었습니다. 죽었을 때 다시 꿈으로 주의 사자가 말씀하셔서 다시 나사렛으로 올라오는 것을 보게 됩니다. 이러한 꿈이 일종의 예언입니다.

그래서 창세기에 나오는 요셉도 꿈을 꿨는데 해와 달과 열한 별이 자기에게 절을 하는 꿈을 꿨는데 그때 그 꿈을 꾼 요셉은 얼마나 기분이 좋았겠습니까?

그런데 하나님께서는 꿈속에서 애굽에 종으로 팔려간다든지 보디발의 집에서 보디발의 아내에 의해 감옥에 간다든지 하는 내용은 꿈에 없었습니다. 단지, 해와 달과 별들이 자기에게 절한다, 그게 꿈의 전부입니다. 이렇듯 예언은 하나님의 어느 종에 대한 계획을 여러 경로를 통해서 말씀하시는 것입니다. 그러면 예언에서 최종적인 하나님의 계획을 알게 되는데, 여러 가지 험란한 과정을 겪는 것은 왜 잘 보여주시지 않느냐? 이런 문제가 남아있습니다. 그것은 보통 이렇게 해석이 됩니다. 그 중간에 어려운 과정에 봉착하게 되면 하나님께 기도하여 문제를 해결하면서 하나님의 사람으로 다듬어져 가게 하기위한 하나님의 섭리이십니다. 하나님께 기도하므로 영의 사람이 되게 하기 위함입니다. 하나님께서 동행하시니 문제가 되지 않으니, 그 사람을 향한 큰 계획을 예언을 통해 보여주시면서 그 과정에 대해서는 침묵하시는 경우가 있습니다.

그리고 두 번째로는 요셉이 애굽의 총리가 되지만, 애굽의 총리가 되기 위해서는 그릇이 준비가 되어야 합니다. 아무 것도 준비된 것도 없이 총리가 된다면 하나님의 백성으로서 오히려 애굽 인들에게 욕을 먹을 수도 있는 것입니다. 그래서 온전하게 하나님의 자녀로 하나님이 세우신 종으로 이방 땅에서도 하나님의 계획을 온전히 감당하기 위해서 여러 가지 환란을 겪게 되는것입니다. 그런 이유로 하나님께서는 예언으로 그러한 환란 등을 보여주시지 않는 경우도 있습니다. 두 가지입니다. 하나님께서 그 사람이 준비되게 하기 위해서 그리고 혹시 예언의 성취과정에 있어서 예언을 붙잡고 희망을 가지고 좌절하지 않고 앞으로 나아가게 하기 위해서라고 해석이 됩니다.

이스라엘 백성들도 출애굽 할 때 하나님께서 분명히 모세를 통해서 이스라엘 백성들을 젖과 꿀이 흐르는 가나안 땅으로 인도하겠다, 이렇게 하나님께서 말씀하셨습니다. 사실은 이스라엘 백성들은 메마른 광야에서 출애굽한 일 세대들은 한명도 들어가지 못하고 여호수아와 갈 렙만 들어가는 것을 보게 됩니다. 하나님께서는 이스라엘 백성들에게 '젖과 꿀이 흐르는 땅으로 들어가게 하겠다.'라고 예언의 말씀을 하셨지만, 그들이 왜 들어가지 못했느냐, 그들이 젖과 꿀이 흐르는 땅에 들어가서 땅을 차지할 만큼 그들의 신앙이 준비되지 못했기 때문에 그들에게 예언의 성취가 되지 않은 겁니다.

여섯째, 사역자의 분류

1) 영적 흐름을 타는 사역자

① 육체적으로 편합니다. 성령이 이끌어가시므로 육체적인 힘이 들지를 않습니다.

② 성결에 관심을 가져야 합니다. 깊은 영의기도로 성령이 충만하게 유지해야 합니다.

예를 든다면 캐더린쿨만은 피 사역자에게 관심을 갖는 것이 아니라, 자신에게 관심 갖습니다. 자신에게 온 성령 충만을 피 사역자들에게 선포해 주는 것이 사역입니다. 베니힌의 사역도 마찬가지입니다. 자기에게 오는 영적 감동을 선포합니다.

2) 자신의 능력을 사용하는 사역자

① 갑작스런 고갈이 오게 됩니다. 영육으로 탈진에 잘 빠집니다.

② 육체적으로도 타격이 심하게 됩니다.

③ 성결이 막혀도 어느 순간까지는 사역이 가능하나 여러 가지 문제가 나타납니다.

3) 몰라도 막 하는 사역자 : 대책이 없습니다.

4) 예언 사역자는 성령의 음성에 순종해야 합니다.

성령님의 음성에 순종하지 않으면 순간, 순간 계시하는 빈도 수가 적어지고 혼동이 오게 됩니다. 예언은 나에게 주시는 하나님의 음성이기 때문에 내가 순종해야 합니다. 임재 연습을 하는 것이 곧 순종의 연습입니다.

일곱째, 정확한 예언을 하는 방법

1) 하나님의 마음의 임재 연습을 자주 하세요. 처음에는 예언을 하면서 하나님의 마음과 그에 따른 규칙을 배워가야 합니다.

2) 영적 공급과 수요의 원칙 : 하나님으로부터 공급받고 필요대로 사역해 주는 법칙입니다. 개인기도 중에 성령의 기름부음을 많이 받아 들여야 합니다. 즉 영적 감동을 많이 받아들여야 합니다. 설교를 할 때는 원고를 써서 설교를 하더라도 감동이 안 오면 제외시키고 감동 오는 것만 설교하는 습관을 들이시기를 바랍니다. 이렇게 성령의 흐름을 탈 때 예언적인 메시지가 됩니다. 적어서 설교하더라도 그때그때 성령께서 주시는 감동을 증거 하는 것이 영적인 설교입니다. 영적인 감동이나 느낌이 오면 수동적으로 기다리지 말고 즉각 반응(증거)해야 합니다. 이는 믿음과 결부됩니다. 일어나 걸으라. 믿음으로 일어나 걸으면 성령님이 도와 걷게 됩니다.

3) 예언의 은사적인 기도를 많이 하라는 것입니다. 즉 자기가 대언하고 응답하는 연습을 하는 기도를 많이 해야 합니다. 대화기도를 하세요. 대화기도란 대언과 기도를 반복하는 기도를 말

합니다. 예 : 하나님 저에게 능력을 주세요. 네가 너의 손에 능력을 누리라. 하나님 저에게 예언의 능력을 주세요. 네가 너에게 입술에 권세를 주리라.

4) 은사는 받을 때 강하게 받으면 강하게 됩니다. 훈련을 통해서도 80%까지 상승시킬 수 있습니다. 즉 은사는 임상도 중요합니다. 뇌수술 권위자는 뇌수술을 많이 해본 사람입니다. 많이 하다 보면 자신이 갖고 있는 영적 상태가 은사의 깊이입니다. 예언을 많이 해보려고 노력하세요. 많이 해보면 깊어지게 되어있습니다. 좌우지간 실습대상을 많이 만들어 훈련을 하는 것입니다. 누구든지 처음부터 잘하는 사역자는 없습니다. 계속되는 훈련을 통하여 부족한 면을 보충하는 것입니다.

일곱째, 성령의 은사에 대한 참고사항

1) 은사는 성령이 느끼는 것을 느끼는 것이고, 성령이 듣는 것을 듣는 것이고, 성령이 보는 것을 보는 것이다.

성령이 알려주는 영의 직관에 의하여 그 사람에 대한 것을 느끼고, 환경에 대한 것을 느끼고, 혹은 하나님에 대한 것 등등을 성령의 초자연적인 역사로 알고 행하는 것입니다.

2) 사람마다 성령의 나타남의 형태가 틀리는 이유가 무엇인가? 은사는 그 사람의 관심분야와 성품, 기질, 자라온 환경, 그리고 사명에 따라 다르게 나타나는 것입니다. 이를 좀 더 쉽게 설명하면 성령께서 영적인 것을 해보고 싶은 감동을 주시고, 그 감동에 따라 해보려고 노력을 하다가 보면 은사가 열리는 것입니다. 예를 든다면 자신이 예언을 하고 싶다는 마음의 소원이

생깁니다. 이 마음의 소원이 성령이 주시는 마음이라는 것입니다. 그래서 예언을 하려고 예언 세미나도 참석하여 훈련하고 예언을 하려고 노력하다가 보니 예언이 열리는 것입니다. 성령의 은사는 하나님의 선물입니다. 그러나 가만히 있다가는 은사가 나타나지 않습니다. 성령은 사모하는 영혼에게 만족함을 주시는 분이십니다. 그러므로 하려고 노력을 해야 합니다. 그러면 은사가 열리게 됩니다.

그러므로 사람마다 주 사명과 주 은사가 있습니다. 주 사명에 따라, 주 은사가 열립니다. 하나님은 사명에 따라, 은사를 주시고 사명을 감당하게 하는 것입니다. 그러므로 그저 달라고만 하지 말고 주신 은사가 무엇인가를 알도록 노력하기를 바랍니다. 그리고 그 은사를 꾸준히 개발하려고 해야 합니다. 하나님이 주신 은사를 사용하라는 말입니다. 많이 해보아야 자신감도 담대함도 생깁니다. 두려워하지 말고 사역을 할 수 있는 상황을 많이 만들어서 많이 사용해보기를 바랍니다. 그러면 어느 순간에 자신감이 생기고 은사의 나타남이 강해지는 것을 스스로 느끼게 됩니다.

3) 주 은사를 알아내는 법은 이렇다.

주 사명에 따라 은사가 나타납니다. 사명이 있으면 은사가 나타나는 것입니다. 자기가 잘하는 것이 은사가 아니라, 하나님이 주시고 밀어주는 은사가 주 은사입니다. 은사가 있어도 열매가 없으면 주 은사가 아닙니다. 하나님이 주신 은사는 분명하게 열매가 있습니다. 은사를 사용하도록 사람을 보낸다는 것입니다. 주 은사는 은사를 받고 싶은 충동이 자꾸 일어납니다. 은사를 받아서 사용하고 싶은 충동이 강하게 일어납니다. 주 은사를 안 쓰면 연단이 옵니다. 주 은사와 연관되어 주 사명이 주어지는 것입니다. 하나님이 사용하시려고 은사를 주시는 것입니다. 예로서 저는 지식의 말씀과 지혜의 말씀과 영분별과 능력 행함의 은사와 신유은사, 방언통역과 예언의 은사와 믿음의 은사입니다. 그리고 저의 사모는 지식의 말씀의 은사와 지혜의 말씀의 은사와 예언의 은사와 믿음의 은사입니다. 그래서 성령님이 우리 부부의 은사를 사용하도록 필요한 사람을 자꾸 우리 교회에 보내주시기 때문에 사역을 매주 하는 것입니다. 은사를 사용하면 할수록 기쁨이 옵니다. 속으로 너무 하고 싶다는 욕구가 일어납니다. 그리고 사람들이 찾아옵니다. 자신이 하기가 싫어도 하나님이 밀어주는 사역이 주 은사입니다. 이것이 무슨 말이냐 하면 예를 들어 신유은사가 있는 사람은 질병치유를 받으려고 하는 사람이 자꾸 자기에게 찾아온다는 것입니다. 이것을 보증의 역사라고 하는 것입니다. 세상 말로는 붙임의 역사라고도 합니다. 하나님이 은사를 사용하도록 사람들을 보낸다는 것입니다. 제가 지난 10여 년 간 성령치유사역을 할 수 있었던 것도 하나님이 치유와 능력을 받을 사람들을 계속 보내 주셨기 때문에 사역을 계속할 수 있는 것입니다. 사람을 보내지 않는 데 어떻게 사역을 계속 할 수 있겠습니까? 사람이 오지 않으면 하려고 해도 하지 못하는 것입니다.

25장 예배나 집회 때 헌금 사역하는 비결

(왕하 6:8-12)"때에 아람왕이 이스라엘로 더불어 싸우며 그 신복들과 의논하여 이르기를 우리가 아무데 아무데 진을 치리라 하였더니 하나님의 사람이 이스라엘 왕에게 기별하여 가로되 왕은 삼가 아무 곳으로 지나가지 마소서 아람 사람이 그 곳으로 나오나이다. 이스라엘 왕이 하나님의 사람이 자기에게 고하여 경계한 곳으로 사람을 보내어 방비하기가 한두번이 아닌지라 이러므로 아람 왕의 마음이 번뇌하여 그 신복들을 불러 이르되 우리 중에 누가 이스라엘 왕의 내응이 된 것을 내게 고하지 아니하느냐 그 신복 중에 하나가 가로되 우리 주 왕이여 아니로소이다 오직 이스라엘 선지자 엘리사가 왕이 침실에서 하신 말씀이라도 이스라엘 왕에게 고하나이다."

하나님은 계시의 은사를 발전시키라고 말씀하십니다. 계시 은사라 함은 지식의 말씀은사와 지혜의 말씀의 은사와 영분별의 은사를 종합하여 말하는 것입니다. 그리고 계시 사역이라 함은 내가 성령으로 다른 사람의 사정을 아는 것입니다. 성령께서 알고 계시는 다른 사람의 정보를 영감으로 받아 말하는 것입니다. 대상자의 영육의 상태를 성령의 초자연적인 감지 능력으로 보고 말하여 영적으로 바꾸어 하나님을 향하게 하는 사역입니다. 하나님은 우리의 심령에 관심이 많으십니다. 보이는 성전이 아니라 내 안에 있는 성전이 깨끗하게 되기를 원하십니다. 계시 사역은 심령을 읽어서 본인에게 알려주어 심령 성전이 잘되게 하는 것입니다.

우리가 예배나 집회할 때 하는 헌금 봉투 즉 계시 사역은 영분별의 방법과 지식의 말씀의 방법입니다. 영분별의 사역은 헌금 봉투의 이름을 부른 후, 그 사람의 영의 상태를 파악한 후 사역하는 것입니다. 그리고 지식의 말씀은 사람을 보지 않고도 봉투에 적힌 그 사람의 이름을 보고 그 사람에 관한 상태를 성령의 조명으로 아는 것입니다.

이런 사역을 하려고 한다면 실패를 두려워하지 말아야합니다. 영적 사역자는 완벽할 수 없기 때문입니다. 예로서 세계적인 예언 사역자인 빌혜몬은 그 예언의 적중률이 80%이라고 합니다. 빌혜몬은 김한식 선교사에게 대통령으로 나가면 당선될 수 있다고 예언했습니다. 그런데 떨어졌습니다. 그래도 지금 세계적인 예언사역자로 활동하고 있습니다. 육을 가졌기 때문에 실수할 수 있다는 것입니다. 헌금사역은 무엇보다도 담대함이 중요합니다.

첫째, 헌금사역에 사용되는 은사

1) **지식의 말씀의 은사.** 지식의 말씀을 우리가 들으려면 우리는 항상 주님께 성령으로 임재기도를 드리는 가운데 그분과의

올바르고도 개방된 관계를 유지하여야 합니다. 또한 그러한 자세로 다른 사람들을 위하여 사역을 행하면서 "주님, 이것이 무엇입니까?"라는 질문을 끊임없이 던져야 합니다. 그리고 나서 하나님의 음성이 들려오기를 조용히 기다려야 합니다. 성령의 감동이 오면 감동을 분별하여 빨리 빨리 선포합니다. 하나님의 뜻을 잘 모르겠으면 물어보아야 합니다. 이것이 무엇입니까? 말의 선포는 그 사람의 영적인 상태를 드러냄으로써, 집중하게 만드는 역할을 합니다. 즉 그 사람의 모든 것을 그 때 그 시간에 성령이 장악하는데 효과를 줍니다. 그 이유는 진리는 정교한 메스와 같기 때문입니다. 성령의 임재 하에 전하는 말은 그 자체가 칼입니다.

2) **영분별의 은사.** 영분별을 집회 할 때 개인, 교회, 가정, 가계, 지역이나 단체에 어떻게 적용할 것인가?

① 먼저 하나님의 임재 가운데 들어가라.

② 각 사역할 대상(개인, 지역, 가문)의 이미지를 그려 보세요. 사람이나 모임을 그림으로 나타나게 하라는 말입니다. 꼭 그이미지가 똑 같을 필요는 없습니다.

③ 이미지 속에 있는 영분별의 임상들을 찾아내야 합니다.

(영적 느낌에 의하여) 이것은 마치 지도를 둘러보는 것과 같습니다.

④ 그 영의 정체를 알아냅니다. 즉 그 영이 갖고 있는 특색들

이 있습니다.

예) 어두움을 느끼는 경우. - 흑암의 세력.

⑤ 그 영을 대적해야 합니다. 평안이 임할 때까지 해야 합니다.

⑥ 그 후 반대 영을 공급하세요. 임재를 느낄 때까지 하세요.

영이 눌린 상태이므로 영이 깨어나게 해야 합니다. 예배나 집회 진행상 시간이 없으므로 융통성 있게 진행하고 기도 시간에 영적 조치를 합니다.

3) 예언의 은사. 예언이란? 하나님이 우리에게 말씀하시는 것입니다. 예언사역으로 유명한 빌헤몬 박사는 "진정한 예언은 쉽게 표현한다면 하나님이 우리에게 말씀하시는 것입니다. 예언은 전능하신 하나님의 속성이라고 말할 수 있습니다."

둘째, 집회 예배 간 헌금사역. 헌금 사역을 위해서는 평소에 성령의 임재 연습을 많이 해야 합니다. 성령의 임재 훈련을 자주하고 자신이 성령의 임재가 되었을 때 어떠한 현상이 일어나는 지를 느끼고 항상 그 임재 상태를 유지해야 합니다. 성령의 깊은 임재 하에 피사역자의 상태가 밝히 잘 보이기 때문에 절대로 사역자는 성령의 임재를 이탈하면 안 됩니다.

1) 성령의 충만함을 받는 자기 방법을 다양하게 개발하라. 하나님의 임재와 성령의 충만은 다양한 경로를 통하여 우리에게

옵니다. 우리는 우리의 영에 대한 책임을 지되 우리가 늘 성령으로 충만해야 할 책임이 있습니다. "세월을 아끼라 때가 악하니라. 그러므로 어리석은 자가 되지 말고 오직 주의 뜻이 무엇인가 이해하라. 술 취하지 말라 이는 방탕한 것이니 오직 성령으로 충만함을 받으라"(엡 5:16-18).

그러므로 우리는 여러 경로를 통하여 성령의 충만함을 유지하는 방법을 익혀야합니다. 스스로 성령 충만한 상태를 항상 유지하려고 해야 합니다.

2) **성령의 음성**(임재 현상, 느낌, 감정, 깨달음, 환상, 생각). 광야에 있어서의 이스라엘을 성령의 인도하는 방법에 민감해지기 위한 지속적인 임재의 연습을 많이 해야 합니다. 사역 간에도 성령님을 초청하는 기도를 자주 하세요. 성령의 임재가 없는 상태에서 사역을 금해야 합니다. 영육에 많은 무리가 따릅니다. 영적인 사역은 성령의 보증 하에 하는 것이 맞는 것입니다. 성령이 앞서가야 한다는 말입니다.

3) **가만히 서서 하나님의 구원의 역사를 바라보라.** 의도하지 말라는 것입니다. – 육적인 사역(자신의 육력으로 하는 사역) – 혼의 영성을 통한 사역을 하지 말라. – 영혼을 컨트롤하지 않으려고 하라. – 인내와 신뢰가 필요합니다. 성령이 하실 때까지 기다리라는 것입니다.

4) 우리 사역자들은 피 사역자의 영을 깨워서 성령이 원활하게 사역하시도록 그 통로를 열어드리고 그것을 각 영혼에게 지각시키는 일을 하는 것뿐입니다. 나머지는 성령께서 하시는 것입니다. 성령께서 하시기를 기다리는 인내가 필요합니다.

5) 성령님을 자주(어떤 상황이든지 간에) 모셔라. 그러기 위해서는 평소에 임재 연습을 자주 해야 합니다. 이것이 우리의 의무입니다. 성령님을 자주 초청하세요. 성령을 초청할 때 오는 느낌은 다 영감에 관련된 은사입니다. 영적인 성장을 위하여 노력하고 자신의 영적인 상태(영적수준)를 볼 줄 알아야 합니다.

셋째, 영적 성장에도 단계가 있다.
1) 영적 무지의 단계 : 영적인지 육적인지 구분하지 못하는 단계
2) 하나님의 실존을 체험하는 단계 : 많은 성도들이 하나님을 실제적으로 만나지 못하여 방황하는 것입니다.
3) 그 실존과 영적 교제하는 단계 : 순간순간 주고받고 하는 것을 말합니다.
4) 성령님과 인격적인 관계가 되는 단계 : 자신의 입을 맡기고 순복하는 것입니다.
이 세 번째 이상 성령님과의 교제나 인격적인 관계가 되어야 바로 영적인 사역이 되는 것입니다. 그래서 성령이 자신을 마음

껏 만지시도록 하고, 그 일이 축복임을 알고 두려워하지 않게 됩니다. 그러나 이것으로 끝나는 것이 아니고, 하나님은 그 다음 단계가 바로 인격성을 깨닫는 단계라는 것입니다. 우리가 그분의 성격을 모르는 것이 아니라 그것은 지식으로 영적인 체험으로 깨닫는 것입니다. 이는 성령님에게 임하소서, 하면 임하시고, 역사하소서, 하면 역사하는 단계입니다. 이 단계가 되어야 성령이 마음껏 장악하여 역사하는 것입니다.

넷째, 예배나 집회시 계시사역 사역의 방법들(헌금사역).

1) 그 사람으로부터 흘러나오는 기름부음을 보고하는 경우 : 예언, 영분별

2) 봉투에 적힌 이름을 보고하는 경우: 지식의 말씀

3) 봉투를 보고 그 사람을 보고하는 경우

4) 위로부터 내려오는 예언을 들으면서 하는 경우

5) 봉투에 적힌 본인의 기도 제목을 보고하는 경우

6) 어떻게 알 것인가?

① 생각으로: 생각이 영의 통로이기 때문에

② 감동으로: 감동을 선포할 때 보증적인 일이 나타남(선포시 반응과 성령의 역사)

③ 성령의 임재 안에 머물러서: 절대로 임재에 이탈하지 않게 해야 합니다.

7) 봉투를 보고 사람의 얼굴을 볼 때 성령의 생각이 들어오면 감동으로 확인하여야 합니다.

예) 얼굴에 성령의 임재가 보일 경우: 어떤 기름부음 인가 파고들어 떠오르는 말씀을 전하라는 것입니다. 전한 후에 어떤 감동이 오는 가를 살펴보세요. 감동이 오지 않았다면 자신의 말을 전한 것입니다. 분명한 성령의 역사에는 감동이 오는 것입니다.

예) 얼굴에 좋지 못한 영이 보일 경우: 개인이나 가정에 문제가 있을 때도 얼굴에 좋지 못한 영이 보일 수 있습니다. 어떤 영인가 파고들어 떠오르는 말씀을 전하세요. 감동이 오는가?

감동이란 사역자에게 성령께서 주시는 영감입니다. (감동을 선포할 때 상대에게서 심리적 변화가 나타나나, 아멘하며 영광을 돌리는가)있으면 성령께서 하시는 영적인 사건임을 증거 합니다. 이렇게 파고들고 파고들면 그에 대한 해석이 나오게 됩니다(성령님에게 질문과 교제함으로). 사역자는 이렇게 해결 받을 때까지 행하는 습관을 들여야 합니다(중보자의 자격). 하다가 안 된다고 포기하면 사역자가 될 수 없습니다. 그저 봉투를 들고 보이고 떠오르는 말을 지혜롭게 전하는 것입니다.

8) 헌금봉투에 있는 이름을 읽을 때 글자를 읽는 것이 아니라, 그 이름에서 오는 느낌을 느껴야합니다. 그 느낌을 성령의 감동에 따라서 선포하며 사역을 해야 합니다.

9) 헌금사역을 위해서는 일으켜 세우는 것이 좋습니다. 일어

설 때 자아가 무너지기 때문입니다. 그러나 환경이나 장소의 특이성 등으로 앉게 해서 하는 것도 가능합니다.

10) 헌금 사역할 때 영분별과 예언의 원리를 이해하라. 그 사람의 영의 상태를 알아내는 사역이 영분별의 사역이고, 예언 사역은 그 사람에게 임한 성령의 기름부음을 알아내는 것입니다. 그러므로 예언은 그 기름부음을 통하여 장차 이 사람이 어떤 일을 할 것인가를 아는 것입니다. 이 모든 사역은 육감으로 알아내는 것이 아니라, 성령의 임재 하에 느끼는 영감(그 사람에게 흘러나오는 영적 느낌)을 알아내는 것입니다.

장사라고 다 바위를 쪼갤 수 있는 것은 아닙니다. 오히려 힘이 적은 석수는 그 바위의 눈을 찾아내어 그 눈을 치기 때문에 쉽게 바위를 쪼갤 수 있습니다. 즉 바위에도 눈이 있듯이 모든 사람은 영적인 눈이 있습니다. 그리고 성도와 집회와 영적인 일에도 눈이 있습니다. 영적인 사역자는 그 눈을 찾아내어야 합니다. 그것이 대상의 영적인 상태와 기름부음과 집회의 포인트를 찾아내는 것입니다. 어떤 영이 흐르고 어떤 성령의 기름부음이 있는지를 영안으로 찾아내는 것입니다. 그러므로 목회사역에 있어서 영분별과 예언사역을 잘 활용하면 사역에 엄청난 변화가 일어납니다.

예) 피 사역자 위에 긍휼의 영이 내려오고 있습니다. 이때 사역자는 "하나님이 당신을 긍휼히 여기십니다." 라고 선포해야 합니다. 그 다음으로 사역자는 하나님이 왜 그 사람에게 긍휼의 영을 주시는 것인가, 분별하고 성령님에게 문의하여 알아내어야 합니다. 그러기 위해서는 다시 임재 가운데 들어가서 성령의 가르침을 받아라. 자꾸 질문하면서 파고 들어가라. 자꾸 물어보아라. 또한 그 충만한 영을 통하여 어떤 상처를 치유하여 주실 것인가도 성령의 임재 가운데 들어가서 성령의 가르침을 받는 것이 좋습니다. 이러한 방식으로 구체적으로 심층적으로 한 단계 한 단계 파고 들어가야 합니다. 만약에 피 사역자에게 임한 성령의 임재가 약해서 그 영을 통하여 사역하기가 힘들 경우는 사역자는 성령 충만을 위한 자신만의 방법을 동원하여 피 사역자를 강한 충만한 상태로 만든 다음에 사역을 하여야 합니다. 그러므로 이런 경우에 대비한 사역자만의 방법을 가지고 있어야 합니다. 성령이 충만하면 그 사람의 영적 상태가 잘 보이기 때문입니다. 사역을 많이 해보면 어떻게 해야 성도를 성령으로 충만하게 할 수 있는지를 터득하게 됩니다.

베니힌의 경우에는 찬양을 통하여 강한 임재를 끌어냅니다. 우리도 나름대로 상대방에게 성령을 충만하게 하는 방법을 개발하고 활용해야한다. 본인은 말씀을 통해서 성령의 임재를 이끌어냅니다. 그리고 개별안수를 통해서 성령님이 장악하게 하고 성령의 임재를 깊게 합니다. 그리고 사역을 행합니다. 영적인 사역자는 오직 나만의 성령 충만을 이끌어내는 방법이 있어야 합니다.

사역자가 하는 일은 그 사람의 영과 하나님의 영이 만나게 하는 일입니다. 그것은 예수님이 하시는 일과 동일합니다. 문제는 그 사람의 기질과 생각과 감정에 따라 지혜롭게 하여야합니다. 그 사람의 영을 깨워야 영의 상태가 정확히 보이기 때문입니다. 임재가 충만한 상태에서 하는 것이 효과적입니다. 반드시 성령의 충만함의 상태에서 헌금사역을 해야 밝히 보입니다.

11) 지적인 이해를 추구하면 기름부음이 적어집니다. 성령의 감동을 파고들려고 집중하시기를 바랍니다. 헌금 사역은 성령의 감동을 받아서 전하려고 노력해야 합니다. 잘못하면 자신의 생각으로 사역을 이끌어 가므로 혼적인 사역이 되기 쉽습니다. 그러면 성령의 인도와 역사가 없으니 사역이 힘이 들고 자꾸 틀리게 됩니다. 그렇게 인간방법을 따라가다가 결국 망할 수도 있습니다.

12) 자신이 지금 자신의 영이 어떠한 상태인가 자각할 줄 알아야 한다.

자신의 영적인 상태를 아는가? 내 영의 감각으로 사역을 하는 지…

즉, 성령의 깊은 임재 하에 있는지… 성령이 충만한 상태인지…

아니면 내 혼의 감각(머리=지식)으로 사역을 하는지를 알아
야 합니다.

분별하여 만약에 혼의 감각으로 사역을 한다면 고치고 발전
시켜야합니다.

예) 내 영이 어디에 있는 가? 내 영이 아래로 내려앉은 경우:
충만하지 못하여 영이 침체 시에는 졸리기도 하고, 기도가 안
되고, 짜증이 잘나고. 마음이 우울하고. 가슴이 답답하기도 합
니다. 실제로 귀신이 역사하면 영을 아래로 누르고 밀어 내립니
다. 귀신은 영을 압박하여 충만하지 못하게 영을 누릅니다. 사
역자는 자신의 영을 분별할 줄 알아야 합니다.

자신의 영이나 피 사역자의 영이 눌려 있다면 영을 깨워야
합니다. 시간이 있고 장소가 허락하신다면 일으켜 세워서 불
을 던져야 합니다. 영이 눌려있으면 그 사람의 영적인 상태가
가리 워서 보이지 않으니 영을 깨워서 영이 눌림에서 뜨게 해
야 합니다.

예) 만약에 자신의 영이 눌려있다면, 발성기도나 방언기도를
충분히 하여 자신의 영의 상태가 충만하게 된 다음에 사역에 임
하는 습관을 들여야 합니다. 절대로 혼적인 사역이 되지 않도록
해야 합니다. 혼적인 사역이 길어지면 자신에게 육적인 문제가
나타나기도 합니다.

13) 영이 눌려있거나 자고 있을 때 조치하는 세 가지 방법

① 영을 깨우라. : 안수하여 성령이 장악하게 한 다음 영에게 명령하라는 것입니다. "묶임은 풀릴 찌어다. 막힌 영은 뚫어질 찌어다. 자는 영은 깨어날찌어다. 영의 통로는 열릴 찌어다." 하면서 영에게 명령해야 합니다. 이때 본인이 아멘, 아멘 하고, 주여! 하고 부르짖게 하세요. 다른 방법은 호흡을 깊게 들이쉬고 내쉬게 하세요. 호흡을 깊게 들이쉬고 내쉬면 마음이 열리기 때문에 성령께서 장악하시기 쉬운 상태가 되기 때문입니다.

② 영을 뜨게(올라오게)하라: 안수하면서 그 영혼에게 "영은 깨어날찌어다." "영은 깨어날찌어다." "막힌 영은 뚫어질 찌어다." "영의 기도가 터질 찌어다."

"눌린 영은 깨어날지어다."하며 영에게 명령하세요. "영은 깰 찌어다… 영은 깨어날 찌어다…" "깊은 곳에서 성령의 능력이 올라올 지어다. 영의 기도가 떠질지어다. 영을 막고 있는 악한 영은 떠나갈지어다. 영의 통로가 뚫릴지어다"

그 이유는 귀신이 그 사람의 상처를 이용하여 영을 압박하고 누르기 때문입니다.

악한 영에게 강하게 눌린 사람의 경우에는 "풀어, 풀어, 영을 압박하는 귀신은 떠날찌어다." "기침으로 올라올찌어다." 본인에게는 주여! 주여! 하면서 기도하라고 하여 막힌 영의 통로를 뚫는 영적인 활동을 해야 합니다.

③ 그저 성령을 흘려보내라. "성령님 임하소서, 평안하게 하

소서…"

14) 은사 사역자는 실수를 두려워하지 말아야 한다. 마귀는 사역자로 하여금 사역을 못하게 하도록 다음과 같은 일을 합니다.

① 은사 사역에 실수를 가져다줍니다. 사역자를 당황하게 만듭니다.

② 은사 사역자에게 상처를 받게 합니다. 특히 믿음이 작은 자들을 동원하여 사역자에게 상처를 주려고 합니다. 성도 중에도 마귀 하수인을 동원하여 역사합니다.

③ 은사사역에 대하여 경이감을 잃게 합니다. 회의를 느끼게 합니다(꼭 내가 이것을 해야 하나). 이러한 일을 하는 이유는 은사 사역자로 하여금 100% 충만한 상태를 유지하지 못하도록 하기 위해서입니다. 이러한 계략을 피하기 위해서는 은사 사역자는 담대해야합니다. 그리고 뻔뻔해야 합니다. 하나님이 함께 한다는 믿음과 마귀의 사악한 간계임을 알아차리고 끝까지 밀고 나가야 합니다.

④ 은사는 성령의 나타남이므로 성령의 충만함 없이 은사는 개발될 수 없습니다.

자꾸 훈련하고 사역대상자를 많이 만들어 사역하고 성령으로 기도하고 치유하세요.

⑤ 목회의 일에 있어서 기도의 수고를 많이 할 수 록 사역의

수고는 덜어집니다.

15) 헌금 봉투 사역을 위해서 본인의 많은 노력이 필요하다.

① 봉투에 이름을 적어 놓고 떠오르는 성령의 음성을 계속하여 적는 훈련을 합니다.

② 잘 모르는 여러 사람의 이름을 적어놓고 성령이 하시는 말씀을 적는 훈련을 합니다.

③ 다른 사람에게 이름을 적어 달라고 해서 훈련합니다.

④ 성도들의 이름을 적어놓고 성령의 음성을 듣는 연습을 합니다.

⑤ 강단에서 헌금봉투를 들고 성령의 감동을 전하는 훈련을 합니다. 지속적으로 훈련을 한 다음 어느 정도 자신감이 생기면 실제로 하기 시작합니다. 많이 해보아야 합니다. 안된다고 포기하면 절대로 은사가 나타나지 않습니다. 될 때까지 하겠다는 마음의 각오가 중요합니다.

26장 예언 사역자가 되려면 훈련해야 한다

(행 21:8-14)"이튿날 떠나 가이사랴에 이르러 일곱 집사 중 하나인 전도자 빌립의 집에 들어가서 머무르니라. 그에게 딸 넷이 있으니 처녀로 예언하는 자라. 여러 날 머물러 있더니 아가보라 하는 한 선지자가 유대로부터 내려와 우리에게 와서 바울의 띠를 가져다가 자기 수족을 잡아매고 말하기를 성령이 말씀하시되 예루살렘에서 유대인들이 이같이 이 띠 임자를 결박하여 이방인의 손에 넘겨주리라 하거늘 우리가 그 말을 듣고 그 곳 사람들과 더불어 바울에게 예루살렘으로 올라가지 말라 권하니 바울이 대답하되 여러분이 어찌하여 울어 내 마음을 상하게 하느냐 나는 주 예수의 이름을 위하여 결박당할 뿐 아니라 예루살렘에서 죽을 것도 각오하였노라 하니 그가 권함을 받지 아니하므로 우리가 주의 뜻대로 이루어지이다 하고 그쳤노라."

저는 예언 사역자는 성령으로 만들어진다고 개인적인 생각을 하고 있습니다. 여기서 우리가 바르게 알아야 할 것은 영성훈련으로 성령의 은사를 받는다는 것이 아닙니다. 영성훈련으로 인간의 영이 그리스도의 영에 접붙임 받아, 지성소인 영에 내주하시는 성령의 나타나는 영적 현상에 장애가 되는 여러 가지 조건들을 제거하여, 성령의 흐름을 민감하게 파악할 수 있게 되어, 성령의 은사가 나타나기 좋은 영적인 상태를 만든다는 말입니다. 이점을 잘 이해하시고 오해가 없으시기를 바랍니다. 영국의 성령운동가 도날드. 지(Donald Gee)는 "성령의 은사들은 자연적인 인간의 재능과 선택에 초자연적인 어떤 것이 첨가된 것이라고 생각합니다."라고 주장합니다. ① 훈련하여 은사를 받을 수 있다는 주장이나, ② 훈련으로 성령이 역사하기 쉬운 상태와 조건이 된다는 것은 엄청난 차이가 있습니다.

만약에 훈련으로 은사를 받는다는 주장을 하면, 이것은 세상적인 방법으로 능력을 받는 것이 됨으로 성령을 의지할 필요가 없어지기 때문에 이단적이 되지만, 성령이 역사하기 쉬운 영적인 상태를 유지하기 위한 영성훈련은 성령을 필수적으로 의지하게 됨으로 이것은 신앙적이며, 성경 적인 영성 훈련이 되는 것이며, 보다 더 하나님을 가까이 하여, 잃어버린 하나님의 형상을 성령의 도우심을 받아, 되찾으려는 노력이 됩니다. 그리하여 영성을 되찾아 보다 더 그리스도인다워지는 것이 되는 것입니다. 그래서 저희 교회에서 하는 모든 치유와 성령의 은사의 나타남을 위한 훈련은 전적으로 성령이 나타나기 쉬운 영적인 상태를 만들어 치유하고 성령의 은사가 나타나게 하는 것입니다.

은사를 받기 위한 영성 훈련의 정확한 표현은 성전 삼고 내주하시는 성령님에게 보다 더 깊은 관심과 관계를 갖게 됨으로 성령과 더불어 성령의 인도함을 받아 살아가게 하는 것입니다. 그리하여 성령과 더불어 동역 하는 사역을 배우게 됩니다. 이를 삶에서 체험하고 경험하게 되어 살아 있는 신앙인이 됩니다. 마찬가지로 치유사역도 잘못하면 안 됩니다. 영적인 원리를 잘 이해하지 못하면 영육을 치유하는 능력의 역사가 세상 적인 방법이나 이단적인 방법과 외면적으로는 큰 차이가 없을 수 있습니다. 그래서 치유사역이 성령을 의지하여 성령의 흐름이 있는 사역이냐? 아니면 인간의 혼적인 사역이냐의 차이가 있습니다. 악령을 의지하느냐, 혹은 아니냐에 차이가 있는 것입니다. 그러기 때문에 성도는 말씀과 성령으로 분별력을 길러야 합니다. 영안이 열려야 하는 것입니다. 그래야 자신도 실수하지 않고 잘못된 영을 받지 않게 됩니다.

첫째, 예언 사역의 중요성. 앞의 글들을 통해 예언 사역이 얼마나 중요한 것인가를 이해하셨을 것입니다. 우리는 사복음서에서 예수님이 자주 '율법과 선지자'란 말을 사용하셨음을 보셨을 것입니다. 물론 이 말은 구약성경을 가리키는 유대인들의 관용어입니다. 그러나 우리는 이 용어를 통해 예언이 구약시대에 하나님이 이스라엘을 자기 백성으로 만들기 위해 사용한 두 가지 중 하나였다는 사실을 깨닫게 됩니다. 율법과 선지자, 즉 예언은 율법과 어떤 차이가 있을까요? '율법'은 가르침을 뜻하는 말로, '어느 시대 누구에게나 가르쳐 지켜야 할 보편적인 하나님의 뜻'을 의미합니다.

그러나 '예언'은 '특정 시대의 특정 상황에 있는 특정인들을 향한 하나님의 뜻(마음)'을 전한 것입니다. 만일 이스라엘 사회에 율법만 있고 예언이 없었더라면 큰 혼란이 일어났을 것이 틀림없습니다. 앞서 말한 요나서를 예로 들어보겠습니다. 이스라엘은 니느웨를 수도로 하고 있던 앗수르에게 멸망당했습니다. 앗수르가 이스라엘에게 행한 악은 필설로 표현하기 어려웠을 것입니다. 그 앗수르에 대해 이스라엘은 어떤 태도를 가져야 옳은 것이었을까요? 이런 때 적용해야 할 말씀은 율법에서 이것입니다. "내가 너로 큰 민족을 이루고 네게 복을 주어 네 이름을 창대케 하리니 너는 복의 근원이 될지라. 너를 축복하는 자에게는 내가 복을 내리고 너를 저주하는 자에게는 내가 저주하리니 땅의 모든 족속이 너를 인하여 복을 얻을 것이니라 하신지라" (창 12:2-3).

그 가운데서도 아마 3절을 적용하는 것이 옳았을 것입니다. 이것이 율법(토라)이며, 이 율법의 입장을 대변하는 것이 바로 요나입니다. 이스라엘에게 악을 행한 니느웨는 그러므로 40일이 지나면 무너져야 합니다.

그러나 니느웨를 향한 하나님의 마음은 그것이 아니었습니다. 이 하나님의 마음을 전한 것이 요나서입니다. 그것이 예언입니다. 만일 이스라엘 사회에 율법은 있고 예언이 없었다면 어떻게 되었을까요? 예언자 이사야는 유다를 향해 이렇게 선포합니다. "여호와께서 말씀하시되 너희의 무수한 재물이 내게 무엇이 유익하뇨 나는 수양의 번제와 살진 짐승의 기름에 배불렀고 나는 수송아지나 어린 양이나 수염소의 피를 기뻐하지 아니하노라"(사 1:11).

자세히 보면 유다는 율법(레위기)에 충실했음을 볼 것입니다. 그러나 유다를 향한 하나님의 마음은 기쁨이 아니라 분노였습니다. 예언 활동이 없었다면 그 하나님의 마음을 누가 알 수 있겠습니까? 이처럼 예언이 중요하지만 이 시대의 교회에는 율법은 있고 예언은 사라졌습니다.

몇몇 교회에서 명맥이 이어져가고 있지만 대부분 주류 교회에서는 기를 쓰고 예언사역을 정죄하고 있는 중입니다. 그래서 하나님이 자기 백성을 인도하는 두 가지 수단 중에 하나만 존재하고 있습니다. 외다리 교회인 것입니다. 당신은 이 현상을 보고 깔깔대고 있는 사단의 모습이 안 보입니까?

하기야 예언과 환상과 꿈을 부인하고 있으니 어찌 그런 것을 볼 수 있겠습니까? 저는 예언의 말씀을 듣고, 지금 성령치유 사역과 예언사역을 하면서 목회를 하고 있습니다. 아마 예언이 아니었으면 저는 지금 방황하는 사람이 되었을지도 모릅니다. 앞에서도 누누이 설명을 했지만 저는 누구보다도 예언의 중요성을 잘 압니다. 만약에 교회에 예언이 없으면 많은 성도들이 방황하게 됩니다.

둘째, 오늘날에도 예언은 존재하는가? 사실 이 주제처럼 교회 안에서 잘못 인식돼 있는 것도 드물 것입니다.

결론은 예언 사역은 교회가 잃어버린 권능의 사역이며, 속히 그 사역을 회복해야 한다는 것입니다. 많은 이들이 예언은 세례 요한, 혹은 예수님 시대까지만 존재한 것이며, 설혹 그 이후일 지라도 성령께서 오실 때까지만 존재한 은사라고 결론짓고 있습니다. 그러나 그것은 사실이 아닙니다. 아래 성경을 참고해 보십시오.

1) 성령 강림 이후에도 선지자란 직임이 있었고, 예언 사역을 했습니다. 아가보나 빌립 집사의 딸들이 그 예입니다. "그 중에 아가보라 하는 한 사람이 일어나 성령으로 말하되 천하가 크게 흉년 들리라 하더니 글라우디오 때에 그렇게 되니라"(행 11:28). "그에게 딸 넷이 있으니 처녀로 예언하는 자라"(행 21:9).

2) 신약 시대의 모든 교회에는 예언 사역이 시행되고 있었습니다. 성령께서는 예언 사역자를 통해 바울에게 환난이 기다리고 있음을 예언케 하였는데, 각 성에서(교회가 있는 각 성) 모두 그러하였습니다. "오직 성령이 각 성에서 내게 증거하여 결박과 환난이 나를 기다린다 하시나"(행 20:23).

3) 성령의 임재는 반드시 예언 현상을 동반합니다. 왜냐하면 예언은 하나님의 마음을 전달하는 것으로, 성령이 임하시면 자연스럽게 그가 하나님의 마음과 시각을 갖게 됨으로 예언할 수밖에 없습니다. "하나님이 가라사대 말세에 내가 내 영으로 모

든 육체에게 부어 주리니 너희의 자녀들은 예언할 것이요 너희의 젊은이들은 환상을 보고 너희의 늙은이들은 꿈을 꾸리라. 그 때에 내가 내 영으로 내 남종과 여종들에게 부어 주리니 저희가 예언할 것이요"(행 2:17-18).

4) 성령께서는 교회의 덕을 위해 예언의 은사를 부어주시며, 이는 사도 바울이 고린도 교회와 로마 교회에 주지시킨 사실입니다. "어떤 이에게는 성령으로 말미암아 지혜의 말씀을, 어떤 이에게는 같은 성령을 따라 지식의 말씀을, 다른 이에게는 같은 성령으로 믿음을, 어떤 이에게는 한 성령으로 병 고치는 은사를, 어떤 이에게는 능력 행함을, 어떤 이에게는 예언함을, 어떤 이에게는 영들 분별함을, 다른 이에게는 각종 방언 말함을, 어떤 이에게는 방언들 통역함을 주시나니, 이 모든 일은 같은 한 성령이 행하사 그 뜻대로 각 사람에게 나눠 주시느니라"(고전 12:8-11). "우리에게 주신 은혜대로 받은 은사가 각각 다르니 혹 예언이면 믿음의 분수대로"(롬 12:6).

그러므로 성경을 통해 우리는 다음과 같은 결론을 내릴 수 있습니다. "이제 영적 이스라엘인 교회는 가르침 하나만으로는 교회를 교회답게 할 수 없으니, 예언 사역을 활성화시켜야 한다. 이것은 목회 사역에서 선택 사항이 아니라 필수 사항이다. 예언 사역을 부정하고 정죄하는 말이나 행위는 비성경적이며, 성령을 거스리거나 소멸하는 행위다. 그러한 말을 하는 이는 종교의 영에 미혹된 상태로 무지하여 용감한 자이거나 사단에 속한 자이다."

셋째, 예언 사역을 하는 교회는 성경보다 예언 사역자의 말에 더 권위를 두는가? 이 말은 예언 사역을 부정하기 위해 공격하는 사람들의 주무기 중 하나입니다.

그러한 입장을 가지고 있는 분들에게 한 가지 묻고 싶습니다. "당신은 목사님의 설교를 성경보다 더 권위가 있다고 생각하십니까?" 우리는 흔히 목사님의 설교를 '사람의 말이 아니라 하나님 말씀으로 받아야 한다.'고 말을 합니다. 그렇게 해서 나온 설교집들이 서점에 나오거나 저에게 보내져 옵니다. 그 설교집들 가운데는 책장에 꽂아두고 오래오래 보고 싶은 책이 있습니다. 그 책에 저자의 훌륭한 사상이나 설교형식이 있기 때문입니다. 하지만 어떤 설교집은 (실례이지만) 재활용을 버리는 날에 종이 뭉치에 넣어 버리는 책도 있습니다. 그것들이 하나님의 말씀이지만 말입니다.

그 책을 성경처럼 책장에 꽂아놓았다고, 혹은 쓰레기더미에 집어넣었다고 제가 죄를 지은 것인가요? 가르침의 은사를 통해 작성된 하나님의 말씀이지만 아무도 그 설교집을 성경보다 더 권위 있게 받아들이는 이는 없습니다. 그래서는 안 됩니다.

그렇다면 왜 예언은 그렇게 못합니까? 목사나 교사나 복음전도자나 예언 사역자, 그 어떤 은사를 가진 이를 통해 주어진 하나님의 말씀이라 할지라도 성경보다 더 권위를 두는 이는 없습니다. 심지어 쓰레기 처리를 해 버리기도 합니다. 하지만 그런 행위에 대해 아무도 나무랄 수 없는 것 아니겠습니까?

넷째, 예언 사역자를 훈련을 통해 세우는 것은 잘못인가? 많은 이들이 예언의 은사를 성령이 선물로 주시는 것이므로 학교와 같은 것을 두어 예언사역자를 양성하는 것을 비판합니다. 그 말을 아주 용감무쌍하게 합니다. 그러나 분명한 것은 목사나 그리스도인의 입에서 나와야 할 말은 성경입니다. 다음 성경을 보면 예언 사역자가 두 가지 경로로 세워졌음을 알 수 있습니다. "아모스가 아마샤에게 대답하여 가로되 나는 선지자가 아니며 선지자의 아들도 아니요 나는 목자요 뽕나무를 배양하는 자로서 양떼를 따를 때에 여호와께서 나를 데려다가 내게 이르시기를 가서 내 백성 이스라엘에게 예언하라 하셨나니"(암 7:14-15).
하나는 세습이나 선지자 학교를 통해서입니다. '선지자의 아들'(암 7:14)이나 '선지자의 생도'라는 말이 이를 입증합니다(왕하 2:3, 4:1, 6:1, 9:1 등등). 다른 하나는 여호와의 신이 임하여 돌발적으로 세워진 선지자입니다(암 7:15-아모스가 그 한 예임). 이 두 가지 경로 중 세습이나 훈련에 의한 방법이 보다 보편적이었다는 것을 아모스의 말에서 알 수 있지 않습니까? 현재 교회에서는 은사가 임할 때 아무 훈련 없이 그냥 사역자로 세우는 경우는 거의 없습니다. 가르침을 주로 하는 목사는 교단마다 다르지만 보통 7년을 훈련합니다.

전문 설교자가 되기 위해서 개개의 교회에서 또 얼마나 훈련을 합니까?

당신의 교회에서는 교사를 가르치지 않고 그냥 세웁니까?

봉사는 또 어떻습니까? 제대로 된 봉사는 훈련을 통해서 얻습니다.

도대체 어떤 은사를 훈련 없이 교회에 시행합니까?

예언만 훈련 없이 세워야 합니까? 과거 우리 한국 교회에 많은 예언 사역자들이 훈련 없이 세워지고 활동했습니다. 이로 인해 교회에 얼마나 많은 문제를 일으켰습니까? 그렇게 된 책임에는 목회자도 예외일 수 없습니다. 목회자 자신이 예언이 무엇인지 몰랐고, 예언의 은사가 임한 사람을 교회의 덕을 위해 어떻게 훈련시켜야 할 지 그 방법을 몰랐기 때문입니다.

이제는 다양한 시행착오 끝에 예언에 대한 훌륭한 훈련 참고서들이 출판되어 있어서 목회자들이 관심만 가지면 얼마든지 예언 사역자를 훈련시켜 세울 수 있습니다. 바르고 정확하게 예언사역을 하도록 훈련하여 세워야 합니다. 그래야 바르게 예언하며 하나님의 음성을 전할 수가 있고 하나님의 말씀을 따라갈 수가 있는 것입니다.

다섯째, 예언의 은사를 확인하기. "예언의 은사"는 신유나 축사와는 다릅니다. 이 두 가지 은사는 몸으로 느껴지기 때문에 발견하기가 쉽지만 예언의 은사는 그런 증상이 거의 없기 때문에 스스로 알아차리기가 쉽지 않습니다. 그리고 예언이 임하는 과정이 복잡하고 오랜 기간을 필요로 하는 것이므로 쉽게 단정 지을 수 없는 부분이 있습니다. 기도회를 하는 중에 임하는 예언은 주로 '예언의 영'에 의한 일시적인 것이 대부분이기 때문에 이런 증상을 가지고 예언의 은사를 받았다고 단정할 수도 없는 것입니다.

그리고 예언의 은사는 많은 시간이 걸려 다듬어져야만 하기 때문에 더욱 어렵습니다. 예언의 은사는 분명하게 장기간의 훈련을 통하여 숙성되어야 합니다. 신유와 축사는 눈에 드러나는 것이고 그 효과가 없다고 해도 별로 문제가 되지 않습니다. 병을 고치지 못했거나 귀신을 쫓아내지 못했다고 해서 그 사람이 심하게 비난 받지는 않습니다. 그러나 우리 교회 풍토에서는 실수하게 되면 거짓 예언자라는 누명을 쓰게 되고 그 사람의 신앙 자체가 의심을 받게 되기까지 하는 것입니다.

일반적으로 예언은 적중해야 한다는 고정 관념을 가지고 있습니다. 예언을 마치 점치는 것처럼 생각하고 하나님으로부터 온 것은 무조건 정확해야 한다고 여기기 때문에 예언하는 사람의 실수와 미숙함을 용납하려 하지 않습니다. 특히 예언을 기대했던 사람이 그 예언이 틀리면 기대에 대한 낙망으로 인해서 예언해 준 사람을 심하게 비난하게 되고 거짓 예언자라고 정죄하며 그 이야기를 들은 아무런 상관이 없는 사람들도 함께 거들어 비난하게 됩니다. 예언은 맞고 안 맞고(진정성)에 의미가 있는 것이 아님을 일반인들은 이해하지 못하기 때문입니다.

그래서 예언을 마치 점치는 것처럼 여기기도 합니다. 그런 까닭에 예언의 은사를 받은 사람은 처음부터 과녁의 정중앙을 맞추어야 한다는 부담을 가지게 되기 때문에 예언을 개발하고 적용하는 일에 많은 어려움을 가지게 됩니다.

예언은 외부적으로 드러나는 현상을 가지지 않기 때문에 발견하는 일이 그리 쉽지 않음을 우선 이해해야 하며, 온전한 예언에 이르기까지는 많은 시행착오를 겪어야 한다는 점도 알아야 합니다. 예언의 은사는 다른 은사들보다 더욱 더 개발해야 하는 부담이 큰 은사입니다. 은사를 받았다고 해서 처음부터 정확한 예언을 할 수 있는 것이 아닙니다. '예언의 영'에 의해서 예언하는 경우와는 다른데 이 차이를 정확하게 구분하기란 쉬운 일이 아닙니다. 예언자로 세워지게 될 사람에게는 일시적인 예언이 아니라 장기적인 발전을 위해서 성령께서 한 걸음씩 그를 인도하시게 됩니다.

예언의 은사는 다른 은사처럼 받은 사람이 많지는 않습니다. 장차 예언자로 세워질 사람에게 주어지는 것이므로 성령의 면밀한 계획이 깔려있습니다. 일시적으로 사용하는 예언의 도구와는 다르기 때문에 예언의 은사는 어느 한 시점에서 주어 진다기 보다는 오래전부터 자신에게 서서히 그 속성들이 드러나게 된다고 보아야 할 것입니다.

자신에게 예언의 은사가 주어졌다는 사실을 알기 훨씬 전부터 자신도 모르는 사이에 예언의 기능을 몸에 담아가기 시작한 것입니다. 본격적으로 예언사역을 시작하기 훨씬 앞서서 경험하게 되는 이런 부분적인 증상들을 통해서 예언의 기능들이 미리 몸에 익혀지게 되는 것입니다. 단순히 예언자로 세워지기에 앞서서 다른 사역을 하게 하시는 가운데 자연스럽게 예언의 기능이 나타나는 경우가 많습니다. 상담자로 또는 목회자로 또는 영적인 사역자로 행하는 가운데 자신도 모르게 구체적이고 세부적인 예언적인 말을 하게 됩니다. 이렇게 하면 이렇게 될 것이라는 예언적 선포를 자신도 모르게 하게 되어 말을 마치고 난 후에 정신이 들어 자신이 지금 무슨 정신으로 이런 말을 했을까 하고 의아해하게 됩니다. 그러나 이미 말은 선포되었고 그 말이 이루어지기만 기다리는 수밖에 없게 됩니다.

어처구니없이 한 말 때문에 무척 부담이 되고 다시는 그런 책임지지 못할 말은 하지 말아야지 하고 다짐하게 됩니다. 그런데 얼마가지 않아서 그 말을 받은 사람에게 그 말대로 정확하게 이루어지는 결과를 확인하게 됩니다. 이렇게 되면 그 말이 도대체 어디서 온 것이며 생각도 할 여지도 없이 한 말이 이렇게 정확한 결과를 만들어내는가 하는 의문을 가지게 됩니다. 그런 말의 실수를 하지 말아야겠다고 생각하고 상담을 하지만 자신도 모르는 사이에 또 책임지지도 못할 말을 구구 절절이 하게 됩니다. 하고 나면 후회가 되지만 어쩔 수 없습니다. 이렇게 해서 자신에게 예언의 은사가 주어졌다는 생각을 하게 되고 그런 의식을 하게 되면서 두려운 생각이 들게 됩니다. 그리고 자신의 생각으로 여겨졌던 것이 자신에게서 비롯된 것이 아니라는 사실을 알게 되고 그 구분이 정말로 어렵다는 사실을 알게 되면서 때로는 위축되기도 하고 때로는 두렵기도 하고 때로는 신기하기도 합니다.

예언을 받는 다양한 기능과 수단들을 알지 못하는 사람에게는 이것은 두렵고 떨리게 되고 무엇이 예언이고 무엇이 자신의 말인지 구분하지 못해서 당황하게 됩니다. 자신이 알지도 못하는 가운데 저질러지는 일로 인해서 예언의 첫 발자국을 떼게 되는 것입니다. 선포된 말과 그 후 확증을 얻으면서 예언에 대한 구체적인 인식을 하게 되지만 그 가운데 서서히 실패라는 쓴잔을 마시게 되는 과정을 통과하게 됩니다. 예언은 단순히 미래의 일을 앞서서 알려주는 계시적인 기능만이 아닙니다. 다양한 목적으로 주어지는 것이므로 단순히 진정성만을 따지면 어려워집니다. 정확하게 맞추어야 한다는 일반인들의 단순한 기대와는 달리 예언에는 하나님의 마음을 드러내는 보다 중요한 목적이 있습니다.

그러므로 예언은 앞으로 되어 질 일을 계시하는 형태로 보일지라도 그 속에는 하나님의 마음이 담겨져 있는 것입니다. 이런 세부적이고 근원적인 것보다는 사람들은 우선 자신에게 다가온 문제를 해결하려는 수단으로 예언을 구하게 되며, 그런 의도로 접근했다고 해도 그 목적과는 다른 의미로 예언이 주어지기 때문에 혼란을 겪게 되는 것입니다.

예언은 자신이 원하는 것을 얻는 수단이 아니라, 하나님의 마음을 알게 되는 것이 목적이므로 예언의 은사를 받은 사람에게는 특별히 하나님의 마음을 헤아릴 수 있는 마음을 품게 하십니다. 그러므로 예언자는 중보기도를 경험하게 되며 그것이 우선이기 때문에 중보기도를 하려는 마음의 부담을 가지게 됩니다. 기도할 때 자주 눈물이 나오고, 자신의 기도보다는 다른 사람을 위한 중보기도를 할 때 더 큰 은혜를 경험하게 됩니다. 중보기도 요청이 많아지고 그런 가운데 지식의 말씀이 임해서 그 사람에 대한 구체적인 영적인 정보를 알게 되지요. 중보기도는 예언자로 서기 위해서 반드시 거쳐야 하는 과정이기 때문에 중보기도의 부담을 먼저 느끼게 되는 것입니다.

자신의 의도와는 상관없는 말이 흘러나오기 시작하면 거침없이 말이 줄줄 나오게 됩니다. 환상을 통해서 예언하는 사람은 영적 분위기가 상당히 중요합니다. 그래서 때로는 묵상을 위한 음악을 들으면서 예언하게 되며 환상을 볼 수 있는 분위기를 만듭니다. 감성적이고 분위기를 탈 줄 아는 본성이 강한 사람들이 그런 보는 예언을 하게 됩니다. 이런 사람들에게는 자주 환상이 나타나게 됩니다. 영적인 분위기가 되면 눈에 스크린이 나타나고 그 속에 동영상이 떠오릅니다. 때로는 선명한 영상이 아닌 이미지로 또는 강력한 느낌으로 동영상이 그려집니다. 그 이미지를 보면서 그 내용을 이해하게 되고 예언하게 되는 것입니다.

이 책을 통해 예수님이 땅끝까지 전파 되기를 소원합니다.
(출판으로 인한 이익금은 문서선교와 개척교회 선교에 사용합니다.)

예언은사가 열리는 비결

발 행 일 l 2015.12.07초판 1쇄 발행

지 은 이 l 강요셉

펴 낸 이 l 강무신

편집담당 l 강무신

디 자 인 l 강은영

교정담당 l 원영자

펴 낸 곳 l 도서출판 성령

신고번호 l 제22-3134호(2007.5.25)

등록번호 l 114-90-70539

주   소 l 서울 서초구 방배천로 4안길 20(방배동)

전   화 l 02)3474-0675/ 3472-0191

E-mail l kangms113@hanmail.net

유   통 l 하늘유통. 031)947-7777

ISBN l 978-89-97999-32-3 부가기호 l 03230

가   격 l 18,000원